西昌学院"两高"人才科研支持计划及博士科研启□□□□□□能凉山州乡村治理现代化建设路径研究"(项目编号□□□□□□资助成果

企业家导向、伙伴异质性与商业模式创新

杨威　陆铭宁　勒伍果果◎著

ENTREPRENEURIAL ORIENTATION, PARTNER
HETEROGENEITY AND
BUSINESS MODEL INNOVATION

经济管理出版社
ECONOMY & MANAGEMENT PUBLISHING HOUSE

图书在版编目（CIP）数据

企业家导向、伙伴异质性与商业模式创新 / 杨威，
陆铭宁，勒伍果果著. -- 北京：经济管理出版社，
2025. -- ISBN 978-7-5243-0047-2

Ⅰ. F014.3；F114.4；F71

中国国家版本馆 CIP 数据核字第 2025K7R501 号

组稿编辑：郭丽娟
责任编辑：张广花
责任印制：张莉琼
责任校对：王淑卿

出版发行：经济管理出版社
　　　　　（北京市海淀区北蜂窝 8 号中雅大厦 A 座 11 层　100038）
网　　址：www. E-mp. com. cn
电　　话：（010）51915602
印　　刷：唐山玺诚印务有限公司
经　　销：新华书店
开　　本：720mm×1000mm/16
印　　张：16
字　　数：314 千字
版　　次：2025 年 5 月第 1 版　　2025 年 5 月第 1 次印刷
书　　号：ISBN 978-7-5243-0047-2
定　　价：98.00 元

前　言

　　越来越多的企业通过商业模式创新获得了竞争优势。商业模式本质上是利益相关者的交易结构，是主导创新的焦点企业基于知识转移的路径及价值创造的逻辑，与顾客、合作伙伴共同设计出的交易系统，并最终以实现企业价值、客户价值和伙伴价值为归宿。虽然有关商业模式创新的研究已经不少，但大多集中于某种单一视角，基于开放式创新理论三个视角（战略视角、组织视角、流程视角）的研究较少。然而，商业模式具有开放性、跨边界的特征，将内外部因素纳入统一的框架来考察商业模式创新更符合其本质特征。尤其是在知识经济时代，知识是最重要的生产要素，是企业赖以生存的战略性资源和持续创新的重要基础，如何协同整合内外部知识是商业模式创新的关键。

　　因此，本书认为可以整合开放式创新理论的三个视角，基于其他相关理论，进一步从企业家导向、伙伴异质性视角来研究商业模式创新，同时要考虑到组织在协同创新时的合作方式。企业家导向作为一种战略导向，规定了焦点企业内部生产要素的流动方向，代表了企业在战略上的创新姿态。伙伴异质性则解决了在商业模式创新过程中焦点企业需要与什么样的伙伴开展合作。同时，由于知识对创新活动有重要影响，所以本书认为知识转移应该成为组织间在开展商业模式创新活动时最有效的合作方式。

　　基于此，本书围绕"企业家导向与伙伴异质性是怎样通过知识转移来影响商业模式创新的"这一核心问题开展研究，具体包括以下五个问题：①厘清开放式创新理论三个视角之间的关系，基于其他相关理论构建研究模型，明晰本书探索企业家导向、伙伴异质性和知识转移与商业模式创新关系的逻辑依据，并深入研究了四者之间的关系。②企业家导向是怎样影响商业模式创新的，各维度对商业模式创新的贡献程度如何。③伙伴异质性的组织异质性和知识异质性对商业模式创新有怎样的影响机制。④知识转移是如何促进商业模式创新的。⑤知识转移在企业家导向、伙伴异质性与商业模式创新之间所承担的中介作用如何。

　　本书结合理论研究与实证研究，并运用理论分析、探索性案例研究、理论建模、回归分析与结构方程模型等多种方法，对上述问题进行了深入研究，得出以下结论：

（1）企业家导向对商业模式创新有正向影响。本书中案例研究和实证研究的结果显示，企业家导向的创新性、风险承担性、先动性都对新颖型和效率型商业模式创新有显著的正向影响。

（2）伙伴异质性对商业模式创新有正向影响。本书的研究结果显示，组织异质性和知识异质性都显著影响着商业模式创新，可见伙伴异质性是驱动商业模式创新的重要因素。

（3）企业家导向的创新性与先动性、伙伴异质性中的知识异质性对知识转移有正向影响。研究结果表明，企业家导向的创新性与先动性对知识转移有正向影响，而风险承担性对知识转移没有显著影响。在对伙伴异质性与知识转移的关系的研究方面，本书的实证研究表明，知识异质性对知识转移有正向影响，而组织异质性对知识转移的正向影响不显著。

（4）知识转移对商业模式创新有正向影响。本书的研究结果显示，知识转移对新颖型商业模式创新有显著的正向影响，同时对效率型商业模式创新也有正向影响。

（5）知识转移在企业家导向、伙伴异质性与商业模式创新之间起到中介作用。实证结果表明，知识转移在创新性、先动性、知识异质性与新颖型商业模式创新和效率型商业模式创新之间起到中介作用，但知识转移的中介效应并不完全一致。

上述研究结果深化了企业家导向、伙伴异质性、知识转移与商业模式创新关系方面的研究，具体而言，主要有以下几个方面的贡献：

（1）基于开放式创新理论三个视角深入研究了商业模式创新的影响因素，推进了商业模式创新理论的发展。商业模式创新作为一种重要的开放式创新，是焦点企业与外部异质性合作伙伴共同完成的。因此，在研究商业模式创新的驱动因素时应该构建多层次的整合视角。然而如何将众多因素进行合理整合而非进行无序的排列，即了解构建的逻辑是什么，不仅需要深入考虑，也需要找到构型的依据。因此，本书在借鉴前人研究成果的基础上，将开放式创新理论现有研究中的三个视角结合起来，并通过对战略导向发展定位观、资源依赖理论、知识管理理论的梳理，推导出综合内外创新驱动因素、整合协同创新机理过程、探索开放式创新结果的"企业家导向/伙伴异质性—知识转移—商业模式创新"理论模型。本书通过探索性案例研究和实证研究，证实了这些商业模式创新的重要驱动因素。

（2）丰富了商业模式创新理论的内涵与商业模式创新过程的研究。本书基于开放式创新理论，系统地探讨了商业模式的基本概念与构成要素，总结出了商业模式的三大特性，并基于商业模式的特性探讨了商业模式创新的过程，进一步丰富了商业模式创新理论的内涵，深化了商业模式创新理论的研究，是对商业模式创新理论的有益补充和拓展。

（3）深化了企业家导向对商业模式创新影响机制的研究，促进了战略导向相关理论与创新理论的有益结合。本书有助于我们更清楚地认识到企业家导向影响商业模式创新的机制及企业家导向各维度对创新的贡献程度，不仅丰富了创新领域的研究成果，还增加了战略导向领域的理论发现，促进了战略导向相关理论与创新理论的相互融合与应用，同时丰富了开放式创新理论战略视角下商业模式创新的理论成果。

（4）填补了伙伴异质性与商业模式创新关系方面的研究空白。本书在前人研究的基础上对伙伴异质性进行了维度划分，将其划分为组织异质性和知识异质性，证实了伙伴异质性对商业模式创新有正向影响。

（5）丰富了知识转移与商业模式创新过程的相关研究。本书认为，知识转移是知识主体之间合作实现商业模式创新的有效路径，知识转移在知识主体与商业模式创新之间起到中介作用。实证结果也表明，知识转移确实起到了中介作用。

因此，本书探析了商业模式创新的机理，并对本书所提出的模型进行了实证，为未来的研究提供了新的分析思路。

目　录

第1章 绪论

1.1 研究背景

  商业模式本质上是利益相关者的交易结构（魏炜和朱武祥，2009；张雪原等，2024），是主导创新的焦点企业基于知识转移的路径及价值创造的逻辑，与顾客、合作伙伴共同设计出的交易系统，并最终以实现企业价值、客户价值和伙伴价值为归宿。在开放式创新的研究范式下，商业模式创新主要表现出两个明显特征：一是边界模糊，即商业模式创新是多方主体共同参与完成的开放式创新，纵横交错的商业网络是商业模式创新的生态环境；二是企业与合作伙伴之间需要开展知识转移，即合作伙伴需要向焦点企业输送商业模式创新所需的互补知识，而焦点企业需要向外部利益相关者传递有关商业模式的新构念、新想法，促使双方对商业模式的认知与适应能力得到提升，以共同完成企业的商业模式创新。可见，开放合作是商业模式创新的条件，知识是商业模式创新的基础。在组织层面上，极具企业家精神的企业更愿意在网络情景中以开放的心态和视野与具备异质性资源的合作伙伴通过知识转移实现协同合作，进而完成创新。

1.1.1 现实背景

1.1.1.1 商业模式创新是企业保持竞争优势的重要手段

  中国经济已步入新常态，呈现速度换挡、结构调整、动力转换的新特征。党的十九大报告指出，"我国经济已由高速增长阶段转向高质量发展阶段"，经济运行的基本特征是"企稳入常"，中速运行。由此，在经济结构调整、经济增速平稳的背景下，市场主体之间的竞争将变得更为激烈。新兴产业的市场需求尚有较大波动，不确定性较高，新技术所带来的价值效益明显滞后，在位企业和新创企业之间更替频繁。激烈的市场竞争环境迫使企业管理者希望通过适度的创新从市场的博弈与角逐中胜出。然而，"什么样的创新才能使企业获得较大的收益"是一个复杂问题，因为不同企业所面临的具体情境不同，其创新的侧重点也可能有所差异。但总体而言，商业模式创新带来的绩效提升最为明显。IBM公司的报告指出，2001~2006 年仅聚焦产品或服务创新的企业，其复合增长率有小幅提升，只在运营创新方面有所投入的企业却呈现负增长状态。而较之于前二者，聚焦商业模式创新的企业不仅实现了快速增长，其涨幅远高于聚焦于产品或服务创新的企业（见图 1.1）。在信息技术飞速发展的今天，企业所构建的网络更广泛、更经济，使网络主体之间的沟通变得更有效、更便捷，各种创新所需的生产要素在开放的网络中极为活跃，仅关注技术或产品服务方面的创新，而忽视整体性的商业模式创新并不利于企业的可持续发展。彼得·德鲁克认为，当今企业之间的竞争，不是产品之间的竞争，而是商业模式之间的竞争。

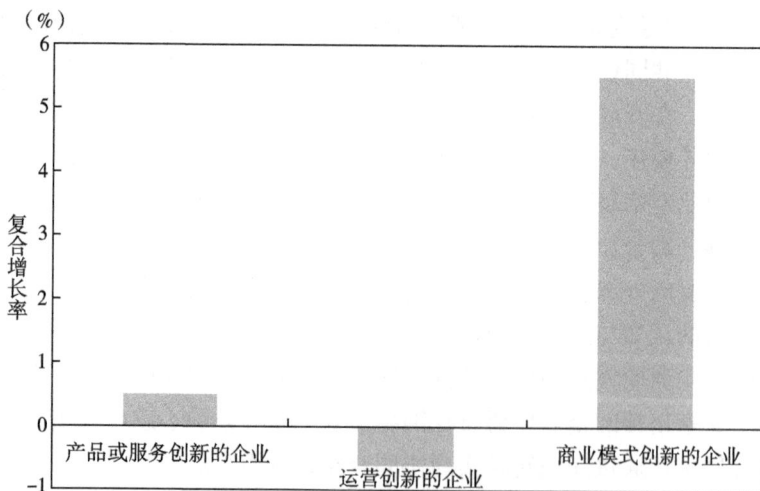

图 1.1　2001~2006 年不同创新方式的复合增长率

　　事实上，越来越多的企业通过商业模式创新获得了竞争优势。在国外，许多大型制造企业已经成功完成了商业模式转型。苹果公司通过推出"iPod + iTunes + iPhone"的组合，创新性地从产品运营商转变为平台型企业，实现了对全球通信市场的占领。Netflix 从在线电影租赁服务模式转型为订阅模式，把传统的按次租赁模式转变为固定月费订阅模式，并在 DVD 业务的高峰时期决定重新进行品牌定位，转向在线流媒体服务，实现全球扩张。在国内，腾讯推出的"微信"深刻地改变了中国人的社交互动方式，且通过不断优化和增加新功能，实现了"社交 + ∞"的全覆盖。京东集团与光大银行开展深度合作，打造全新的云缴费模式。良品铺子致力于打造零售协同（线上线下）、客户协同（客户需求的数据化分析）与供应链协同（链条优化），构建多渠道、全品类、复合网的商业模式。吉利集团凭借汽车制造商的优势，以互联网和新能源为切入点，打造曹操专车，构建网约车"B2C"模式。平安租赁将互联网技术引入租赁业务，通过大数据分析，控制租赁全周期，实现信审流程创新，使内部准入机制、审批方式与租后检查策略得到了优化与升级。

可见，商业模式创新已经成为企业重要的竞争手段，企业逐渐认识到，当现有的商业模式与企业所拥有的内部要素和企业所面临的外部环境不相匹配时，需要及时地对现有的商业模式进行调整，甚至重构（Martins et al.，2015；杨林等，2021），尤其是在互联网时代，信息更迭频繁，知识更新迅速，产品更替过勤，不能及时实现商业模式创新对于企业而言极为致命（张骁和王娟娟，2024）。因此，企业越来越关注几个现实问题：如何进行商业模式创新？驱动商业模式创新的因素有哪些？这些因素之间呈现出怎样的关系，其作用的内在机制是什么？

1.1.1.2　知识是商业模式创新的重要基础

在知识经济时代，知识是重要的生产要素之一，是企业赖以生存的战略性资源和持续创新的重要基础。彼得·德鲁克认为，在新的经济体系内，知识并不是和人才、资本、土地相并列的社会生产资源之一，而是唯一有意义的资源。从资源基础观的角度来看，任何企业都只能是有限资源的集合体，企业不必要也不可能掌握全部的资源或知识，企业仅需要掌握具备稀缺性或独特性的资源以获取李嘉图租金。但资源的稀缺性和独特性并不会长久，生产要素的价格会上涨，品牌的溢价优势会削弱，专利技术的保护期有时限，垄断的市场地位会动摇。因此，在当今激烈的竞争格局中，仅靠获取李嘉图租金并不能确保企业的可持续发展，企业还要获得熊彼特租金来提升竞争力，即企业需要通过不断地创新来获取超额利润与竞争优势，而知识正是企业不断提升核心能力、不断实施创新的重要资源。对于企业而言，提升核心能力不外乎两条路径：一是从内部积累生产知识，二是从外部获取知识。企业通过对知识的优化配置改变创新基础（宁连举等，2022），并由此开展各种创新活动。但随着实施归核化战略的企业越来越多，靠内部生产互补性的异质知识的难度也越来越大，由外部获取是必要方式，加之互联网的急速发展，为企业之间的知识转移构筑了良好的通道。知识在网络中迅速地转移流通，使市场主体的交互机制与沟通方式实现优化，合作效率得到明显提升，协同创新行为在网络中频繁发生，提高了企业的创新绩效。

作为一种较为复杂的创新类型，商业模式创新更需要知识的支撑，这不仅包括技术知识、管理知识、市场知识，甚至包括企业家某个灵光一闪的好点子，或是一个意想不到的好想法，因为商业模式创新首先是一种新颖的构念或概念（杨雪和何玉成，2022），而知识最能孕育新奇的创意。然而，静态的存量知识只有成为动态的流量知识才能被企业吸收、整合、应用乃至创造出新的知识，因此对于商业模式创新而言，企业必须要找到获取、吸收知识的通道，而知识转移恰好起到对接作用。由此可见，知识是驱动商业模式的重要因素，但只有经过知识转移这一中间过程，这种驱动力才能发挥作用。

1.1.1.3 开放合作是商业模式创新的主要途径

商业模式创新是一种典型的开放式创新，因为它涉及不同交易主体之间的互动关系与维护这种关系的治理机制（Zott & Amit，2007、2011；Amit & Zott，2016；李君锐和买生，2023），尤其是在知识经济时代，知识的复杂程度使企业在开展商业模式创新时更需要利益相关者的支持。对于焦点企业而言，创新的主导权是其优势，但由于商业模式创新的系统性和复杂性，焦点企业也必须与伙伴开展合作。因此，商业模式创新面临着两个关键问题：第一，什么类型的焦点企业倾向于不断调整乃至重构商业模式；第二，什么类型的合作伙伴最有利于商业模式创新。

资源观认为，商业模式创新总是受制于组织内部与组织外部各种资源的限制（张培和杨惠晓，2023），如何实现内外部资源的优化配置是构建商业模式的关键问题。对于主导创新的焦点企业而言，战略导向规定了内部生产要素的流动方向，代表了企业的一种战略姿态。一般而言，战略导向分为市场导向、技术导向、企业家导向。近年来，越来越多的企业因为在战略导向上确立了企业家导向而从中获益（Semrau et al.，2016，张京红等，2022）。因为企业家导向驱动企业以强烈的创新意愿加速产品更新迭代，承担不确定性带来的风险，对于拓展未知市场的意愿也总是比竞争对手更积极、更主动（Covin & Slevin，1989；李颖等，2021）。在组织层面上，具备这种企业家精神特质的企业往往更热衷于商业模式创新，倾向于追求存在较大风险的创新收益。然而，焦点企业存在资源或知识的瓶颈，在商业模式创新时需要合作伙伴的支持。从开放式创新的角度来讲，企业可以通过外部合作伙伴来补充所缺的资源或知识。因此，对于合作伙伴的选择，关键在于考察其所掌握的互补性资源。进一步推论，异质性的伙伴最适合与焦点企业协同创新，重构商业模式。因为同质的知识会产生大量的冗余且不利于创新，而异质的知识正是焦点企业在进行商业模式创新时所缺乏的关键要素。

综上所述，商业模式创新有利于企业提升市场竞争力，但关键问题在于焦点企业如何选择合适的伙伴进行创新，并解决知识缺口的问题。因此，有必要对背后的创新机制与创新过程进行深入研究。

1.1.2　理论背景

商业模式创新已成为学术界研究的热点问题，但目前研究大多集中于单一视角，鲜有基于整合视角进行研究的文献，并且早期的商业模式创新研究往往基于封闭的视角，认为商业模式创新就是焦点企业独自设计的新的商业策划方案。随着开放式创新理论的兴起，学者逐渐将视角从内部移向了外部，并以此来探讨商业模式创新。Chesbrough 等（2006）指出，商业模式创新的过程实质上就是开放式学习的过程，企业的知识获取活动已经从封闭模式转变成开放模式。研究发现，开放式创新理论具备三个研究视角，即战略视角、组织视角和活动视角（Chesbrough，2003；West & Gallagher，2006；Chesbrough & Appleyard，2007；陈钰芬和陈劲，2008；Lichtenthaler，2008、2009；Bigliardi & Galati，2013；Hung & Chou，2013；陈劲，2013；吴晓云和李辉，2013；李云健，2018；辛本禄和代佳琳，2022），每个视角都触及开放式创新理论的某一个侧重点。作为一种重要的开放式创新，商业模式创新同样可以置于这三个视角之下进行研究，但现有文献往往是基于某一视角开展研究，缺乏一个整合框架，缺乏系统性，甚至会得出相互矛盾的研究结论。因此，本书认为可以将三个视角进行整合，把握开放式创新理论的整体性，从而更加深入地探索商业模式创新的机理机制。其中，战略视角主要强调焦点企业所树立的有利于开放式创新的战略选择，是根据企业主体自身确定的战略导向。组织视角强调焦点企业所需要选择的伙伴的组织特性，在开放式创新中，异质性往往是企业选择伙伴的依据。活动视角强调创新主体之间知识的流动与耦合，本质上探讨的是企业与合作伙伴在开放式创新中如何进行知识管理活动来实现创新。因此，本书认为，可以基于创新主体与创新合作方式的逻辑，将三个视角进行整合来研究商业模式创新。进一步来讲，对于商业模式创新而言，一些极为重要的问题需要关注。

现有研究鲜有基于整合开放式创新理论的三个视角来探索商业模式创新。对商业模式创新的研究已经很多，但不同的研究得出的驱动因素并不一样。有些从内部视角讨论，指出企业家精神、动态能力、组织学习等会对商业模式创新有影响；有些从外部视角研究，认为技术进步、需求变化、网络嵌入、制度政策对商业模式创新有影响。但已有研究都过于零碎，缺乏要素框架，难以整合，即缺乏整合的逻辑依据。因此，本书认为，应该基于开放式创新理论的三个研究视角，按照创新主体与创新合作方式的逻辑，将其纳入一个统一的研究框架。其中，战略视角代表一种战略抉择和导向。现有研究从战略导向的角度来探索商业模式创新时，常常是从市场导向和技术导向进行分析的，缺乏从企业家导向的角度来研究的文献。但实际上，企业家导向作为一种鼓励创新的战略导向，由于其强烈的扩张性和向前看的开放性，更符合开放式创新的研究规范。同时，组织视角代表开放式创新中企业所需要的异质性合作伙伴。然而，从组织视角讨论开放式创新时，多数文献讨论技术创新，对商业模式创新的讨论较少。但是，商业模式创新并非单个企业可以完成，而是不同主体之间合作的结果。因此，焦点企业需要寻求异质性伙伴展开合作，协同创新。活动视角表现为一种创新的合作方式和过程，强调创新主体之间通过开展知识管理活动实现创新。知识管理活动代表了组织与组织之间的合作方式和创新路径，但这方面的研究依然缺乏。本书认为还需要对以下几个问题进行关注。

第一，从开放式创新理论的战略视角来看，企业家导向影响商业模式创新的研究偏少。作为重要的战略导向，企业家导向鼓励创新，赋予企业敢于冒险、创新先动的组织特征。不少企业家导向型企业已经率先开展商业模式创新。现有研究认为，企业家导向对创新具有显著的正向影响，但研究往往集中于技术创新或创新绩效上，有关企业家导向与商业模式创新关系的研究，虽然一些学者有所涉及（Ipek Koçoğlua et al., 2015; 张振刚等，2022），但还有待深入。其中，创新性、先动性、风险承担性三者与商业模式创新之间的关系并不清楚，三者是更有利于效率型商业模式创新还是新颖型商业模式创新，需要进一步做实证研究。同时，企业家导向是一种消耗型战略导向，具有强烈的扩张性，企业家导向型的焦点企业在商业模式创新时需要将大量的资源、知识作为支撑，而企业不可能拥有所有的资源、知识，因此必须有相应的合作伙伴与之匹配。从知识的角度出发，互补的知识是最有利于联合创新的，而商业模式创新是焦点企业与合作伙伴共同实现的，因此企业家导向型企业需要与异质性伙伴开展合作。

第二，从开放式创新理论的组织视角来看，伙伴异质性与商业模式创新之间的关系有待深入研究。伙伴异质性常常置于开放式创新的研究范式中，大量研究表明，伙伴异质性有利于合作绩效，有利于提高创新水平，创新总是企业在社会关系和商业关系的协同进化中不断实现的。然而，现有的关于伙伴异质性的研究大多从战略联盟（Beckman & Haunschild, 2002; Goerzen & Beamish, 2005; 张娜和刘凤朝，2023）、团队合作（Miller et al., 1998; Okhuysen & Eisenhardt, 2002; Lee et al., 2010; 嵇金星和熊胜绪，2024）和创新网络（Rycroft, 2007; Rampersad et al., 2010; Corsaro et al., 2012; 辛冲等，2021）几个角度展开，本质上都强调通过向外搜寻获取异质性的资源、知识实现创新。但直接研究伙伴异质性与商业模式创新之间关系的文献并不多见，存在理论缺口，可伙伴异质性又有利于化解商业模式创新的资源与知识瓶颈问题，有利于降低商业模式创新彼此负担的成本。互补性的知识对于商业模式的创新极为重要。因此，需要对伙伴异质性的概念进行必要的梳理，并将其置于开放式商业模式创新的研究框架中进行考察，进一步探讨不同类型的组织或差异性的知识对商业模式创新的贡献程度。

第三，从开放式创新理论的活动视角来看，缺乏对开放式商业模式创新路径的研究，即缺乏知识管理活动对商业模式创新影响机制的研究。现有研究大多已讨论了商业模式创新对创新绩效的促进作用（Hamel et al.，2000；罗珉等，2005；Giesen et al.，2007；Zott & Amit，2007；张玉利等，2009；孙永波，2011；Amit & Zott，2012；程愚等，2012；胡保亮，2012；易凌峰等，2024），鲜有关于商业模式创新是通过哪种合作方式得以实现的研究，对商业模式创新中间机理的探讨还不够深入。知识转移是一种重要的知识管理活动，是知识主体之间的一种合作方式，本质上是双方通过知识转移互动来完成知识的获取与吸收，并通过进一步的应用与创造从而实现创新。商业模式创新依赖于知识的不断更新和优化，焦点企业在网络中搜索并定位到能与自己相互补的异质性伙伴后，只有通过知识转移这一活动，才能实现知识的吸收与整合，从而促进商业模式创新。因此，知识转移是知识主体之间合作实现商业模式创新的有效路径，知识转移在知识主体与商业模式创新之间起到中介作用。企业家导向型企业由于其强烈的创新导向以及风险承担意识，总是在不断地寻求或传递新的知识，因此，总会不断地与异质性伙伴进行沟通与协调，其目的在于获取对方的互补知识，实现彼此的知识转移，最终共同实现商业模式创新。

1.2 研究问题的提出

基于以上分析，虽然有关商业模式创新的研究已取得了不少成果，但基于整合开放式创新理论的三个视角研究商业模式创新的文献并不多见，从企业家导向和伙伴异质性的视角切入的研究较少，二者影响商业模式创新的机制尚不明确。再者，知识转移作为企业之间的合作方式，是否在商业模式创新中起到中介作用也需要进一步明确。基于已有的研究成果，本书尝试整合开放式创新理论的三个视角，并厘清其关系，探讨企业家导向、伙伴异质性、知识转移与商业模式创新之间的关系，具体包括：

（1）厘清开放式创新理论三个视角之间的关系，基于其他相关理论构建研究模型。基于创新主体和创新合作方式的逻辑，可以把开放式创新理论的战略视角与战略导向发展定位观理论相结合，把组织视角与资源依赖观理论相结合，把活动视角与知识管理理论相结合，明晰本书探索企业家导向、伙伴异质性、知识转移与商业模式创新关系的逻辑依据，并继续深入研究四者之间的关系。

（2）企业家导向与商业模式创新之间的关系。厘清企业家导向与商业模式创新之间的关系对于焦点企业而言是非常重要的，但现有研究并没有就两者的关系给出明确的答案。基于文献分析，本书进一步明晰企业家导向的概念，探索其对商业模式创新的影响机制，讨论企业家导向下各维度对商业模式创新的贡献程度。

（3）伙伴异质性影响商业模式创新的机理。虽然有学者已就伙伴异质性的概念与维度划分进行了探讨，但在不同的研究主题中，研究者对伙伴异质性的理解都会有所差异。基于前人的研究，同时结合研究主题，本书将伙伴异质性划分为组织异质性和知识异质性。其中，组织异质性反映不同合作主体之间组织类型的差异及组织类型的多样程度，知识异质性反映不同主体之间合作所需的知识的差异化与互补性，强调的是异质性知识对创新的驱动作用。同时，本书将从组织异质性和知识异质性来深入探讨伙伴异质性对商业模式创新的影响。

（4）知识转移在企业家导向、伙伴异质性与商业模式创新间具有中介作用。知识转移作为创新主体之间一种重要的合作方式，是商业模式创新过程中非常重要的一环。在开放式创新理论的研究范畴内，知识转移是商业模式创新的重要基础。通过知识转移，焦点企业与合作伙伴完成了互补性知识的吸收与整合，进一步产生新的商业模式的构念。以往研究知识转移的文献主要从知识特性、知识主体与知识情境的角度切入，鲜有讨论企业家导向与伙伴异质性对知识转移的影响，更很少讨论其对商业模式创新的影响。基于创新主体和创新合作方式的逻辑，知识转移本质上是企业与伙伴为了进行创新而开展的活动。企业与伙伴作为创新活动的主体，其战略方向与组织特性都深刻地影响着它们的知识转移活动。基于此，本书以知识转移为中介变量，深入探讨商业模式创新的过程，讨论企业家导向和伙伴异质性如何通过知识转移来促进商业模式创新。

1.3　研究意义

1.3.1　理论意义

（1）以往关于商业模式创新的研究缺乏整合视角，且对于商业模式创新得以实现的机理尚不明晰。因此，本书基于开放式创新理论的三个视角，结合相关理论，着手构建"企业家导向/伙伴异质性—知识转移—商业模式创新"理论模型，以揭示商业模式创新的作用机制。同时，揭示出商业模式创新的本质是企业为适应环境的变化或匹配自身发展阶段的特性，用一种新的构念对现存的商业模式进行调整与重构，是不断演化的动态过程。不仅如此，本书还构建了研究的整合视角。基于对商业模式特性的认识，整合视角更符合开放式创新的理念，有利于进一步丰富商业模式创新的相关理论研究。

（2）本书探索了企业家导向、伙伴异质性对知识转移的影响。企业家导向作为一种重要的战略导向，是企业对创新与风险的认知与态度，代表了企业以创新获取风险溢价的意愿，是企业进行知识转移的认知基础。伙伴异质性本质上是企业的合作伙伴在资源上存在互补优势，尤其是知识资源之间的异质性互补，强调组织间的合作主要是从合作伙伴那里获得所缺乏的资源，以实现互补，并实现开放式创新。以往研究鲜有将二者纳入统一框架探索其与知识转移之间的相互影响。因此，本书有利于厘清企业家导向、伙伴异质性与知识转移的关系。

1.3.2　现实意义

（1）引起企业在商业模式创新过程中对企业家导向与伙伴异质性的重视。就企业的战略导向而言，企业家导向是最有利于企业开展创新实践的。在复杂多变的环境中，企业只有不断维持创新，才能在内部资源有限的前提下，以创新的方式优化资源配置。伙伴异质性是有效的外部知识渠道，是企业克服"资源刚性"的主要方式。商业模式创新是一项高风险、系统性的工程，这意味着企业要敢于承担风险，率先抢占市场先机，敢于探索未知现象，敢于涉足不相关的领域，进而以创新手段赢得竞争优势。而创新性、先动性和风险承担性正好构成企业家导向的特质，组织异质性与知识异质性又恰好是伙伴异质性的核心。可见，商业模式创新与企业家导向和伙伴异质性密切相关。因此，本书试图通过文献回顾和实证检验，引起企业对企业家导向与异质性伙伴的重视，以保持持续创新的态势。

（2）引起企业在商业模式创新中对知识转移的高度关注。知识转移是实现商业模式创新的重要途径，知识可以构建创新的隔离带，使由焦点企业所构筑的商业模式不会轻易被其他价值网络中的竞争对手所模仿。因此，本书通过对知识转移理论的梳理与相关文献的回顾，揭示出知识转移是企业家导向、伙伴异质性与商业模式创新之间的中介变量，突出了知识转移在创新中的重要地位。同时，探讨知识转移的路径与机制有利于企业实现知识转移，为企业进行商业模式创新提供更加具体的指导建议。

1.4　研究方法

本书拟用多种研究方法对研究问题进行深入探讨，包括文献研究法、探索性案例研究法、问卷调查法、定量实证研究法。各研究方法匹配不同的研究侧重点，协同不同章节的研究目的。

1.4.1　文献研究法

本书通过对开放式创新等相关理论及企业家导向、伙伴异质性、知识转移、商业模式创新等领域的文献进行整理和分析，完成对相关概念的界定，并对它们之间的关系进行初步的理论推导，以此作为本书研究问题的理论基础。

1.4.2　探索性案例研究法

本书根据初始理论预设，有针对性地进行案例样本的选择，并通过四家企业的案例分析和跨案例对比分析，初步尝试构建企业家导向、伙伴异质性、知识转移影响商业模式创新的概念模型，提出初始命题假设。

1.4.3　问卷调查法

由于所涉及的核心问题（企业家导向、伙伴异质性、知识转移、商业模式创新）的数据均无法直接从公开资料中获取，故本书采用了问卷调查法。在文献研究的基础上，针对四项子研究科学地设计调查问卷，通过发放问卷获取企业家导向、伙伴异质性、知识转移、商业模式创新等样本的数据，为下一阶段的实证研究做准备。

1.4.4 定量实证研究法

本书基于问卷调查法所获取的样本企业数据，使用统计分析软件 SPSS23.0 软件和 AMOS 软件，对所提出的研究模型和假设进行描述性统计分析，测度变量的信度及效度，并通过多元回归分析以及结构方程模型对数据进行检验。

1.5 研究内容与技术路线图

1.5.1 研究内容

本书共分为七章。本书的研究结构如图 1.2 所示。

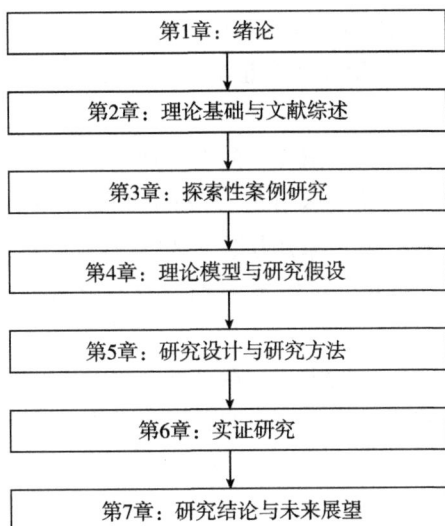

图 1.2 本书的研究结构

第 1 章为绪论。本章旨在阐明研究的现实背景与理论背景，探讨研究意义与研究价值，阐明创新之处与结构安排。

第 2 章为理论基础与文献综述。本章紧紧围绕本书的理论基础及企业家导向、伙伴异质性、知识转移、商业模式创新等，着重讨论现有的研究成果与研究空白，对已有研究进行归纳总结，提出基本的研究框架，为后续研究的模型构建奠定基础。

第 3 章为探索性案例研究。本章在文献综述的基础上，根据理论预设选择四组商业模式创新的典型案例开展探索性案例研究。首先介绍案例研究的步骤与方法，提出案例研究的方案；其次分别对四家企业开展案例分析，并进行横向比较，从中获得关于企业家导向、伙伴异质性、知识转移与商业模式创新等变量之间相关关系的初始研究命题，为第 4 章理论模型的构建提供事实依据。

第 4 章为理论模型与研究假设。本章以第 3 章的初始研究命题为基础，回顾相关理论，围绕企业导向、伙伴异质性、知识转移与商业模式创新的关系，构建"企业家导向/伙伴异质性—知识转移—商业模式创新"的细化理论框架，提出研究假设，构建理论模型。

第 5 章为研究设计与研究方法。首先介绍问卷设计的过程和内容，确定关键变量（企业家导向、伙伴异质性、知识转移、商业模式创新）的测量方式；其次进行小样本测试，包括小样本问卷的发放与回收、描述性统计分析、问卷的信度和效度检测；最后对第 6 章实证研究中将要使用到的主要实证方法进行介绍。

第 6 章为实证研究。首先介绍样本问卷发放与回收的过程、样本的基本情况和描述性统计分析的结果；其次运用 SPSS 23.0 和 AMOS 软件检测量表的信度和效度、各变量间的相关性；最后采用层次回归分析方法和结构方程建模（Structural Equation Modeling，SEM）对样本数据进行分析验证，并对研究结果予以讨论。

第 7 章为研究结论与未来展望。本章总结全书的研究结论，深入探讨本书的理论贡献与实践启示，指出本书中存在的局限以及未来的研究方向。

1.5.2 技术路线图

本书以企业家导向与伙伴异质性为切入点，以知识转移为中间路径，以促进企业商业模式创新为导向，按照"企业家导向/伙伴异质性—知识转移—商业模式创新"这一理论逻辑，逐层深入剖析企业家导向（创新性、风险承担性、先动性）、伙伴异质性（组织异质性、知识异质性）、知识转移、商业模式创新（新颖型、效率型）四者之间的关系。在研究过程中，沿着发现问题、分析问题和解决问题的思路，将理论回顾与实证分析相结合。本书的技术路线如图 1.3 所示。

| 研究问题 | 现实研究背景 | 理论研究背景 | 文献回顾 |
| 研究问题的提出 | | | |

理论基础与文献综述 — 文献综述

| 相关理论基础 | 商业模式创新相关研究 | 企业家导向相关研究 | 伙伴异质性相关研究 | 知识转移相关研究 |

探索性多案例研究设计 — 假设构想

| 问题提出 | 案例选择 | 数据获取 | 数据分析 |

理论模型与研究假设 — 模型构建

| 企业家导向与商业模式创新 / 伙伴异质性与商业模式创新 | 企业家导向与知识转移 / 伙伴异质性与知识转移 | 知识转移的中介作用 / 知识转移与商业模式创新 |

研究设计与实证分析 — 实证检验

| 问卷设计 | 变量测量 | 数据收集 | 信效度检验 | 假设验证 | 结果分析 |

研究结论与未来展望 — 研究结论 未来展望

| 本书的主要结论 | 本书的主要创新点 | 研究局限与未来展望 |

研究思路 —— 研究内容 —— 研究方法

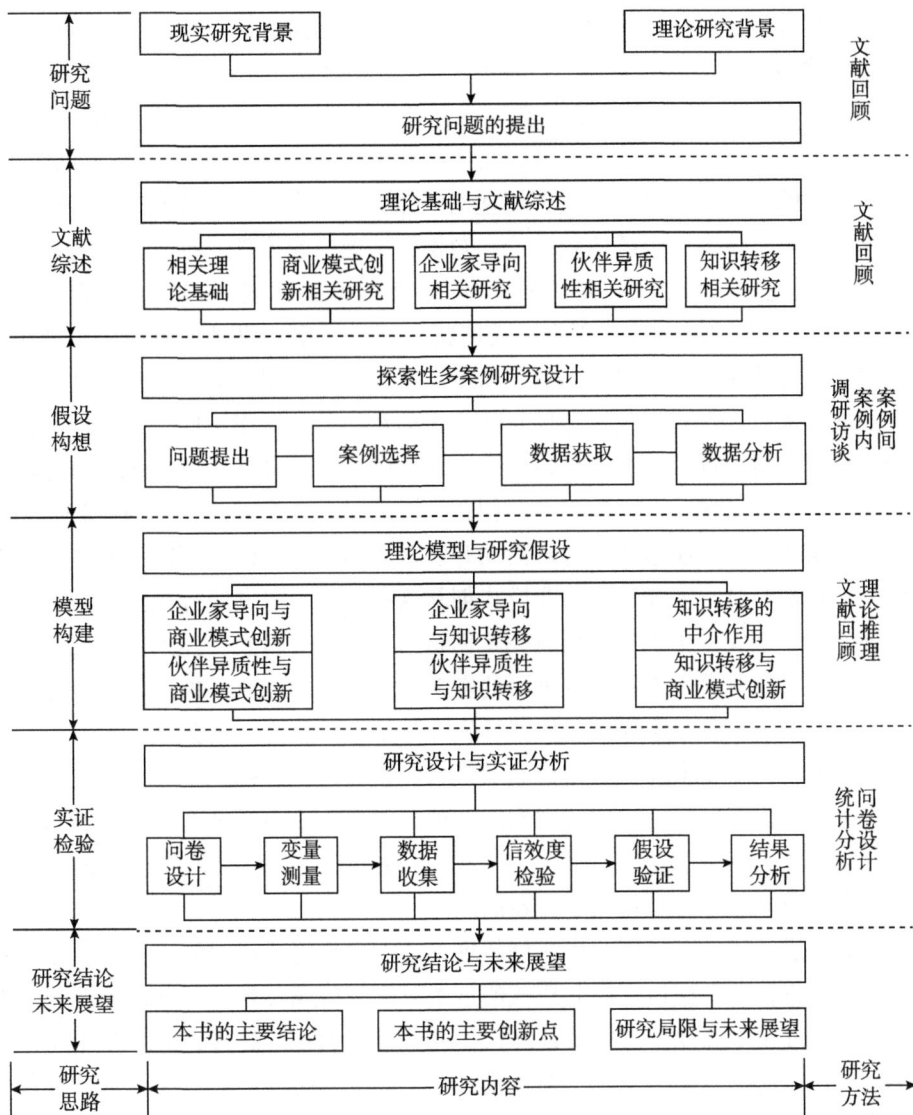

图 1.3 本书的技术路线

1.6 本书的创新点

第一，基于开放式创新理论的三个视角深入研究商业模式创新的影响因素，推进了商业模式创新理论的发展。商业模式创新作为一种重要的开放式创新，是焦点企业与外部异质性合作伙伴共同完成的。因此，研究商业模式创新的驱动因素应该构建多层次的整合视角（Spieth et al.，2014；Foss & Saebi，2017；靖舒婷，2023）。然而，如何将众多因素进行合理整合而非进行无序的排列，即构建的逻辑是什么，是需要深入考虑的，需要找到构型的依据。因此，本书在借鉴前人研究成果的基础上，将开放式创新理论研究中的三个视角结合起来，并通过对战略导向发展定位观、资源依赖理论、知识管理理论的梳理，推导出综合内外创新驱动因素、整合协同创新知识管理活动、探索开放式创新结果的"企业家导向/伙伴异质性—知识转移—商业模式创新"理论模型。战略视角和组织视角本质上是探讨在开放式创新中不同的创新主体所起到的作用。战略视角描述了焦点企业的战略选择，不同的战略选择对开放式创新的促进作用不同。组织视角描述了合作伙伴的组织特性，在开放式创新中，异质性伙伴自然是焦点企业首选的战略伙伴。活动视角本质上是探讨不同创新主体之间的合作方式与创新过程，焦点企业与异质性伙伴是通过知识管理活动开展合作的，当知识在不同创新主体之间进行流转和耦合时，才能输出商业模式创新这一结果。本书通过探索性案例研究和实证研究，不仅证实了这些商业模式创新的重要驱动因素，其中企业家导向和伙伴异质性对商业模式创新均有重要的影响，知识转移对商业模式创新也存在显著影响，也厘清了企业家导向、伙伴异质性与知识转移之间的关系。因此，本书从开放式创新的角度出发，丰富了商业模式创新理论，是将战略导向理论、资源依赖理论及知识管理理论合理拓展到商业模式创新情境中的全新应用，为未来战略与创新等相关领域的研究提供了一个崭新的分析框架和一种整合性的研究思路，为商业模式创新管理提供了有益的启发。

第二，进一步丰富了商业模式创新理论的内涵与创新过程研究。本书基于开放式创新理论，系统探讨了商业模式的基本概念与构成要素，总结出商业模式的三大特性，并基于商业模式的特性探讨了商业模式创新的过程，进一步丰富了商业模式创新理论的内涵，深化了商业模式创新理论的研究，是对商业模式创新理论的有益补充。在已有研究中，对商业模式的定义和构成要素的讨论过于烦琐，缺乏对商业模式特性的深入讨论，更缺乏基于此而进行的有关创新的推论。本书在总结前人研究结论的基础上，将商业模式定义为焦点企业与合作伙伴在开放的网络中共同构建的，由交易内容、交易结构、交易治理三要素组成的价值系统，并以增量价值为导向运动和发展。这样定义商业模式的逻辑包括以下三个方面：一是总结出商业模式构成要素的最主要特征，即价值导向与交易逻辑。价值既是商业模式的起点，也是商业模式的归宿。商业模式的所有活动都是紧紧围绕价值而开展的交易活动。二是通过梳理总结出商业模式的三大特性，即系统性、动态性、开放性。这是本书对商业模式创新理论的有益补充，明晰了商业模式的重要特性，为创新过程的研究奠定了理论基础。其中，系统性描述了商业模式存在的物质形式，交易内容、交易结构和交易治理是构成商业模式最为重要的因素；动态性基于时序关系，描述了商业模式的演化路径，本质上从时间的角度解构商业模式；开放性则强调了商业模式的空间状态，是焦点企业与合作伙伴以网络形式相连接而形成的开放体系。三是本书基于商业模式的定义与特性，详述描绘了商业模式创新的过程。商业模式创新首先从设计出发，企业设计一套行之有效的价值交易系统，并随着时间的推移和环境变化，以调适或重构的方式变革已有价值系统的构成要素——内容、结构和治理，甚至是整个系统，从而实现创新。由此，商业模式创新形成了一个闭环，这个闭环的运行过程即商业模式的演进过程。当然，这一运行过程并非焦点企业独自可以完成的，而是需要在开放的环境中与不同的伙伴开展知识管理活动，共同合作实施。

第三，深化了企业家导向、伙伴异质性与知识转移对商业模式创新影响机制的研究，促进了战略导向相关理论、资源依赖理论、知识管理理论与创新理论的有益结合，紧紧围绕知识作为创新源泉的核心观点，创造性地提出知识转移应该作为企业家导向、伙伴异质性与商业模式创新的重要桥梁，进而揭开了企业家导向、伙伴异质性影响企业商业模式创新的中间机理这一"黑箱"。就企业家导向而言，以往讨论企业家导向影响商业模式创新的机制机理的研究并不多见，对于伙伴异质性而言，关于其与商业模式创新关系的研究则更缺乏。同时，不同的创新主体到底有没有通过知识管理活动进行合作创新，也需要进一步深究。因此，本书通过回顾现有文献，对所构建的模型进行了深入的案例研究与实证分析。结果显示，企业家导向对商业模式创新的促进作用明显，其中创新性、风险承担性、先动性均对新颖型商业模式创新和效率型商业模式创新有显著的正向影响。但对于新颖型商业模式创新而言，先动性的影响程度最大；对于效率型商业模式创新而言，风险承担性的影响程度最大；对于不同类型的商业模式创新而言，企业家导向对各维度的影响程度正好相反。而在伙伴异质性中，组织异质性和知识异质性对两类商业模式创新都呈现正向影响关系，其中，组织异质性的影响程度更大。同时，企业家导向与伙伴异质性都是通过知识转移实现协同创新的，实证结果支持知识转移的中介作用，这些研究都深化了商业模式创新的过程研究，拓展了知识管理理论在商业模式创新中的运用，对知识管理理论和商业模式创新理论的相关研究做了有益的补充。因此，本书探明了商业模式创新的机理，为未来的研究提供了新的分析思路。

第 2 章　理论基础与文献综述

2.1　相关理论基础

2.1.1　开放式创新理论

开放式创新理论源自对知识管理和创新管理的整合研究，自 Chesbrough 于 2003 年提出后，已经成为管理创新领域的研究热点（陈劲，2013；张璐等，2016；Jasimuddin & Naqshbandi，2018；喻登科和熊曼玉，2023），其核心在于强调创新是在开放的环境下不同主体相互作用的结果，任何企业仅依靠自身的资源（特别是知识资源）进行创新已经难以维持竞争优势，选择与自身相匹配的伙伴合作发挥协同效应，联合创新，是企业持续发展的关键因素。一方面，开放式创新强调企业需要加强与外部合作方的合作，这种合作要建立在可以从外部获取大量的互补性知识之上；另一方面，开放式创新也强调"非此处销售"（Not Sold Here）的思想，即企业可以向外输出知识，如不适宜企业战略转型的内部技术或享有知识产权的专利技术，抑或是有利于企业持续性发展的全新构念等，通过这种方式以获取最大报酬。因此，知识的流动贯穿于开放式创新的始终。

对开放式创新理论的理解，可以从定义、类型及研究主题三个方面加以分析。

从开放式创新的定义来看，可以从战略视角、组织视角、活动视角对其加以理解。基于战略视角，开放式创新是企业的创新战略，代表了企业的战略选择与战略方向，是企业适应知识经济时代下行业竞争越发激烈、客户需求迅速变化的市场环境所进行的战略转型。Chesbrough 和 Appleyard（2007）指出，开放式创新是企业借助外部大量的创新资源以持续开展创新实践，进而创造且获取价值的战略性活动，是企业创造价值、获取竞争优势的重要策略。吴晓云和李辉（2013）强调，开放式创新是企业适应全球化市场环境的战略选择，并以全球化程度及开放程度为坐标，总结了四种开放式创新战略。唐国华和孟丁（2015）则认为，开放式创新是一种技术层面的创新战略，是企业基于开放的经营理念以获取外部资源并加以内部整合，借此制定且实施的创新战略，表达了企业获取竞争优势的发展逻辑。总之，在战略视角下，开放式创新代表了企业的战略选择，即从战略层面鼓励企业向外搜寻创新资源，并结合自身内部资源实施创新，企业一旦选择了这种战略，就一定会实施某种形式的开放式创新。基于组织视角，开放式创新强调创新主体间的跨边界合作，并借此对创新主体进行详细的分类，分别为供应商、消费者、顾客、大学和研究实验室、竞争对手、其他行业企业、创新中介、其他。王凤彬和杨京雨（2024）认为，开放式创新是企业搜寻内外部创新机会，有目的地将外部探索能力与企业资源相结合，通过多种渠道利用这些机会的一种系统努力，并以此划分了创新的各种参与主体。Lichtenthaler（2008）指出，开放式创新是企业基于内外部能力所完成的技术管理活动，是与组织管理活动密切相关的创新行为。霍明奎和李静（2024）认为，开放式创新是以创新利益相关者为基础不断搜索和获取各种创新要素的多主体创新模式，涉及组织与组织之间的跨边界管理活动。总之，在组织视角下，开放式创新强调创新主体的互动，是具有互补性的创新主体之间的协同合作，深刻地揭示了开放式创新较之于封闭式创新的本质，即对外寻找伙伴共同创新，在开放式创新中，当企业寻找到合适的伙伴时，能有效促进双方开展开放式创新实践。基于活动视角，开放式创新是一种强调知识流动方向的创新实践，注重知识输入与输出的动态过程，表现为创新的想法、有价值的知识在不同主体之间双向流动的一种创新模式（Hung & Chou，2013）。Chesbrough（2003）指出，创意既可以源于内部，也可以源于外部，企业既可以将部分知识资产予以商业化，也可以获取外部知识使之商业化，内外部知识的获取及商业化的途径是同等重要的。Lich-tenthaler（2009）指出，开放式创新是企业出于创新的目的合理把控知识流入和知识流出的过程，从而提升企业创新效率。Lichtenthaler 认为开放式创新是企业在创新过程中组织内外部搜索、保持和挖掘知识的行为，这种定义强调知识在创新中的重要性。高洪玮（2024）认为，开放式创新是创新性资源在企业内外流转、嵌套后的价值创新活动，包括价值识别、价值创造、价值获取。总之，在活动视角下，开放式创新是企业合理整合知识的流入与流出，借此加快创新节奏、扩大应用市场的创新活动模式。它深刻反映了不同主体合作进行开放式创新的创新活动，不同主体通过对彼此知识的互动与耦合，最终输出创新结果。

从开放式创新的类型来看，一般而言，可以把开放式创新分为内向型、外向型和耦合型。内向型开放式创新是指知识由外部伙伴（客户、供应商、学校等）

流入企业，企业作为知识的整合者，利用外部知识实现创新，如企业直接获取或购买外部有价值的创意、技术、知识，将之整合与重构，并使之商业化。外向型开放式创新是指知识从企业内部输出，输入给企业的合作伙伴以实现商业化的创新过程，如企业将具有知识产权的商业设计模型卖给下游企业从而实现合作。耦合型开放式创新则是指知识在企业与其他组织之间双向流通进而实现创新并创造价值的过程。有学者基于知识的流动方向与是否涉及经济交易两个维度，又将开放式创新分为内向—获取型（Acquiring）、内向—开源型（Souring）、外向—出售型（Selling）及外向—披露型（Revealing）。其中，内向—获取型涉及经济交易，即在市场中有偿获取知识，如企业的收购行为可以有效整合外部知识以促进企业创新。内向—开源型不涉及经济交易，即企业免费从市场中获取信息，但此类型较为复杂，难点在企业如何将免费搜索到的信息与自身知识基础进行匹配。外向—出售型涉及经济交易，即向外出售或授权某种知识产权，或出售某种创意，使之迅速商业化，从而为企业带来效益。外向—披露型不涉及经济交易，免费释放企业的知识信息，却让企业受益，典型的方式是开源代码软件。

从开放式创新的研究主题来看，开放式创新理论最早涉及的是企业之间的技术创新问题，强调的是组织消化外部技术的能力，企业的吸收能力对于开放式创新至关重要（张晓丹和蔡双立，2022）。但技术仅仅是创新的必要条件，技术创新若不能使之大规模商业化，则失去了创新的意义。进而学者逐步将眼光聚焦到商业模式上，这是因为通常技术创新需要通过特定的商业模式来实现价值。在开放式创新理论下，商业模式的构建着眼于企业内外部知识治理机制作用下交易结构的开放程度、交易对象的多样化、交易机制的优化。霍燕（2023）经过实证分析指出，内向型开放式创新对商业模式创新的影响显著，外向型商业模式创新对商业模式创新虽然重要，但效果稍弱。

综上所述，开放式创新既是企业的战略选择，也是企业与不同创新主体互动的组织实践，同时还是企业之间进行知识管理的创新活动，本质上讲，开放式创新是企业基于某种战略选择，与不同的创新主体相互流转知识从而共同输出创新结果的过程。从战略视角来看，企业制定更为开明、开放的战略是企业实施开放式创新的重要原因，这其实是从创新主体的层面描述开放式创新。从组织视角来看，企业能够从外部寻找到与之相匹配的合作伙伴同样是企业积极实施开放式创新的驱动因素，这仍是基于创新主体的角度来讨论开放式创新，只不过特别强调合作伙伴而已。从活动视角来看，企业与其他伙伴有效地进行知识管理是最终能够输出创新成果的关键条件，无论所采取的创新类型是内向型、外向型还是耦合型，其本质都是知识在不同主体之间的有效互动。这其实是从创新主体的合作方式来讨论开放式创新，因此，基于创新主体之间合作方式的逻辑整合三个视角可以看到，在开放式创新的背景下，企业一旦选择了更利于创新的战略，就意味着企业对自身资源的配置方式更为积极，愿意更主动地与具备互补性的合作伙伴开展知识管理活动，实现知识在彼此之间的吸收与耦合，从而实现开放式创新。因此，本书将商业模式创新置于开放式创新理论的研究主题中，基于开放式创新的三个视角，认为商业模式创新是内在战略因素与外在组织因素通过主体之间的知识管理活动共同实现的，并基于此讨论企业家导向（战略视角）、伙伴异质性（组织视角）、知识转移（活动视角）与商业模式创新之间的关系，以期进一步丰富开放式创新及商业模式创新的相关研究成果。

2.1.2　战略导向发展定位观

战略导向发展定位观主要讨论组织战略层面的导向性原则（战略导向）如何引导企业的资源配置与战略行动，以及如何促进企业的创新活动。战略导向反映了企业的决策风格及管理方式，同时反映出企业在复杂环境中利用各种资源的思维逻辑来影响企业资源配置和利用的过程与结果，体现了企业行为主体和客观环境的有机结合（杨桂菊等，2024）。已有研究表明，战略导向作为组织战略的基本特征，植根于企业的整体价值观中，这些价值观包含了潜在决定企业行为的基本原则，是理解企业行为的逻辑线索，不仅为企业提供了一整套理解全球化市场竞争程度的重要哲学思想，更是决定组织成败的关键问题（张璐等，2016）。因此，战略导向本质上是组织对自身前景的长远系统考虑，是对自身未来的定位态势选择（周思敏，2024）。企业制定某种战略导向，旨在获取可持续性的、卓越的企业绩效，这种具备方向性的战略原则，能在不同程度上优化企业与环境的互动方式，使企业更好地适应环境，乃至塑造环境，并以其所确定的导向性原则为依据，对资源进行重新配置以协调外部不断变化发展的环境，从而有效提高组织效率。可见，战略导向是企业制定战略必须首要考虑的问题，任何组织只有在明确了战略导向后才能确定其后续具体的战略内容和规划（张金玲和覃彩云，2024）。一方面，战略导向能够为企业在制定战略时提供具有指导性意义的观念、动机和倾向，且这些观念、动机和倾向能够形成组织层面的总体战略方向；另一方面，战略导向也包含那些能够使企业沿着战略方向逐步实现战略目标的分级步骤与程序系统。战略导向不同，企业对自身优势的理解不会相同，对外部环境的反应方式也不相同，进而业务范围、创新水平、开放程度都会表现出明显差异。

　　依据主流的战略导向划分方法，可以将战略导向分为市场导向、技术导向和企业家导向（刘晓跃等，2021）。市场导向属于聚焦于外的战略导向，强调市场拉动的经营哲学，注重搜索、响应外部市场知识信息，以准确反映客户需求，进而据此制定战略，开展经营活动，构建旨在迅速提升效率的商业模式（张万洪和任文佑，2024）。市场导向本质上是依据组织所面临的外部环境来进行战略定位，强调环境的变化发展对企业生存的支配作用，表现出反应式的思维模式，其背后折射出组织力求稳妥、厌恶风险的理性决策机制。技术导向属于聚焦于内的战略导向，强调技术推动的发展逻辑，倾向于技术创新突破原有的交易格局和交易结构，着重于通过供给端的优化来创造客户价值，企业基于技术领先的地位建立能够获取控制权的崭新的商业生态系统，进而推动商业模式创新（韩奇和杨秀云，2024）。技术导向强的企业更倾向于开发新技术、使用新技术、推广新技术。判断企业是否具备技术导向，关键在于考察其对研发活动的投入占总投入的比重，以及其对开发新技术的态度。但这并不是说技术导向强的企业仅仅关注内部技术资源（如科学技术、设计流程、内部交流），而是技术导向强的企业即使向外搜索知识信息，其本质上仍然是为内部创新服务，通过把内部的新颖的技术创新作为最终问题的解决方案，从而为客户创造价值（金环和蒋鹏程，2024）。企业家导向是聚焦于"前"的战略导向，尤其强调战略制定者"向前看"的战略思维，将企业的生存和发展看作企业以创新性的思维主动寻求变化并捕捉市场机会的结果（任保平和邹起浩，2024）。因此，企业家导向型企业遵循的是一种启发性思维，通过整合企业内外部的知识予以衡量当前市场与未来机遇的重要性，并依据有限的信息谋划策略、做出决断，搜寻或开发不确定性市场，这一类型企业带有强烈的试验与探索的意味。

　　随着战略导向研究的深入，学者们还基于不同类型战略导向的特点，讨论了其与创新之间的关系，甚至讨论不同战略导向与创新之间的中间机理。张新宁（2024）认为，市场导向使企业对环境变得异常敏感，能够迅速识别、捕获、利用市场机会，进而引导创新的方向。但由于市场导向仅以市场现有的需求为导引，很难从供给端制造新的需求，难以去探索市场中潜在的、新的可能性，其决策机制更适应渐进、平稳的创新方式（肖德云等，2024）。与之相反，技术导向可能更有利于探索式学习，进而有利于激进式创新（张墨和陈恒，2018）。在科学技术日新月异的当下，技术上的领先优势已经成为企业发展的重要保障。企业既面临在位者之间的激烈竞争，又必须提防潜在者的威胁，随着竞争的加剧、信息的扩散、技术的更迭，企业迫切需要通过技术上的升级或创新来增强核心竞争力（苏小湄和谭小芬，2024）。然而技术源于知识，技术导向型企业往往需要革新既有的知识和技术基础，因此，企业常常采用探索式学习和激进式创新，在实验与试错中创造新的知识，丰富自身知识存量。对于企业家导向而言，多数研究认为其有利于组织创新（王婷婷和高英，2024），既可能是完全创新（New to World），也可能是不完全创新（New to Firm），即企业家导向可能对渐进式创新和激进式创新都有不同程度的影响。这主要是因为企业家导向的启发式思维既可能突破固有的思维模式，也可能仅对原有思维方式进行改良和优化，可以适用于探索性学习与应用式学习，进而耦合不同方式的组织创新。

综上所述，战略导向决定了企业的战略态势，决定了企业的资源配置方式，决定了企业的创新特点。不同类型的战略导向会造就企业不同的发展逻辑和思维方式。基于开放式创新理论的战略视角，开放式创新是企业的重要战略选择，其本质是企业树立何种战略导向。作为开放式创新理论的重要研究主题，商业模式创新已经逐渐引起学者的关注。目前，已有学者讨论市场导向与技术导向对商业模式创新的影响，对企业家导向与商业模式创新之间关系的讨论并不多见。更为重要的是，企业家导向是一种"向前看"的战略思维，兼具"内外扫描"的特性，更符合开放式创新的特点。因此，本书将战略视角下的开放式创新理论与战略导向发展定位观有机结合，尝试讨论企业家导向型企业的商业模式创新，以期进一步丰富战略导向与商业模式创新理论相关领域的研究成果。

2.1.3 资源依赖理论

传统的资源观理论建立在两个基本前提之上，即资源的异质性和资源的不可完全移动性，该理论更关注组织内部的运营规则，强调组织是异质性战略资源的综合体，且该资源在行业主体之间的分配并不均匀，组织间也难以通过购买或复制等方式获取这种异质性的战略资源。因此，该理论的核心观点认为异质性是企业竞争优势的重要基础（王玉龙等，2024），但主要强调企业内部的技术、资源、能力、知识，表现为一种封闭式系统模式（李碧珍，2024），尚未考虑异质性资源的其他来源。

但随着对环境与组织关系问题研究的深入，越来越多的学者开始从开放的视角来探索组织与环境之间的关系，并由此形成了三大理论视角，即资源依赖理论、种群生态理论和新制度主义理论（潘飞和雷喻捷，2023）。其中，资源依赖理论是对组织与内外部环境中各种资源之间关系的描述，并假设组织不可能占有所有资源，完全的自给自足难以实现，因此，组织必须与环境互动才能长久生存，获取资源的需求产生了组织对外部环境的依赖。毫无疑问，组织的核心诉求在于如何在市场中生存，因此，组织不得不获取源源不断的资源来延续生存，但组织通常不能产生这些资源，必须与环境中的各种因素关联互动，而这些因素中最为重要的往往就是其他组织，进而组织的生存问题演变成一个组织控制它与另一个组织之间互动关系的问题，即组织对另一个组织的依赖问题。但这种依赖是相互的，既可能是一个组织对另一个组织的依赖，也有可能是组织间相互依赖，不过依赖程度的大小取决于组织各种资源异质性程度的高低（梁微和葛宏翔，2023），可见只有那些稀缺的、异质性的、互补的、不可替代的资源才可以为占有它的组织带来足够的经济租金，组织间通过某种依赖关系，如合作、联盟、并购等，最终实现异质性资源的流通与整合。

可见，无论是传统的资源基础理论还是资源依赖理论，都强调异质性资源对于企业发展的重要性。不同的是，资源依赖理论强调异质性资源的外部来源。Gulati（1999）认为，网络成员是最重要的资源，网络中不存在完全相同的企业，组织间总会表现出某种异质性，这种异质性或许是组织背景的差异、资源的差异、能力的差异、知识的差异等，总之，异质性可以有效促进网络成员之间相互交换资源、知识，有效促进企业之间的协同创新。Lavie（2004）进一步指出，企业的竞争优势主要源于内部租金、关系租金、内溢租金和外溢租金，其中除了内部租金属于传统的资源基础观，其他三种租金都属于资源依赖理论，都从不同角度讨论企业与外部合作伙伴的互动关系。关系租金强调组织之间的资源或知识的共享，内溢租金强调企业利用合作伙伴的资源或知识，外溢租金则强调企业向合作伙伴输出资源或知识。这些租金都源于跨组织边界的协同合作。在此基础上，又有学者进一步认识到企业从外部获取异质性知识的重要性（李正卫等，2024），尤其是组织间合作背景下的知识转移（Dyer & Singh，1998；Inkpen & Tsang，2005；Jacobides et al.，2006；宋莹琪等，2024）。

综上所述，资源依赖理论描述了组织异质性资源的来源渠道，即讨论了企业为了获取异质性资源所需要的合作对象，本质上讨论的是组织之间的关系。因此，企业在寻求外部合作伙伴时，通常会寻求那些异质性合作伙伴（陈劲等，2013；梁靓，2014；方刚和刘羽，2024），正是因为组织与异质性的伙伴共同开展了资源或知识的转移活动，企业才能进一步实现开放式创新。因此，本书将组织视角下的开放式创新理论与资源依赖理论相结合，尝试着讨论伙伴异质性对开放式商业模式创新的影响机制，以期丰富相关领域的研究成果。

2.1.4 知识管理理论

知识管理理论认为，知识是企业最重要的资源，知识管理就是对企业间知识的动态管理过程。知识管理是企业协调内外部关系，对企业间显性知识或隐性知识的动态管理，包括知识的识别、搜索、获取、整合、创新、输出等，其目的在于实现企业的战略目标，优化组织结构，提升组织绩效。作为组织最为重要的战略资源之一，如何使知识在组织间实现转移与增值是提升企业合作创新效率的关键（曹霞等，2012；付晔和欧阳国桢，2014；武川，2023）。Nonaka（1994）认为知识管理是知识不断转化、创新的循环过程，呈螺旋变动趋势。Broadbent（1995）认为知识管理属于一种管理活动，是以整合组织知识、提升组织绩效为目标的流程管理，体现在知识组织与创新上。Mcadam 和 Mccreedy（1999）指出，知识管理是识别、获取乃至创造知识的管理实践，强调知识获取、知识创造、知识转移和知识应用等在知识管理活动中的关键作用。可见，知识管理的核心在于处理和协调组织间的流量知识，是动态的把控过程，而并非仅仅针对静态的知识存量进行管理。因此，知识管理可以被看作一个组织协调企业间内外知识资源的系统管理过程，整个过程由不同的环节与阶段组成，各环节界定清晰，且承担的主要任务也不一样，各环节既相互独立又关系紧密，但整个管理过程并非各环节的简单叠加，而是具备一定的系统性。

有学者讨论了知识管理与创新的关系（Cousins et al.，2011；Chang，2017；苏州，2018；董昌其等，2024）。例如，在知识识别阶段，创新的最关键因素是寻找到与自身形成知识势差和互补性的组织。通过对组织本身与外部市场进行扫描与搜索，企业可以明确自己的技术水平、发展阶段、所需知识与吸收能力，并获取其他组织的互补性信息，这也是创新主体相互合作的主要依据。因此，这一阶段也是知识管理与伙伴选择的耦合阶段。在知识传递阶段，不同主体之间就企业生产、运营、市场、制度和技术等知识进行相互传递、学习与整合，使互补性知识能够逐渐被组织吸收，嵌套于组织的内部情境中，成为组织内部化的知识，并逐步推动企业新产品、新工艺和新商业模式的产生，提升产品研发和运营管理水平，这也是创新主体相互作用的主要内容，因此，这一阶段也是知识管理与内容学习的耦合阶段。在知识创新阶段，在消化互补性知识后，企业可以通过创新生产出新产品或设计出新模式，并将这种新产品或概念输出给伙伴与市场，创造新的市场需求，从而实现市场化。不仅如此，新输出的知识可以被合作伙伴学习与吸收，实现知识管理过程中知识不断在主体间循环往复、螺旋上升的过程，进而再一次实现创新。值得注意的是，在这一过程中，知识流动的链条呈有序链接状态，并遵守协同创新的合作路径。因此，这一阶段也是知识管理与协同创新的耦合阶段。

除了以上研究，还有学者探索了能够驱动创新主体进行知识管理合作的因素

（Adler & Kwon，2002；Cummings & Teng，2003；Inkpen & Tsang，2005；疏礼兵，2007；Raymond et al.，2008；靖舒婷和于旭，2023），大致可以总结为战略因素、组织因素、文化因素等。从战略因素来看，企业的远期规划和实施路径构成企业的发展战略。在开放式创新中，组织之间开展合作首先要求组织本身具有明确的战略目标，其次要明确合作创新的最终结果是什么，在合作之初双方需要在战略上达成共识，进而双方才可能开展合作创新，实现知识互补，确立超越组织边界的知识管理战略规划，构拟合作创新发展路线图。因此，战略的选择深刻影响主体之间开展知识管理活动。从组织因素来看，组织间的异质性和同质性、组织内部本身的集中式与分布式都会影响知识管理。同质性的组织往往不具备互补性知识，组织之间缺乏知识管理的可能性，而异质性组织更有可能成为企业选择的伙伴，这正好符合在知识识别中组织寻找合作主体的依据。而对于组织内部而言，研究表明，集中式的组织架构不利于知识在组织间的流动与转移，而分布式组织架构可以有效促进知识在组织间消化吸收（张振刚和薛捷，2004；王媛玉和杨开忠，2024）。从文化因素来看，企业文化是组织特有的价值观念、精神追求、准则规范，是企业行为逻辑的价值导向，对部门及员工有潜移默化的影响。因此，组织文化在某种程度上也会影响知识主体之间识别知识、获取知识、共享知识乃至整合创新知识的行为，不匹配的组织文化不利于知识在组织间的转移与管理。

综上所述，知识管理理论描述了知识在不同主体之间的动态管理过程，指出了知识管理的目标在于协同创新，并且这种合作深受组织战略、组织特征、组织文化的影响。本书借鉴知识管理理论的观点，并结合活动视角下的开放式创新理论，尝试讨论知识转移对商业模式创新的影响。同时，基于影响知识管理活动的战略因素及组织因素，并且整合开放式创新理论的三个视角，探讨在开放式商业模式创新的范式中，企业家导向、伙伴异质性对知识转移的影响机制，以期丰富知识管理理论、商业模式创新理论等相关领域的研究成果。

2.2　商业模式及创新研究综述

2.2.1　商业模式的基本概念

商业模式已成为企业维持竞争优势的重要来源（Zott & Amit，2007；李武威等，2024）。自20世纪90年代以来，商业模式逐渐引起工商界与学术界的注意，成为战略与开放式创新领域研究的焦点（Chesbrough & Rosenbloom，2002；Shafer et al.，2005；Osterwalder et al.，2005；原磊，2007；Casadesus-Masanell & Llanes，2009；Teece，2010；张璐等，2016）。这种集中爆发主要是得益于互联网的兴起，互联网技术极大地提高了交易效率，致使组织间边界更趋柔性，知识流、信息流相互交汇，跨界、互联、生态融合成为商业主题，现实世界的经营逻辑被深刻改变，一批得益于信息技术革命和现代管理理念成长起来的公司，引起了学者的极大兴趣。

Drucker（1994）指出，商业模式代表着企业的经营理念，是支撑组织有效运转的商业理论。胡元聪和魏于凯（2024）言简意赅地将商业模式定义为企业如何与他人交易并从中获利的方法与模式。魏炜和朱武祥（2009）认为商业模式本质上就是利益相关者的交易结构。虽然不少学者都基于自己的知识结构和研究领域对商业模式进行了深入探讨，但商业模式研究始终呈现出"和而不同"的状态，即在商业模式研究的重要性和紧迫性上达成"和解"，实业界与学术界都高度重视（Trimi & Berbegal-Mirabent，2012；张伟等，2024），但始终无法就其概念界定形成较为统一的意见，甚至将其和企业战略相混淆（Yip，2004；Shafer et al.，2005；赖青和张昭，2024），有学者甚至提出商业模式的构念缺乏独特性（Arend，2013；刘伟，2020），其研究的合理性方面值得推敲。

迄今为止，学术界已出现了100多种商业模式的定义。一方面，作为一种基于互联网迅猛发展的新兴领域，商业模式的更迭速度快、适用范围广、创新频率高，学者们往往仅针对某一时期或某一行业抑或某一形态的商业模式做出概念界定；另一方面，作为战略理论、营销理论、交易理论、价值理论、创新理论等多种理论的集成体，商业模式的不同定义主要是由于视角的差异，导致研究者只看到了问题的不同方面（Shafer et al.，2005；张斌和李亮，2024），对已有成果进行了梳理，指出商业模式的概念演化大致经历四个阶段：从经济类到运营类，再到战略类直至综合类，呈现出一种层层递进的关系。原磊（2007）基于前者的研究，对国内的研究情况进行了整理与归类，发现国内学者主要从运营视角和战略视角定义商业模式。

2.2.1.1 经济类层次上的商业模式

经济视角下，商业模式的核心在于企业的赚钱方式，焦点在于关注利润与价值的实现方式。Stewart（2000）指出，商业模式是对企业能够持续性获利的逻辑的描述。全自强等（2024）把商业模式看成产品与企业之间的商业关系，其目的在于设计合理的成本结构与现金流运转方式，使企业得以生存和立足。Afuah

（2001）认为，商业模式是企业通过对资源进行整合，提高资源的使用效率，进而创造出更多的价值，并获取相应收入的方法。商业模式必须就企业的获利方式做出充分的解释，以确保企业找到能击败对手的途径。Chesbrough（2003）指出，商业模式重在描述企业赚钱的方式方法，知道企业如何在价值链上确定自己的地位。

可见，经济类层次上的商业模式遵循的是价值逻辑，主要从宽泛的概念上揭示商业模式的价值功能，缺乏对商业模式中业务系统、交易治理、资源组织等结构与过程的整体描述，无法窥探商业模式全貌，不具备可操作性。

2.2.1.2 运营类层次上的商业模式

运营视角下，商业模式旨在描述组织内部的运营结构，侧重于内部的流程设计和结构搭建，并通过这种有序的运行机制创造出价值。Mahadevan（2000）指出，商业模式是企业与合作伙伴之间所产生的价值流、收入流和运营流三者的有效组合。Applegate 等（2001）认为，商业模式是对现实商业活动复杂关系与结构的必要简化，在删减掉不必要的信息后，集中突出商业活动的本质特征，能够有效揭示企业在现实商业世界里的运营方式。George 和 Bock（2011）更进一步指出商业模式是一种包括资源结构、交易结构以及价值结构的组织架构。王健（2021）将商业模式定义成解决企业怎样运营的设计方案，这套方案里主要包含企业为客户创造价值的步骤以及企业获利的方式。易法敏和朱洁（2019）认为商业模式是核心界面要素形态的有意义组合。苏敬勤等（2021）将商业模式看成是由相互关联的各要素所组成的系统，各要素之间以特有的互动机制相关联。程愚等（2012）认为商业模式是企业经营活动的基本模型和蓝本，是指导企业创造价值的完整的商业逻辑框架。

这种视角下的商业模式往往基于组织结构，将商业模式看成一种组织结构设计（Velu，2015；卢阳和闵天伟，2024），其着眼于商业模式的架构与关系。例如，资源结构强调企业资源的配置系统，交易结构强调焦点企业的业务系统，价值结构描述的是企业的价值来源与利润的分配机制。虽然在组织结构视角下，商业模式的全景得到了比较清晰的描述，但就商业模式的交易性质还缺乏深入研究。Zott 和 Amit（2011）指出，商业模式是对交易内容、交易结构、交易治理的整体阐述，是焦点企业与合作伙伴之间交易模式的概念性表达（Zott & Amit，2008；吴松强等，2019），涉及企业及利益相关者的网络运作方式。

2.2.1.3 战略类层次上的商业模式

战略视角下，商业模式强调企业的市场定位、跨越组织边界的交互机制以及增长机会等，核心是竞争优势和持续性，是对企业战略方向的总体考察。Linder

等（2000）指出，商业模式的运行逻辑在于利用整个商业系统来创造和获取价值。Weill 和 Vitale（2001）将商业模式看成是一种有关企业、客户、供应链上下游伙伴和战略联盟等角色之间关系的描述，旨在解释产品、服务、信息、现金流的流动方式。Chesbrough 和 Rosenbloom（2002）将商业模式看成是企业在价值链上定位与获利的逻辑的系统描述。Shafer、Smith 和 Linder（2005）指出，商业模式是企业在网络中创造价值、获取价值的主要方式，并据此进行战略选择。Casadesus-Masanell 等（2010）把商业模式看成是策略的选择项，即策略是通过对商业模式的选择帮助企业在市场上进行竞争的。刘文俊和彭慧（2023）总结出两种商业模式类型，即经营性商业模式与战略性商业模式。前者代表企业的运营机制，后者代表企业的战略层次。罗珉等（2005）指出，商业模式首先表现为一种战略层次上的创新意图，企业首先需要审视自身的资源，同时明确与外部伙伴的关系，据此设计出一套整合企业、客户、伙伴、员工、股东的互动结构体系，并构建合理的制度确保结构体系的正常运转，其目的在于获取利润。魏炜、朱武祥（2009）将商业模式定义为内外部利益相关者的交易结构，系统解释了商业模式的构成要素以及商业模式的存在价值。陈志（2012）指出商业模式是企业等市场主体为以特定价值为导向所设计的商业活动系统。

战略视角下的商业模式容易与企业的战略执行混淆，事实上，商业模式的概念起初确实存在争议（Arend，2013；柳华平等，2023），而 Zott 和 Amit（2017）对此回应，指出商业模式是战略与创新领域的重要研究命题，战略是以管理控制、企业文化、人力资源管理来落地（魏炜和朱武祥，2010；许晖等，2024），而商业模式更为动态地反映企业的运行机制。

2.2.1.4　综合类层次上的商业模式

综合类层次上的商业模式定义是基于系统论的观点对以往不同视角的整合，是对企业经济模式、运营结构和战略方向的系统性集合。成功的商业模式必然是独一无二的，是其他企业难以模仿或无法企及的。Morris 等（2005）认为商业模式是有关战略、结构、经济等领域的一系列相关决策变量安排的简洁陈述。Osterwalder 等（2005）在对众多概念梳理比较后，认为商业模式的核心表现为一种概念或构念，但这种构念具备系统性的特征，包括各组成要素之间的关系，可以描述组织经营的商业逻辑以及为消费者创造的特定价值，同时还包括对组织内部结构与网络关系的陈述，组织可以据此实现价值获取。Amit 和 Zott（2010，2012，2016）基于系统整合的视角，认为商业模式是一个跨越边界连接不同主体的由一系列价值活动所构成的交易系统，不同的主体共同创造价值并以自己对商业模式创新的贡献程度来获取相应的价值。吴晓波等（2014）指出，商业模式是企业创造价值的过程，不同的企业在战略导向、运营方式、组织架构、成本结构、业务系统等方面都具备一定的差异性，因此能够具备不一样的竞争优势。原磊（2017）在考察国内外商业模式定义的基础上，把商业模式界定为一种企业系统整合经济逻辑、运营结构和战略方向等内部要素的概念性工具，描述了企业通过价值主张、价值网络、价值维护、价值实现等价值活动为价值主体创造价值的过程。他认为，首先，商业模式包括经济逻辑、运营结构、战略方向三个方面。其中价值主张和价值维护属于战略层面的构成要素，价值网络归为运营结构层面的构成要素，价值实现属于经济活动层面的构成要素。其次，商业模式的核心在于创造价值。商业模式的合法性基础在于为参与价值活动的主体创造出足够的价值。最后，归属于不同主体的价值具备层次关系，其中基础在于为客户创造价值，支撑方式是为合作伙伴创造价值，最终归宿在于为企业自身创造价值。

上述对商业模式概念界定的视角划分总体上属于归类分析法，具有较强的主观性，视角命名缺乏较为完整的理论依据和逻辑线索。

一是视角划分较为随意，多是出于对不同的商业模式概念的整理对比而进行的"视角命名"，没有准确回答为什么这样划分，这样命名的内在逻辑是什么，更没有较为完备的理论对这种划分予以支撑，甚至各种视角本身就存在高度重合，例如，战略视角与系统视角的定义非常接近，战略层次下的商业模式已经具有系统性的色彩。

二是学者们对商业模式定义的视角归属较为随意，出现了同一个定义归属于不同视角的情况。例如，胡保亮等（2014）将魏炜、朱武祥（2010）关于商业模式的定义归为经济类视角，而原磊（2017）则将其归为战略类视角。

三是不同视角之间的递进关系在时间上并非完全一致，某些研究视角的出现几乎是同一时间，甚至运营类视角的出现（1999）还略早于经济类视角（2000），可见，视角之间的递进关系只是就整体发展趋势的简单归纳。

因此，有必要从另外一个角度对商业模式定义出现的不统一情况进行补充和归纳。从认知演进的过程来看，对一种新兴理论的研究必然是从模糊到清晰的过程，其核心概念产生后，首先表现为内涵的宽泛与模糊，往往流于泛泛而谈，外延的边界并不明晰，其次内涵逐渐清晰，具有明确区别于其他概念的要素特征，外延边界逐渐被固化下来。这一过程体现为由浅入深、由表及里的认知逻辑，具体表现为整体论—还原论—系统论（王水莲等，2014）。商业模式定义的演进大体符合这一规律，其认知阶段大体分为模糊感知—要素分析—系统研究三个阶段，结合上述四类研究视角予以整合，其过程如图 2.1 所示。然而需要说明的是，这种演进仅仅是对商业模式研究整体趋势的大致描述，是基于认识过程理论和归纳分析方法的宏观把握，各阶段演进未必准时准点，秩序上可能出现交叉重叠，甚至出现跳跃，但并不影响对整体趋势的理解。这种不精确性所带来的研究困境正好契合商业模式研究的现阶段水平，为商业模式的进一步研究留足了理论空间。

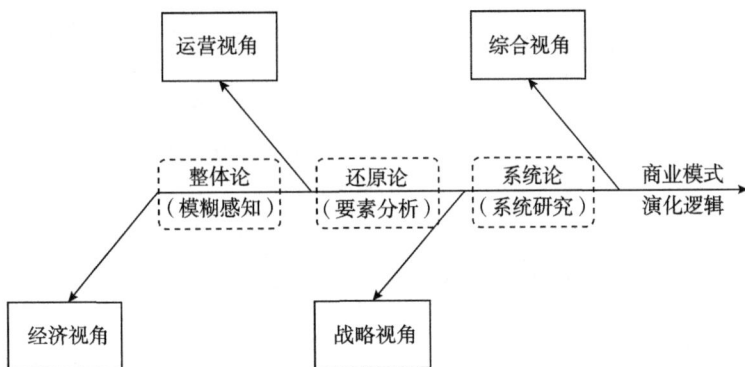

图 2.1　商业模式定义演化进程

2.2.2　商业模式的构成要素

想要深入了解商业模式，则需要理解商业模式的构成要素及它们之间的关系（Casadesus-Masanell & Ricart，2010；白胜，2021）。对商业模式构成要素的分析，是对商业模式认知理解的一次实质性飞跃。但由于商业模式定义的多样性（Morris et al.，2005；甄俊杰和孙慧，2021），学者们对其构成要素的研究也表现得较为复杂，并契合商业模式定义划分的四类视角，即商业模式构成要素也分为经济类、运营类、战略类、综合类，如表 2.1 所示。

表 2.1　商业模式构成要素

类别	关注焦点	作者	构成要素	数量
经济类	关注价值的产生逻辑	Afuah（2001）	顾客价值、范围、价格、收入、相关行为、实施能力、持续力	7
		Chesbrough 等（2003）	目标市场、价值主张、内部价值链、成本与利润、竞争策略、价值网络	6

续表

类别	关注焦点	作者	构成要素	数量
运营类	反映企业的运营结构及配置，侧重于企业内部流程和结构设计，进而实现价值的创造	Mahadevan（2000）	价值流、收入流、后勤流	3
		Weill 和 Vitale（2001）	战略目标、价值主张、收入来源、成功因素、渠道、核心能力、目标顾客、技术实施	8
		Applegate 等（2001）	概念、能力、价值	3
		雷家骕（2005）	经营业态与方式、企业的服务对象、企业的收入来源	3
		翁君奕（2004）	价值主张、价值支撑、价值保持	3
		程愚等（2012）	开发性决策、资源和能力、利用性决策、价值成果	4
战略类	企业的市场定位、跨越组织边界的交互以及增长的机会	Shafer 等（2005）	战略选择、价值创造、价值获取、价值网络	4
		魏炜和朱武祥（2009）	定位、业务系统、关键资源能力、盈利模式、自由现金流结构、企业价值	6
		陈志（2012）	价值主张、商业网络、关键资源、运营管理、盈利模式	5
综合类	对企业经济模式、运营结构和战略方向的系统化提升	Morris 等（2005）	价值提供、市场、内部能力、竞争策略、经济因素、企业成长	6
		Osterwalder 等（2005）	价值主张、目标顾客、分销渠道、顾客关系、价值结构、核心能力、伙伴网络、成本结构、盈利模式	9
		Amit 和 Zott（2007）	交易内容、交易结构、交易治理	3
		原磊（2007）	价值主张、价值网络、价值维护、价值实现	4
		项国鹏等（2008）	价值主张、价值评定、价值支撑、价值维护	4

资料来源：笔者根据相关资料整理所得。

　　由于视角不同，所构成的要素差别很大。经济类强调收入来源、定价方法、成本结构等要素；运营类强调管理流程、产品或服务的传递方法、物资流动等要素；战略类强调价值创造、差异化、定位、核心能力、价值链、网络、联盟等要素；综合类注重价值主张、内部价值链结构、利润模式等要素。原磊（2007）就商业模式构成要素的研究阶段进行了划分。他发现，商业模式构成要素的研究深度大致可以分为三个阶段，即简单罗列阶段、细节描述阶段、网络建模阶段，如图 2.2 所示。

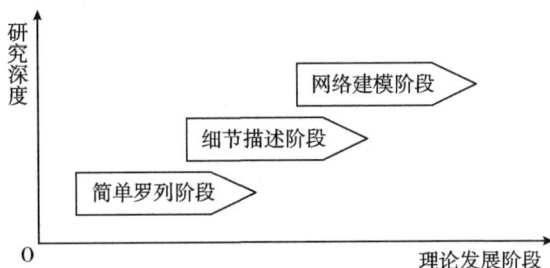

图 2.2　商业模式构成要素研究阶段

　　从研究的阶段性来看，目前对于商业模式构成要素的研究主要从战略或系统的视角切入，强调商业模式的构成要素主要包括价值主张、业务系统、盈利模式、交易结构、治理机制等。虽然不同学者未必就商业模式的构成要素达成完全统一的意见，但就价值、交易等方面却有统一的认识，因为商业模式构成要素必然涉及企业的收益、成本、利润等价值资源，涉及企业与供应商、合作方的交易方式（齐二石和陈果，2016；吴艳等，2023）。

　　首先，从价值的角度出发，任何一种价值活动或价值表现方式（价值主张、价值创造、价值获取，价值维护、价值流）都是商业模式所遵循的主要逻辑，价值是商业模式存在、重构、创新的基础与核心，为客户、合作伙伴创造价值并实现自身利润是商业模式的归宿（Teece，2010；王炳成等，2024）。价值主张提供给顾客特定利益的组合，即企业提供哪些利益给客户（Hamel et al.，2000；邹波等，2023），强调企业提供什么样的产品与服务，企业用什么样的方式满足消费者的独特需求。价值创造主要强调价值源于创新资源的特有组合，价值创造是价值主张得以落地的有力保证。价值获取涉及企业以什么样的方式保护所创造的价值，价值流则强调供应链上原材料转化为产品、服务的价值活动。总之，价值既是商业模式的起点，也是商业模式的归宿。商业模式的所有活动都紧紧围绕价值而运转，价值作为商业模式一以贯之的取向与追求，始终处于核心地位。

　　其次，交易是商业模式价值实现的关键影响因素。在 Zott 和 Amit 的一系列研究中，商业模式被理解为焦点企业跨组织边界所设计的交易活动系统（Zott & Amit，2007、2011；Amit & Zott，2016；罗兴武等，2024），即交易内容、交易结构、交易治理，三者组成一个开放的交易系统。交易内容是指各方交易的客体，如产品或服务及其相应的组合，也包括促进交易得以实现的各种关键资源与核心能力；交易结构指各方的连接方式、交易开展的秩序以及交易实现的机制；交易治理主要强调对参与方的激励与约束，同时也涉及收入分配机制。他们还据此提出了不同主题的商业模式设计，例如效率型（Efficiency）主题设计及新颖型

（Novelty）主题设计（Zott & Amit，2007；黄明睿等，2021），而这种不同主题设计的过程反映的是商业模式创新的力度。可见，以交易为中心的商业模式构成要素的描述更严谨、更具有吸引力（George & Bock，2011；杨秀云等，2021），也更具有可操作性，更符合系统论的观点。

2.2.3　商业模式的主要特性

基于对不同视角下的商业模式概念的梳理以及构成要素的详细分析，本书认为商业模式具备三大特性，即系统性、动态性、开放性。

2.2.3.1　商业模式的系统性

商业模式本质上是由网络中多个主体参与的相互依赖的活动所组成的交易系统（Amit & Zott，2010；吴剑琳等，2023），是建立在许多构成要素以及它们之间的关系之上的（Osterwalder et al.，2005；王炳成等，2023）。翁君奕（2004）基于系统思想，构建出基于价值主张、价值支撑和价值保持三要素的"商业模式魔方"分析体系。原磊（2007）基于国外研究，构建了商业模式"3—4—8"体系，建立"价值—模块—要素"的商业模式系统。景琦（2023）基于洞察价值、创造价值、传递价值和获取价值四个要素构建了具有层次感与系统性的商业模式模型。

本书认为，商业模式是由不同模块构成的复杂系统。第一，系统必由多组分构成，多组分是系统存在的物质载体与能量基础。商业模式或者由价值主张、价值创造、价值获取构成，或者由交易内容、交易结构、交易治理所构成，抑或由定位、业务系统、核心资源、盈利模式等构成。总之，商业模式是由多种要素或多种模块构成。第二，系统中的多元组分具备相关性。系统中组分必须相互关联，存在互相关联的脉络与路径。无论是基于何种划分方法，构成商业模式的要素或模块都强调彼此之间的相关性。如基于价值视角而划分的价值主张、价值创造、价值获取，就呈现出以价值主张为起点、以价值创造为核心、以价值获取为归宿的递进关系。还有的研究区别出价值维护（原磊，2007；项国鹏等，2008；丁家友等，2024），进一步强调对价值活动的支撑关系。第三，系统总呈现一体性。多元且相关的组分所构成的统一体可以区别于其他事物所构成的统一体，不同对象因关联集合的不同而隶属于不同的系统，成为各自系统的组分。商业模式中具备高度相关的多个要素或模块，其构成的系统明显与战略、营销等相互区别，战略是基于分析、执行、管控的过程逻辑（邬统钎和周三多，2011；许晖等，2024），而商业模式则呈现出内容、结构、治理的设计逻辑（Zott & Amit，2010；张培和杨惠晓，2023）。第四，系统在多元性、相关性与一体性的相互作用下，最终呈现出整体性，即系统总是以整体运作的方式得以产生、演化、发展、衰落乃至消亡。商业模式设计反映企业整体的思考与决策（朱培忠，2015；王核成和童琦，2022），是基于整体不同程度的变化得以实现，甚至呈现出高度的整体涌现性，即商业模式的整体性契合亚里士多德"整体大于部分"的经典命题。

2.2.3.2　商业模式的动态性

从企业成立、运营开始，商业模式就已存在。企业为适应环境变化与经济波动，必然通过不断变革商业模式来应对（俞林等，2024）。王余强和陈金龙（2023）以跨案例研究揭示了商业模式创新过程的阶段性特征，指出商业模式是无数创新事件组合的连续性过程。可见，不能简单将商业模式归为一个静态系统，它是静态模型与动态演化的高度统一。张璐等（2016）以蒙草生态环境（集团）股份有限公司为例，发现商业模式可能历经不同类型的演进过程。企业因不同发展阶段所面临情境的迥异，导致其商业模式也呈现出不同的类型，往往会在"市场需求型商业模式——技术创新型商业模式——共享开放型商业模式"之间更迭，商业模式整体呈现出市场拉动、能力构建、平台经营的演化路径。

本书认为商业模式的动态性表现在其不断演化的过程中（Macinnes et al.，2007；Reuver et al.，2007；Mason & Spring，2011；荆浩等，2011；张璐等，2016；王炳成和宰飞飞，2023），这主要体现在以下两个方面：第一，企业的发展阶段。基于生命周期理论，企业所处发展阶段的不同，其在资源、能力、组织构架、战略目标上都呈现出明显差异。初创企业缺乏资本积累，企业必须承载较大的资金压力，因而商业模式设计的核心在于平衡资金的分配策略与技术商业化进度。随着时间的推移，企业熬过生存期，进入成长期，快速的发展与相对激进的策略驱动企业商业模式更注重网络间的合作与平台的搭建（Bouncken & Fredrich，2016；刘亚军和冯泽宇，2023）。第二，环境的变化动荡。外部环境是企业得以生存的客观条件（Miller & Friesen，1982；王轶和武青远，2024），总的来看，环境总是在不断变化，本质特征表现为不确定性，但企业必须持续关注环境动荡传递的信号才能生存与发展（Covin & Slevin，1989；李辰颖，2019）。因此，商业模式同样随环境的变化而演进，存在明显的在系统设计上的外部路径依赖（Demil & Lecocq，2010；霍影和武建龙，2024），而这种针对环境变化与动荡的有意识的把控与管理，最终能够为企业带来具有持续竞争优势的商业模式创新。

2.2.3.3　商业模式的开放性

商业模式是焦点企业与合作伙伴相互作用而逐渐成形的，是多方参与者共同作用的结果（Zott & Amit，2010；Amit & Zott，2016；尚晏莹和蒋军锋，2021）。从构建逻辑出发，企业需要扫描外部环境，迅速寻找到可以为客户增值的市场空隙，然后在所处的网络中整合各种资源，尤其是与自身相互补的知识（Hamel et al.，2000；Osterwalder et al.，2005；齐二石和陈果，2016；刘晓彤和柳士彬，2023），进而探索创新实践，并据此重构最优的价值系统与商业系统，最终改变现有的产业生态。因此，商业模式秉持的是跨边界原则，而不是固守既定的产业边界或产权界限，是在不同的产业中与不同的经营主体开展合作，是不断扩展网络结构、深化网络关系并在网络之中吸收驱动能量的过程。从互动关系来看，商业模式设计是基于主体之间的"竞合"关系，而非"零和博弈"关系，强调合作带来的价值增值，因此更能使企业保持竞争优势。合作的基础源于资源、能力、知识等要素的互补，异质性能够有效促进多方的利益相关者（顾客、供应商、经销商、战略合作伙伴等）共同构建开放的信息、知识、价值交换系统（Allee，2008；顾丽敏，2024），实现价值共创并以各方贡献程度来分配利润，最终形成一个全员参与、全员获利的开放体系。

综上所述，商业模式概念虽然未能达成完全统一的认识，但就其视角的转换方向与定义的演进趋势来看，多数学者达成了共识。本书基于前人的研究成果，总结出商业模式的三大特性，如图 2.3 所示。其中，系统性描述了商业模式存在的物质形式，交易的内容、结构与治理是构成商业模式较为重要的要素；动态性基于时序关系，描述了商业模式的演化路径，本质上从时间的角度解构商业模式；开放性则强调了商业模式的空间状态，是焦点企业与合作伙伴以网络形式相连接而形成的开放体系。因此，本书将商业模式定义为焦点企业与合作伙伴在开放的网络中共同构建的由交易内容、交易结构、交易治理三要素组成的价值系统，并以增量价值为导向而运动和发展。

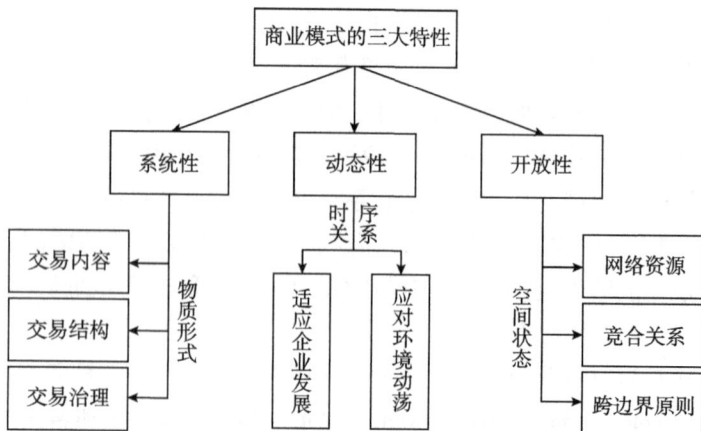

图 2.3 商业模式的三大特性

2.2.4 商业模式创新的概念

创新是企业获取竞争力、适应环境变化的有力武器（苏敬勤和林海芬，2011；张伟等，2024）。熊彼特历来主张创新是经济增长的动力引擎。当今企业的商业模式正以前所未有的速度不断更迭，单纯的产品创新逐渐过渡到客户创新，产品、服务、技术驱动的商业模式逐渐变为由整体性解决方案来驱动的商业模式（孔翰宁，2008；马若冉等，2024）。Hamel 等（2000）指出，商业模式创新属于一种战略创新，是企业为了给利益相关者创造出更好的价值而对现存商业模式的改变与重构，能有效打乱对手的战略节奏。Christensen（2008）认为，商业模式创新具有极强"破坏性创造"的作用，企业要针对客户的需求进行深入分析并予以应对，但它区别于传统营销学中的反应性市场导向。张伟等（2024）把商业模式创新看成一个概念，是从一种特定的商业模式演化到一种精心设计的、备受期望的新商业模式。Zott 和 Amit（2010）、Amit 和 Zott（2016）指出商业模式创新就是企业通过重组现有资源并协同合作伙伴共同设计新的运营系统或者改良既有运营系统。

基于国外文献的分析，在商业模式的"创新"概念上，国外学者使用的词汇不太相同。有学者从"Design"（设计）的角度理解创新（Amit & Zott，2001；Magali Dubosson-Torhay et al.，2002；刘曦卉，2020），商业模式创新通过其构成要素的更新并嵌入不同的主题设计得以展开与实现；有学者把"Adjustment"（调适）看成创新（朱江丽和左雯榕，2024），强调商业模式创新具有试错的性质，不可能一蹴而就，伴有不断修正、调整的过程；有学者则更激进，将"Reinvent"（重构）看成商业模式创新，指出其本质在于重构现有的商业法则与价值逻辑，具有颠覆的意味；有学者把"Evolution"（演进）当作创新（Sharma & Talwar，2007；Demil & Lecocq，2010；邓洲等，2024），指出商业模式创新是一个随环境变化而不断发展演化的过程，具有动态性的特质；还有不少学者直接使用"Innovation"（创新）（Amit & Zott，2012；Spieth & Schneider，2015；余东华和马路萌，2024），指出商业模式创新是通过改变价值的创造与获取方式来实现对现存商业模式的背离与突破，搭建以价值配置为中心的交易构架。少部分学者还使用了"Develop"（提升）（Mitchell & Coles，2003；高强等，2024）、"Change"（改变）（Yip，2004；赵向琴等，2024）等词汇，但其含义主要包括在以上列举的各种创新概念之中。

综上所述，词义的差别本质上是商业模式创新在不同视角、不同层级的多维体现。从创新程度而言，"Reinvent"代表颠覆式的创新，例如互联网的出现使整个零售行业的商业逻辑从"渠道为王"转向了"用户为王";"Adjustment"代表渐进式的创新,带有典型的逻辑渐进主义(Logical Incrementalism)色彩,表现出企业在商业模式创新中往往采取"摸着石头过河"的策略。从时间维度上讲,"Design"强调的是时点概念,商业模式创新是某一时刻的系统构建,如深圳发展银行2005年将贸易业务全面深化,推出金融供应链的创新;"Evolution"则强调时序概念,具有强烈的动态性,商业模式创新是企业审视外部环境并不断学习予以系统持续演进,从而可以匹配环境的变化与经济周期的波动。京东集团最开始仅仅是一家电子商务公司,商业模式本质上是借用互联网技术贩售各类商品,以较低的价格提供较好的产品。但京东集团并不满足于此,而是转型成具备强大物流能力的供应链服务平台。通过各项战略投资,构建面向供应商、卖家等服务平台,通过为这些企业提供各种增值服务,从而形成多点开花的延伸收入。从延伸范围来看,"Innovation"几乎统筹了以上词项的全部含义,具有托底性质,但学者在具体的研究上往往聚焦于研究所需,各有偏重。

总之,商业模式创新是一个整合的概念(见图2.4)。基于本书总结的商业模式系统性、动态性、开放性三大特性,本书认为,商业模式创新首先从设计(Design)出发,企业设计一套行之有效的价值交易系统,并随着时间的推移和环境变化,以调适(Adjustment)或重构(Reinvent)的方式变革已有价值系统的构成要素——内容(Content)、结构(Structure)和治理(Governance),甚至是整个系统,从而实现创新(Innovation),因此,不同方式或程度的创新可能提升了效率(Efficiency),也可能带来了革新(Novelty),而这种呈现状态恰好又符合商业模式的主题设计。由此,商业模式创新形成了一个很好的闭环。而闭环的运行过程就是商业模式的演进过程。当然,这一运行过程并非焦点企业独自可以完成,而是需要在开放的环境中与不同的合作伙伴共同实施。

由上述分析可见,商业模式创新与其设计高度相关。商业模式创新就是商业模式元素重新设计的过程(朱培忠,2015;袁越等,2024)。Amit和Zott(2001)把商业模式设计主题分为四类,分别是效率型、新颖型、锁定型与互补型,并对效率型设计与新颖型设计做了实证(Zott & Amit,2007;李永发等,2024)。

商业模式效率型设计是通过交易活动的连接,降低交易成本,让交易变得更透明、更便捷,减少信息的不对称性,并且能够达到优化交易参与各方的流程、知识的目的,甚至在成本结构与收入分配上有所改进,提高彼此的效率。商业模式新颖型设计更强调为客户带来增值产品或服务(程愚等,2012;吴言波等,2023),或者引入新的伙伴,推出新的产品或服务,创造新的交易方式,建立伙伴激励的新机制,本质上是打破现存商业模式演进的路径依赖,突破惯性。因此,

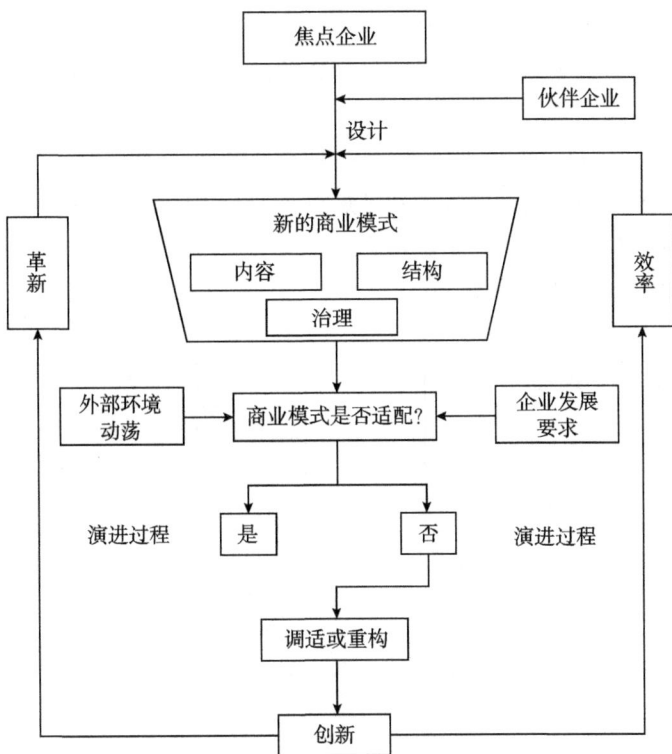

图 2.4 商业模式创新流程

本书从主题设计的理念出发，将商业模式创新分为两个维度：一是效率型商业模式创新；二是新颖型商业模式创新。两种创新都是将内容、结构、治理三个板块的相互作用纳入各自的主题之中，进而有效区分商业模式不同的演化方式与路径。

2.2.5　商业模式创新的驱动因素

开放式创新理论认为，创新是不同主体之间共同作用的结果，单个企业必然存在知识瓶颈。任何企业都只能拥有相对的竞争优势，在快速变化的市场环境中，在位企业在"红海"中相互搏杀，新进企业在"创意"入局以后，其后发优势逐渐被蚕食，企业相对优势的程度逐渐缩小，甚至成为劣势。再者，企业自身存在短板，任何组织架构、战略规划、运营方式都是权衡利弊的结果，是遵循"利大于弊"的比较逻辑，因此，弊端是与生俱来的因"择优"而伴有的结果，企业无法回避自身发展的短板困境。由此，开放的理念逐渐受到研究者的重视

（杨新军，2024）。在开放式创新中，企业可以获得更多的创新资源，寻找到更多的创新路径，捕获到更多的创新机遇，创新是内外主体交互、新旧知识交替、产业生态交融的结果变量。

商业模式具备高度的开放性，既是一种重要的开放式创新，更是开放式创新理论研究的重要主题。商业模式创新是焦点企业与供应商、经销商、客户乃至政府和知识机构等相互作用的结果。基于此，本书从内外两个方面来探讨影响商业模式创新的重要因素（见图2.5）。

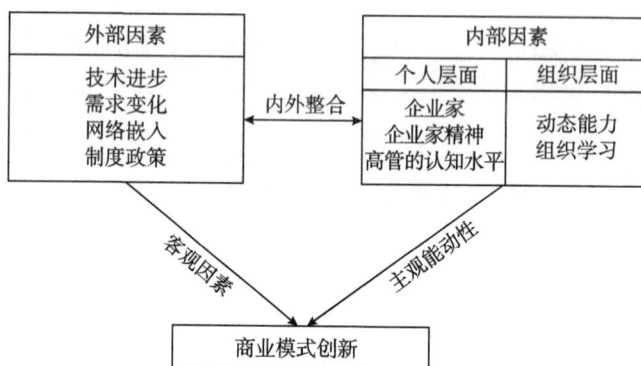

图 2.5　商业模式影响因素

2.2.5.1　外部因素

系统理论认为，组织的变化和发展是由外部能量输入得以维持的。环境动荡与经济波动使企业不得不适时调整加以应对。技术迭代推动企业管理方式的革新，无所不在的信息网络极大地节约了主体之间的沟通成本，消费者偏好的快速变化也迫使企业改变自己的营销手段，催生了定制化服务或实现了产品的服务化，甚至演化出商品的文化属性附加策略，等等。可见，企业是适应环境的产物，《安索夫战略管理》中指出，公司的战略是企业适应外部环境并由此推动内部结构化的过程。商业模式创新同样是适应外部环境的结果，企业在变化的环境中审时度势，捕捉到极具颠覆意味的新概念、新想法，以全新的价值主张耦合产品和服务的新组合抑或构建主体之间新的连接方式，并使之商业化。

具体而言，基于对前人研究的分析，本书发现，影响商业模式创新的外部因素主要是技术进步、需求变化、网络嵌入、制度政策。第一，技术进步。技术进步是推动商业模式创新的必要条件（周文和何雨晴，2024），许多商业模式的创新是由技术革命促成的。大量研究表明，信息技术是商业模式创新的驱动力（李影，2024）。阿里巴巴不同时期的商业模式创新都是以技术作为支撑力的（甘元玲，2024）。信息技术的发展已构建出"互联网+"的产业生态，没有任何企业、产业可以游离之外，甚至是支付手段，也被设计成二维码与扫描技术的移动流程。更重要的是，信息的不对称也被大大消除，在移动互联网时代，万物连接，信息反馈与用户参与的成本持续降低，更优质的服务成为时代主题，业界感慨这是一个"消费者赋权"的时代。第二，需求变化。满足消费者层出不穷、迅速变化的需求能够有效促进企业的可持续发展，创造价值是商业模式创新的合法性依据。然而，并不是所有的商业模式创新都得益于技术创新，有些商业模式创新就是通过挖掘和满足消费者的深层次需求而得以实现的，技术是商业模式创新的必要非充分条件。例如，如家酒店借鉴国外经济型酒店的模式，重拟行业定位，满足中高端商务人士对酒店"卫生、舒适、经济"三个核心需求，省去非必须服务，大量节约了成本，树立了很好的品牌形象。第三，网络嵌入。企业总是嵌入在网络之中，或者是社会网络，或者是商业网络，或者是价值网络。网络本质上为商业模式创新提供了丰富的资源，尤其是知识资源，促成企业在网络中的知识转移、技术对接（王炳成等，2024），促进新产品的研制、新技术的开发、新市场的扩张（王丽平和张萍萍，2024），网络是那些难以在内部孵化关键能力且必须借助外力的企业进行商业模式创新的主要渠道之一。一般而言，网络嵌入分为结构嵌入和关系嵌入，结构嵌入代表焦点企业在网络中的空间位置，位置越趋于中心，越具备整合资源的"地理优势"，关系嵌入代表企业在网络中的互动强度，与合作伙伴良性互动越多，关系越紧密，越有利于企业在网络中输入创新所需的各种资源。因此，网络的本质是企业处在怎样的位置与合作伙伴采取怎样的互动方式传递和分享彼此的资源与知识，提高彼此合作的过程效率和协作效率（曹朋军和傅哲，2023），进而设计出新的商业模式。第四，制度政策。创新没有组织边界，但有政策边界，制度刚性是企业经营的无形"规矩"，同时在某种情况下可以倒逼创新。例如，在政府主导的严格的房地产政策下，房地产企业从产品增值的导向逐渐转向为运营增值的导向，商业模式不再仅聚焦销售额，而是不断优化内部流程，打通全链条的运营线，优化成本结构，提升财务技术，拓展融资渠道，以确保能够"活下去"。

2.2.5.2　内部因素

系统论认为，组织本身是一个自适应的复杂性系统，由各种具备相关性的组分构成，组分依靠信息的组织而构建出有序的模式，促进组分间相互作用以及与环境相协调，从而推进整体的运动、变化与发展。因此，系统的进化离不开外部因素的能量输入，同时也受内部要素之间相互作用的影响，是主观能动性与客观因素共生、共长、共融的结果，内外因素的整合视角是研究创新更理想、更合理的角度。

　　商业模式作为复杂的系统，其创新同样受到内部因素影响。从个体层面来看，企业家、企业家精神、高管的认知水平是影响商业模式创新的重要因素。企业家学派认为，企业管理的核心掌握在企业家手里，企业的创新总是集中于组织的领袖身上。企业家具备普通人不常有的某种灵感——远见。布赖恩·费瑟斯通豪在其著作《远见：如何规划职业生涯 3 大阶段》中指出，远见既需要"向前看"（预测未来）、"向后看"（整合历史），也需要"从上面看"（俯瞰全局）、"到下面看"（抽丝剥茧），同时还要善于"从侧面看"（域外旁观）、"从远处看"（洞察环境），最终才能真正"看穿"。可见，远见本质上是一种富有大局观念的创造性思维，而具备这种远见的企业家自然成为所有创新范式的轴心（田潜海，2024）。一般而言，商业模式创新首先表现出一种新的想法与概念，远见是推动商业模式创新的触发器。企业家通过洞察竞争环境的变化，快速捕捉商机，以大胆的试错精神尝试将新的产品或服务推向市场，甚至直接创造市场的需求，进而构建出崭新的商业模式与产业生态。师博与魏倩倩（2024）指出，企业家组织创新的过程，同时也是旧技术、旧组织和旧市场的破坏过程。不过，远见并非凭空产生，它总是依托于企业家的知识结构和认知水平。知识存量是能够"看穿"的关键因素。

　　从组织层面看，动态能力与组织学习是主要驱动因素。第一，动态能力。远见是一种新奇的构念与大胆的猜想，但商业模式创新还需要创新能力（成璐璐等，2024），而动态能力对商业模式创新有重要影响（李武威等，2024）。贺迎黎等（2024）基于动态能力理论提出了商业模式的指标体系和评估模型，讨论了在复杂的商业生态系统中，企业如何通过构建动态能力实现商业模式创新。马鸿佳和王亚婧（2024）探讨了动态能力对组织变革和价值创造的正向影响，认为动态能力通过提高二者的效率进而促进商业模式创新。总之，动态能力是企业迅速感知、整合与重构内外部资源的能力，能够构筑企业的竞争优势（张雪和武建章，2024），动态能力通过优化对资源的配置方式与自主适应机制进而实现创新（郭韬等，2024）。第二，组织学习。组织学习是企业更替新旧知识的重要方式，是企业内外衔接的主要通道，更是企业能够"先知""前瞻""远瞩""旁观"的基础，并借此产生洞见进而推进商业模式创新（姜忠辉等，2024）。创新是学习的过程，是思想与实践、控制与学习、稳定与变革相统一的过程。商业模式的动态性决定了商业模式创新并非照搬计划实施的结果，而是资源、能力与环境互动匹配的过程，在此过程中，企业不断地优化知识结构，加快存量知识的商业化进程，引起企业对商业模式的反思与改进，或者通过引进、吸收、整合外部新概念、新知识、新技术以及更为成熟的管理经验，并结合组织内部环境不断开展试错实验，进而重构商业模式。可见，组织学习能够促进商业模式发生动态变化，组织学习和企业的创新息息相关（杨柳，2024）。

综上所述，本书从内外两个视角讨论了商业模式创新的驱动因素。然而，对现有文献研究发现，大多数学者往往是基于研究的需要从某个视角切入去讨论商业模式创新的影响因素，缺乏要素框架，存在碎片化和矛盾性（温馨等，2024）。而未来的研究方向应该是从多层次视角出发，并据此构建理论模型（Spieth et al.，2014；Foss et al.，2017；陈衍泰等，2024）。但怎样将这些众多的要素进行合理整合，则需要理论依据。

因此，本书认为，作为一种重要的开放式创新，商业模式创新理应置于开放式创新理论的三个视角之下展开深入研究。根据不同视角下的开放式创新理论的定义，可以发现，其定义之间遵循创新主体与创新合作方式的逻辑线条。故基于此，整合开放式创新理论的战略视角、组织视角、活动视角的概念定义，厘清三者的关系，并结合战略导向发展定位观、资源依赖理论以及知识管理理论等主要观点，推导出商业模式创新的重要驱动因素，将企业家导向、组织异质性和知识转移统一于一个框架中，探索三者对商业模式创新的影响机制。

即使从单视角出发，对现有商业模式创新的驱动因素的研究也存在不够深入的问题（Zott & Amit，2007；George & Bock，2011；芮琳琳，2024）。就内部而言，从战略导向的视角来探索商业模式创新的研究并不多见，而直接从战略导向类型中最能够促进创新的企业家导向来研究商业模式创新的文献也较少。基于结构主义的范式，研究者将企业内部分为个体层面和组织层面，不少学者虽然讨论了企业家的能力与企业的能力对商业模式创新的影响，但忽视了个体层面与组织层面的整合分析，而企业家导向恰好是个体企业家精神与组织战略类型的有效结合，是企业家精神在组织层面的拓展，能够把个体层面的创业特征转化为组织层面的企业行为（徐振浩等，2020）。一般而言，战略导向表示企业的战略姿态，是管理者为指导企业长远发展而进行战略设计的意愿，并规定了战略规划的方向（谭瑾和徐光伟，2023），从战略层面上决定了企业资源的配置方式与要素投入方向，不同的战略导向代表了企业对获取竞争优势的不同理解。就促进创新的角度而言，企业家导向赋予企业的创新意愿要强于市场导向或技术导向，其强调即使在信息不完备及前景不明确的情况下，仍坚持对未知的探索。商业模式创新具有强烈的试错与实验色彩，需要企业家导向的支持，然而这方面的研究还显得比较单薄。

从外部来讲，现有研究虽然强调了商业模式创新需要在开放性网络中与合作方进行合作（Bouncken，2011；Velu，2015；张素平等，2023），但就应该与什么样的合作方采取怎样的方式进行合作还有待深入研究。因此，企业在进行商业模式创新时还必须回答如下几个问题：与谁合作，为什么与之合作，合作方应具备怎样的特质，通过什么形式合作。对于这些问题，不同的研究者都有所提及，但往往是一笔带过，缺乏系统性，有必要在这方面再做进一步的探讨分析。

2.2.6　研究小结

目前，作为开放式创新理论研究的重要主题，商业模式创新的相关研究已经成为学术热点（Baden-Fuller & Morgan，2010；靖舒婷，2023）。虽然商业模式的概念并未完全统一，但随着对商业模式概念认知的不断推进，商业模式的定义逐渐统一于综合系统的视角之下。本书基于前人的研究，总结出商业模式的三大特性，即系统性、动态性以及开放性。其中，系统性描述了商业模式存在的物质形式，交易内容、交易结构、交易治理是商业模式最为重要的组成要素；动态性基于时序关系，描述了商业模式的演化路径，本质上是从时间的角度解构商业模式；开放性强调了商业模式的空间状态，是焦点企业与合作伙伴以网络形式相连接的开放体系，据此给出了商业模式的定义。

在明确了商业模式的三大特性后，本书从创新的英语词义差别探讨了不同语义的侧重点，并基于三大特性与设计主题的思路将商业模式创新整合于一个完整的"要素+过程+关系"的框架中，即商业模式创新是由商业模式所构成的各要素的改变而带来的现存商业模式的系统性革新，并以适应环境变化而不断持续发展演进，其目的在于创造与获取价值，这一过程是焦点企业与外部合作伙伴在开放的网络中为践行"价值共享、竞合共赢"的理念而不断互动的结果。由此可见，商业模式创新既是物质形态上的变化，也是时间序列上的演进，又是空间位置上的拓展。

接下来，本书探讨了商业模式创新的驱动因素，从内外两个视角分别梳理了技术进步、需求变化、网络嵌入、制度政策、企业家、动态能力、组织学习等因素，探讨了尚待深入研究的问题，并提出了应按照开放式创新理论的研究范式来讨论商业模式创新的驱动因素。同时，以上提及的这些因素并非独立而没有联系，事实上，知识贯穿于始终。例如，技术本身就是一种被具体编码的知识，而需求源于消费者的认知，网络是企业与伙伴传递知识的载体，组织学习则是知识转换与运用的过程。知识作为一条整合各因素的纽带，是标注硬币"一体两面"的较为理想的依据。本书将在之后的章节中探讨知识与商业模式创新的关系。

2.3　企业家导向研究综述

2.3.1　企业家导向的基本概念

当今商业生态的趋势是产品周期和商业模式周期逐渐缩短（Hamel et al.，2000；王昕，2023），现存业务的未来现金流并不稳定，企业需要不断挖掘新的市场机会，创造新的价值增长点。因此，许多企业树立了企业家导向并从中获益（Zahra，1995；Semrau et al.，2016；张帅，2022），因为这种战略导向驱动企业以强烈的创新意愿加速产品迭代更新，承担不确定性带来的风险，对于拓展未知市场总是比竞争对手更积极主动（Covin & Slevin，1989；张铂晨，2023）。近年来，企业家导向无论在理论研究上还是在实证研究上都取得了进展，特别是随着创新领域研究的兴起，驱动创新的前置因素成为研究者关注的重点。

企业家导向起源于企业家精神及战略管理领域的相关研究，是资源基础论的核心（Conner，1991；穆思宇，2023），是企业所拥有的资源和优势的具体表征。Lumpkin 和 Dess（1996）认为，如果企业在战略导向上选择了企业家导向，则更容易从知识资源中获得利润，因为它不仅可以更快地识别环境变化，采取先发制人的策略，率先获取消费者偏好的变化信息，满足各种需求，更能优化自身的知识结构，创造性地运用自身存量知识，从而创造需求。

Miller 等（1983）指出，企业家导向强调组织积极开展产品和服务的营销创新，并且承担投资风险，率先主动创新，从而击败竞争者，其将企业家导向分为创新性、风险承担性、先动性三个维度。孟捷（2024）认为企业家的战略导向是以创新性、先动性和风险承担性为特征的企业流程、结构和行为，其特点是管理者致力于广泛且频繁的技术和产品创新，倾向于积极主动的竞争并敢于承担风险。Anderson（2015）则强调企业家导向是企业家行为与企业对未知领域进行战略决策倾向的有机结合，企业家导向可以分为企业家行为和承担风险两个维度。虽然不同的学者有不同的定义（见表 2.2），但归纳起来，企业家导向是即使在信息并不充分的情况下，企业仍勇于创新、率先探索未知领域并承担以此带来的风险的行为与活动的战略倾向，是企业家精神从个体层面到组织层面的过渡，即管理者如何借鉴企业家式的管理方法、行动实践和决策风格（Lumpkin & Dess，1996；叶龙祥和钟锦宸，2023），反映出企业的组织文化、价值体系和战略使命。Covin 和 Slevin（1989）认为，具备企业家思维方式的组织能更好地适应动态竞争环境。具有企业家导向的组织可以改变环境，并且愿意配置有限的资源用于开发未知的机会（Hakala，2011；李艳双等，2019）。

表 2.2　企业导向相关定义

作者	定义
Miller 等（1983）	企业家导向是指组织积极开展产品和服务的营销创新，并且承担投资风险，率先主动创新，从而击败竞争者，其将企业家导向分为创新性、风险承担性、先动性三个维度
Covin 和 Slevin（1989）	企业家的战略态势（导向）是以创新性、先动性和风险承担性为特征的企业流程、结构和行为，其特点是高管致力于广泛且频繁的技术和产品创新，倾向于积极主动的竞争，并敢于承担风险
Lumpkin 和 Dess（1996）	企业家导向反映组织承担风险、实施创新、先发制人的倾向，是组织进行资源重组并实现创新的过程
Dess 和 Lumpkin（2005）	企业家导向是指企业的战略领导者结合企业文化推动企业实施创新、承担风险，勇于追求新的创业机会
Pérez-Luño 等（2011）	企业家导向为企业决策提供基本的方法，涉及计划、分析、决定，同时反映企业文化、价值体系、企业使命
Anderson（2015）	企业家导向是企业家行为与企业对未知领域进行战略决策倾向的有机结合，企业家导向分为企业家行为和承担风险两个维度

资料来源：笔者根据相关文献整理所得。

一般而言，企业家导向划分为三个维度：创新性、风险承担性和先动性（Miller et al.，1983；刘嘉慧等，2023）。Dess 和 Lumpkin（2005）在此基础上增加了自主性和竞争性（具体维度划分见表 2.3）。路畅和于渤（2021）在重新定义企业家导向概念的基础上，将其划分为两个不能互换的（Non-interchangeable）维度：企业家行为和承担风险态度。虽然企业家导向在维度划分上存在争议，但几乎所有的维度划分都是基于 Miller 等（1983）的基础之上。Wiklund（1999）通过实证研究证实了 Miller 等（1983）提出的企业家导向各维度共变的结论。因此，本书采用 Miller 等（1983）的划分维度，将企业家导向分为创新性、风险承担性和先动性。

表 2.3　企业家导向构成维度

维度	定义	作者
创新性	开发旨在满足不同市场需求的新产品和新服务的倾向	Miller 等（1983）
	参与和支持有可能催生新产品、新服务或新技术流程的新创意与新事物试验和创作过程	Lumpkin 和 Dess（1996）

维度	定义	作者
创新性	支持有可能催生新产品、新事物、新工艺的创造性和试验性活动	Lumpkin 和 Dess（2001）
	改进企业的产品和服务，以及实施新的管理技巧及技术，并致力于寻求具有创造性及新颖性的问题解决方案	Hult 等（2003）
风险承担性	将大量资源投入不确定事业的意愿	Miller 和 Friesen（1983）
	愿意为进入结果未知领域而承担风险的倾向	Covin 和 Slevin（1991）
	将资源投入风险事业，并承担由此产生的高不确定性和高风险的意愿	Lumpkin 和 Dess（1996）
	即使面对回报不确定的项目或活动，也积极部署并调配资源进行支持	Zahra 和 Garvis（2000）
先动性	通过塑造环境而不是仅满足于对环境做出反应，来引入新产品、新技术和新的管理技能	Miller 和 Friesen（1983）
	为领先于竞争对手而不是跟随它们，在关键业务领域引入新产品、新服务、新的操作流程和管理方法	Covin 和 Slevin（1991）
	通过把握新机会来成为市场引领者而非跟随者的倾向	Lumpkin 和 Dess（1996）
	在开发技术、产品及服务方面总希望领导竞争对手，而不是仅跟在竞争对手后面	Antoncic 和 Hisrich（2001）

资料来源：笔者根据相关文献整理所得。

2.3.1.1 创新性

企业的使命在于创新（Drucker et al.，1985；罗进辉和朱明城，2024），创新是企业持续发展最重要的基石（李清和陈琳，2024）。熊彼特认为，企业应当通过"创造性破坏"打破在位企业的竞争优势，获取更高的经济租金。赵斌杰等（2024）认为创新性是企业对未知领域开发的倾向与能力，是企业保持竞争优势的必备要素。阳镇（2024）强调创新大致分为两类：一是要素的创新，即提供新的产品、输出更具增值价值的服务以及开发更为先进的技术；二是空间的创新，即拓展新业务、新领域、新市场。Covin 和 Slevin（1989）认为，创新性是指企业打破行为惯性、尝试新奇想法的倾向。Morris 和 Lewis（1995）指出，创新性是指企业提供新服务、推出新产品、使用新技术、设计新的生产流程、构建新的组织模式。胡双钰和吴和成（2023）指出，创新是将新构想商业化的过程，是将新概念注入产品、服务、流程中并使之优化的过程。苏敬勤和林海芬（2011）指出，创新性主要表现为企业对技术创新的重视，因为技术创新的效果更为明显。

总之，创新性是企业家导向的核心维度，是企业家精神在组织层面最直观的体现，是企业开展实验、创新产品、更新服务和技术、革新流程等行为的倾向性。

2.3.1.2 风险承担性

风险的本质是不确定性，风险并不等于危险，企业承担风险的原因是在于获取蕴藏于风险背后的高额利润。企业追求风险，不在于企业具备承担所有不利因素所带来的不良影响的能力，而是基于利润导向的风险偏好。Mintzberg（1973）指出风险偏好是创新活动的重要特征，创新是否带来利润还有待验证。Covin 和 Slevin（1989）将风险承担性定义成企业为新投资项目承担风险的意愿与倾向。闫丽娟等（2024）认为，组织总处在不断动荡的环境中，情况复杂，机会多变，企业的创始人不仅需要承担风险的意愿，同时还要具备抗击风险的能力。张京红等（2022）指出，企业家导向强的企业倾向于向在位企业发起挑战，成为行业的新进企业，其承担风险主要是为了获取风险背后的超额利润而非赌博。

总之，风险承担性也是企业家导向的重要特征，反映了创新的多面性，企业不再固守已有市场优势，转而投资于未知领域以期获得更高收益。

2.3.1.3 先动性

先动性是企业基于对市场的前瞻性认知而大胆评估未来需求，并以此为依据率先采取行动捕捉商机的倾向（Lumpkin & Dess，1996；赵金国等，2023）。例如，企业率先向市场推出新产品或新服务，或在成熟市场选择战略性撤退，因此在策略上表现为"先发制人"或"急流勇退"。先动性往往体现出企业具有培育市场的思维，即放弃"红海"寻找"蓝海"的倾向。Miller 等（1983）指出，先动性描述了企业在技术、服务、流程、管理等方面的先手策略及领袖意识。李欣珏等（2023）强调先动性的关键在于企业对商机的把握能力，即企业较之于竞争者是否能更先捕获、利用这些商机，拓展市场份额并赢得利润。Lumpkin 和 Dess（1996）认为先动性反映了企业的超前认识与寻求机会的意愿和倾向。Aloulou 和 Fayolle（2008）指出，先动性是企业先于竞争者的竞争行为，企业先于竞争对手把握商机。

总之，先动性是企业家导向的重要维度，是创新思维在企业行为上的体现。先动性是一种向前看的视角，强调组织率先进入新型市场，搜寻并利用市场潜在信息以迅速适应环境变化，迫使竞争者做出回应的行动倾向（Miles et al.，1978；杨卓尔和高山行，2020）。换言之，企业通过率先察觉环境的变化从而找到行业的新趋势、产品的新市场、客户的新需求，并据此保持竞争优势。所以，具有先动性的企业往往是市场的领导者，具备把握市场机会、预测未来需求的能力（Dess & Lumpkin，2005；李琦等，2024）。

综上所述，作为驱动创新的关键因素，企业家导向已经引起了学者的广泛兴趣（Joanna Ejdys，2016；林春培等，2024），其重要性不言而喻。一方面，就理论发展而言，自熊彼特提出"创造性破坏"以来，学者们对于企业家的研究越发重视。彼得·德鲁克等学者从不同的角度讨论了企业家的重要性。由此形成的企业家学派则更是强调战略形成源于个人领导，是个体思想的产物，倡导将有关战略的观点看作是一种与形象和方向感相关的看法（邬统轩和周三多，2011；马永军等，2020）。企业家的作用已经不仅仅是新古典经济学中所描述的决定产品数量和价格的作用，企业家可以采用新的生产要素或对已有要素进行新的组合（新项目的开发和使用新办法开展原有项目）来获得"熊彼特租金"，发现均衡又打破均衡。

因此，创新才是企业家能力的标准。企业家在创新与创业精神的支配下，不断开展创新活动，引进新技术，提供新产品，开辟新市场，寻找新的供应来源，运用新的要素组合方式，敢于跨越制度障碍，勇于冲破市场藩篱，善于扩张生产边界。没有企业家，企业就不能存在（张维迎，2004；温军等，2023）。企业家导向正是以企业家理论为基础的战略导向，是经济学与管理学的交叉契合，是企业家精神和战略态势的深度融合。这种融合更多指向战略决策中的管理过程，更加关注企业家精神的人格化特征。

从研究现状出发，Hakala（2011）通过关键字的搜索方法，梳理 121 篇关于战略导向的文献，精选出 67 篇文献，并发现其中关于企业家导向的文献多达 31 篇，企业家导向在战略导向研究领域中越来越受到研究者重视，不同的学者从不同的角度逐一论述了企业家导向与创新、绩效之间的关系，不少研究表明，企业家导向与创新呈现出显著正相关关系。Martens 等（2016）采用文献计量法，搜寻了从 1987 年至 2014 年有关企业家导向的文献，竟多达 405 篇，其中从 2009 年开始，相关文献发表的数量急剧增加。通过 VOSviewer 软件，得出绩效、企业家精神、商业、创新、战略管理等关键词出现频率极高。可见，企业家导向一直是学者研究的热点，更成为战略导向研究的焦点。

2.3.2 多视角下的企业家导向

视角的差异导致研究者在理解企业家导向时会出现偏差，基于文献分析，本书从三个视角描述企业导向。

2.3.2.1 战略视角

战略视角下，企业家导向代表了一种企业文化，是"导致企业新进入行为（New Entry）的进程、惯例和决策活动"（Lumpkin & Dess，1996；罗元大等，

2024）。企业家导向描述的是企业以何种方式拓展新市场、新领域，规定了企业发展的战略方向。企业无法自外部获取这种理念，而需要在组织内部逐渐培养这种创新文化，企业家导向是与企业家精神密切关联的概念。由此，企业家导向应该融于组织的日常运营中，依托企业的制度、规范、理念加以传递。Covin 和 Slevin（1989）把企业家导向看作是一种能够为组织提供竞争优势的企业文化，企业家导向是企业家个体精神在组织层面的嵌入。企业家精神往往是无形的，主要形容企业家敢于打破常规并勇于创新的人格特征。一旦这种精神在组织层面被渲染后形成一种工作氛围，就会逐渐演变成企业独有的组织文化，推崇这种组织文化（以创新为核心）的企业就是企业家导向型企业。因此，战略视角下企业家导向的核心是组织的创新文化。

2.3.2.2 资源视角

资源（包括知识）是企业发展的基础，而企业家导向是一种资源消耗型的战略导向（Covin et al.，1991；门一和胡海清，2024），其成功与否取决于企业对资源的利用效率和整合能力。Prérez-Luño 和 Wiklund（2011）、Wiklund 和 Shepherd（2005）以及周伟等（2024）分别基于资源基础理论、资源依赖理论和资源优势理论阐明了稀缺、独特的资源对企业家导向与组织绩效的作用机制。Lee 和 Sukoco（2007）基于动态能力理论指出企业家导向有利于资源的优化配置和有效整合。Wu 等（2008）解释了社会资本作为有形资源和无形资源的集合体影响组织的企业家导向的作用机理。田成诗等（2024）基于知识基础观解释了跨国公司内部知识网络对企业家导向的影响。在资源视角下，企业家导向主要探讨资源、知识的运用效率。

2.3.2.3 学习视角

组织学习是一种分析企业家导向的重要工具（刘预，2008；赵航，2018）。企业家导向具备强烈的扩张性，需要信息、知识的支撑。而组织学习在信息和知识的获取与应用中起到举足轻重的作用。Dess 等（2009）指出，组织学习有利于公司跨组织边界、跨产业边界乃至跨地域边界开展知识吸收、知识整合活动，有利于组织研发产品、革新流程和创造新的知识，是一种具有实验性色彩的探索性学习。Kreiser（2011）运用组织学习理论探讨了企业家导向对企业试验性学习（Experimental Learning）和获得性学习（Acquisitive Learning）的影响。林向红、王龙伟和陈浩然（2008）建立了企业家导向通过外部知识获取促进企业自主创新过程的研究框架，从理论上探讨了不同技术差异条件下企业家导向对外部知识获取的影响，探讨了外部知识获取与自主创新的关系以及不同控制方式对外部知识获取与自主创新之间关系的调节作用。高展军和江旭（2011）基于 122 家样本企业数据对企业家导向与知识获取之间的关系做了实证研究。研究表明，企业家导向对企业间知识获取呈现倒"U"形影响，企业间网络连接、关系信任和共享意愿均以这样的方式分别调节企业家导向与企业间知识获取之间的倒"U"形关系。就本质而言，学习视角下的企业家导向是对资源视角下的企业家导向的进一步深化与拓展。

以上研究的侧重点虽然各有差异，但存在递进关系。战略视角描述了什么是企业家导向，强调企业家精神在组织层面的嵌入，回答了什么样的企业是具备企业家导向的企业；资源视角揭示了企业家导向的存在基础，探讨了企业家导向对企业资源尤其是知识的依赖；学习视角则进一步分析了企业家导向的外向性，企业需要与不同的组织互动，吸收、学习更多的知识以支撑企业家导向。

2.3.3 企业家导向与商业模式创新的关系

战略导向既属于社会学习，又表现为一种选择机制，其目的在于使战略目标与执行过程达成某种一致性，为组织塑造特有的内部环境，使期望的行为得到鼓励和支持（Atuahene-Gima & Ko，2001；张振刚等，2024）。企业家导向是实施创新的关键因素（刘博等，2024），因为它致力于创造鼓励创新、支持探索的氛围与环境。

现有研究主要集中于探讨企业家导向与创新类型（吕潮林等，2023）、创新过程和创新绩效（Alegre & Chiva，2013；马亮等，2023）的关系。大多数学者认为企业家导向与企业的创新水平呈显著正相关性。这种关系可能是直接关系，也可能是间接关系，企业家导向可能直接影响组织创新，也可能通过某种中介影响创新，或者本身作为中介变量。Miller 和 Friesen（1983）将企业家导向划分为创新性、先动性与风险承担性三个维度，指出三者均对企业绩效产生正向影响。Zahra 和 Neubaum（2000）强调企业家导向的创新性、先动性、风险承担性能够促进组织创新，有利于企业拓展业务，最终提升企业绩效。刘有源（2020）分析了市场导向和企业家导向与产品创新之间的关系，他以企业和市场作为坐标，把企业分为市场导向型企业、企业家导向型企业、混合导向更重企业家导向型企业、混合导向更重市场导向型企业。其中，混合导向型企业在新产品的研发上取得了更好的效果，在产品的创新过程中，单纯的企业家导向未必更符合市场需求。Wu 等（2008）在研究中指出了创新性、先动性和风险承担性之间的相互作用，对企业获取更优质的智力资本进而实现更高层级的创新有着关键作用。吕鲲等（2022）分析了企业家导向对不同类型创新的直接影响，探讨了创新性、先动性和风险承担性与环境变化之间的动态关系。他们将创新分为完全创新和不完全创新，其中先动性和风险承担性有利于不完全创新，企业可以通过引进技术、经验来实现创新，而创新性往往更有利于完全创新，创新的意愿驱使企业不断打破现有理论的束缚。同时由于环境的不确定性，企业家导向的三个维度之间的水平也有差异，一般而言，越是在动荡的环境中，越需要企业承担风险，创新是企业应对不断变化的环境的最佳策略。Alegre 和 Chiva（2013）的研究表明，企业家导向首先影响企业的创新绩效，进而以此为中介影响企业绩效。

部分学者讨论了不同因素的调节或中介作用。如高管因素（张玉利等，2005；陈家淳等，2020）、企业家胜任力和企业资源（夏霖和陆夏峰，2006）、探索能力和开发能力（张玉利等，2006；杨卓尔和高山行，2020）、组织学习（陈劲等，2003；魏江和焦豪，2008；梁林和段世玉，2024）、知识吸收（林向红等，2008；高展军和江旭，2011；李妹和高山行，2011；金环和蒋鹏程，2024）、创新意愿（苏敬勤和林海芬，2011）等。

总之，在大多数研究中，企业家导向对创新有显著的正向影响，但研究往往集中于技术创新或创新绩效上，有关企业家导向与商业模式创新的关系方面的研究，虽有学者已有所涉及，但还有待深入。一是企业家导向对商业模式创新的促进作用并不清楚。创新性、风险承担性、先动性三者与商业模式创新之间的关系并不明确，三者是更有利于效率型商业模式创新还是新颖型商业模式创新，需要进一步做实证研究。二是企业家导向是一种消耗型战略导向，具有强烈的扩张性，企业家导向型的焦点企业在商业模式创新时需要大量的资源、知识作为支撑，企业不可能具备所有的资源、知识，因此必须有相应的合作伙伴与之匹配，而从知识的角度出发，互补的知识有利于联合创新，且商业模式创新是焦点企业与合作伙伴共同完成的，因此企业家导向型企业需要与异质性的伙伴开展合作。三是基于开放式创新理论来看，商业模式创新是企业与合作伙伴通过某种合作方式或实践活动得以实现的。因此，有必要讨论促使商业模式创新得以实现的合作方式与创新的实现路径。

2.3.4 研究小结

首先，本节介绍了企业家导向的基本概念以及维度划分，重点回顾了创新性、风险承担性、先动性三者的基本含义，并且探讨了三者与创新之间的关系。同时，本节从理论发展和研究现状两个角度分别探讨了企业家导向对创新的重要影响，指出企业家导向是企业家精神和战略态势的深度融合，有助于企业的创新实践。

其次，基于战略视角、资源视角、学习视角，本节概述了不同视角下企业家导向研究的侧重点，指出了各视角之间存在某种递进关系，研究表明，企业家导向需要知识的支撑，而组织学习为企业家导向打开了向外的通道。

最后，本节综述了企业家导向与商业模式创新之间的关系的相关研究，虽然国内外学者就创新类型、创新过程、创新绩效进行了深入探讨，但企业家导向作用于商业模式创新的机制机理的相关研究仍偏少。本书认为，在开放的网络中，企业家导向型企业急需与异质性伙伴互动来实现互补，找到合理的创新路径以支撑其战略导向的实施，从而促进商业模式创新。

2.4　伙伴异质性研究综述

2.4.1　伙伴异质性的基本概念

有关异质性的研究由来已久，基于企业的资源基础观，许多研究者认为异质性是企业竞争优势的源泉（Sammarra & Biggiero，2008；陈冲等，2024）。学者最初主要集中于研究企业内部的资源与能力的差异，强调资源异质性是企业价值的真正来源（Penrose，1989；李志红，2023）。大量研究表明多种互补资源的优化组合能够有效促进创新，加速创新的商业化进程（Phillips et al.，2000；Owen-Smith & Powell，2004；吴航和陈劲，2023）。但随后学者逐渐开始将注意力转移到需要相互转移、交换资源的企业身上，即异质性主体本身，探讨了在开放式创新中相互异质的参与主体各自所扮演的角色与所起到的作用（Rodan & Galunic，2004；Barlow et al.，2006；焦豪等，2024）。因此，在创新领域的研究中，伙伴异质性正是开放式创新网络概念的基础（Doloreux，2004；张慧等，2020），创新是来自不同行业、不同组织类型、不同知识结构、不同产权性质的企业之间相互作用的结果（Hagedoorn，2002；Hakansson & Olsen，2011；张姣玉等，2024）。

从英语词义来看，伙伴异质性有如下四种表达方式："Partner Heterogeneity" "Actor Heterogeneity" "Partner Diversity" "Actor Diversity"，在国内主要被翻译为主体异质性、个体异质性以及合作伙伴异质性。考虑到创新往往是基于焦点企业与异质性伙伴的合作而共同完成的，因此本书更倾向于合作伙伴异质性的翻译，简称"伙伴异质性"。

伙伴异质性最先起源于 Parkhe（1991）有关战略联盟的研究，他认为在战略联盟中，不同的企业在维度或属性上都存在差异，直接影响企业之间相互作用的形式，影响联盟的存在与发展。他把这种差异定义为伙伴异质性，并区分出两种类型：第一种类型的伙伴异质性强调企业与伙伴之间所形成的战略联盟植根于资源的异质与互补，多方参与者的互补资源能够有效提高合作的效率；第二种类型则是基于不同企业之间本身所属特性而产生的异质性，会给企业之间的合作带来摩擦与阻力，阻碍企业之间资源、知识的相互转移与共享，对于联盟的耦合与发展会产生不利的影响。此后，学者开始逐渐关注伙伴异质性的相关研究，并展开了广泛的讨论。

Dyer 和 Singh（1998）将伙伴异质性定义为联盟成员共同形成的资源与累计单个成员资源之和的差异，强调的是联盟中资源的差异互补。Kale 和 Singh（2000）通过对战略联盟文献的详细回顾，深入研究了公司战略联盟的形成与运作机制，讨论了公司之间能够成功组建联盟的各种影响因素，并将伙伴异质性定义为合作伙伴为建立合作关系提供不重叠的资源程度。他们认为，战略联盟存在某种悖论，即为了成功地构建并巩固战略联盟，就必须不断构建更多新的联盟来提高竞争力，而构建联盟本身又困难重重，面临许多重大阻碍。

Beckman 和 Haunschild（2002）认为伙伴异质性是参与主体的经历、经验的多样性，强调的是不同企业之间具有的差别。George 和 Zahra（2002）基于知识观的视角，认为伙伴异质性本质上是企业之间所拥有知识背景的相关程度与差异程度，知识的互补是创新的基础。Branzei 等（2004）从网络的视角出发，强调异质性的创新网络是跨越组织边界、跨越制度边界或跨越社会边界的不同知识体系的连接，在网络中，不同主体在组织类型、制度背景以及社会环境上存在不同的特征。Goerzen 和 Beamish（2005）指出战略联盟网络具备多样性与丰富性，并把伙伴异质性定义为合作方之间在资源、能力与产业背景等方面的差异。

Phelps（2010）认为伙伴异质性主要体现在组织间技术的差异化程度。刘晓燕等（2024）通过对战略联盟的研究指出，企业间形成联盟的动机源于利用彼此的差异化资源来弥补自身的短板，组织可以跨越边界并在联盟中学习伙伴的互补能力，其将伙伴异质性定义为不同主体之间互补能力的多样化程度。Cui 和 O'Connor（2012）指出伙伴异质性的本质在于不同联盟中不同成员资源的差异化程度，企业与不同主体之间的资源共享既可以在单点之间独立完成，也可以在单点与多点之间共同完成。张娜和刘凤朝（2023）基于互补性概念，认为伙伴异质性的合法性体现在企业可以从合并的资源体中获得更多的回报，其收益大于仅从单个企业之中获得的收益。辛冲等（2021）从多样性的角度出发，强调伙伴异质性主要体现企业联盟类型的多样性、伙伴类型的多样性。

梁靓（2014）在以上观点的基础上，将伙伴异质性定义为开放式创新中的两个或多个组织，在知识、技术、能力及其他资源上的差异化和多样化的程度。焦媛媛等（2017）认为，主体异质性是产学研合作主体之间，在组织、目标、资源等方面的性质和特征的差异性。

总之，伙伴异质性虽然在概念上尚未完全达成一致，但学术界在许多方面取得了共识。第一，伙伴异质性首先表现在差异性上，可能是资源、能力、知识的差异，也可以是主体在类型、制度、产业上的差异，差异是伙伴异质性的本质属性。第二，伙伴异质性还表现在多样性、丰富性上。从主体的多样性来看，客户、供应链上下游合作伙伴、竞争对手、大学、知识服务机构、风险投资机构、政府都构成了企业丰富多样的合作圈，因此，企业与合作伙伴的关系不仅是双边关系，还是一种网络关系。第三，伙伴异质性是以创新为研究导向的。研究伙伴异质性主要是讨论在联合创新中，不同主体间差异化资源、能力、知识对创新的贡献程度，以及不同主体之间通过怎样的合作方式实现了创新。近年来的研究发现，由于企业间的创新越来越依赖于联盟中不同主体之间的多样且互补的知识（Doz & Hamel，1998；Gulati，1998；Sammarra & Biggiero，2008；余江等，2024），知识转移逐渐成为组织间合作的重要方式。

2.4.2　伙伴异质性的维度划分

国内外学者对伙伴异质性维度的确立大体是基于研究的方便而进行的划分，很少有学者讨论划分的依据，导致在具体研究中产生了不少分歧，因此呈现出非常多的划分方式（见表 2.4）。Parkhe（1991）基于主体特征差异程度，将主体异质性分为社会文化异质性、国家背景异质性、文化异质性、战略方向异质性、管理实践及组织异质性，而汇总其他学者的分类，大致包括国家异质性、地区异质性、组织异质性、产业异质性、文化异质性、关系异质性、资源异质性、能力异质性、知识异质性、产品异质性、目标异质性等。但是这些划分有许多重复交叉，例如，组织异质性和产业异质性并没有完全独立，不同的组织类型可能嵌入相同或不同的产业之中。然而，伙伴异质性的核心在于不同的合作伙伴通过互补资源尤其是互补性知识的共享实现协同创新。因此，本书基于资源依赖观，并结合伙伴异质性的差异性与多样性两个特点，以主体与客体作为维度标尺，将伙伴异质性划分为组织异质性和知识异质性。

表2.4　伙伴异质性构成维度

学者	年份	划分维度	划分依据
Parkhe	1991	社会文化异质性	主体特征差异程度
		国家背景异质性	
		文化异质性	
		战略方向异质性	
		管理实践及组织异质性	
Powell 等	1996	关系异质性	未说明
Human 和 Provan	1997	个体网络异质性	未说明
Tijssen 等	1998	组织异质性	未说明
Stuart	1998	知识基础异质性	未说明
Beckman 等	2002	经验异质性	未说明
Goerzen 和 Beamish	2005	产业异质性	未说明
		地区异质性	
		国家异质性	
Barlow 等	2006	主体类型异质性	未说明
		组织和政策背景异质性	
		当地支持框架异质性	
		管理方法异质性	
		项目复杂程度异质性	
		创新基础异质性	
		组织文化异质性	
Sampson	2007	技术异质性	未说明
Bruyaka	2008	组织异质性	未说明
Jiang 等	2010	合作伙伴异质性（产业、组织、国家）	未说明
		功能异质性	
		管理异质性	
Corsaro 等	2012	合作目标异质性	未说明
		观念异质性	
		知识基础异质性	
		能力异质性	
		关系异质性	
		文化异质性	

续表

学者	年份	划分维度	划分依据
Duyster 等	2012	市场异质性	未说明
		产品异质性	
		产业异质性	
		组织异质性	
		合作伙伴数量异质性	
Corsaro 等	2012	目标异质性	未说明
		知识基础异质性	
		能力异质性	
		洞察力异质性	
		网络位置异质性	
		文化异质性	
Raesfeld 等	2012	技术异质性	未说明
		价值链互补性	
Cui 和 O'Connor	2012	资源异质性	未说明
梁靓	2014	组织异质性	未说明
		产业异质性	
		国家异质性	
黄淑芳	2016	任务导向异质性	合作导向
		关系导向异质性	
		信息异质性	描述特征
		社会异质性	
		价值观异质性	
		显性异质性	观测难易度
		隐性异质性	
		结构异质性	异质性特质和成员关系
		情境异质性	
		关系异质性	网络
		结构异质性	
焦媛媛 等	2017	组织异质性	未说明
		目标异质性	
		资源异质性	

资料来源：笔者根据相关文献整理所得。

2.4.2.1 组织异质性

组织异质性反映了伙伴异质性中不同合作主体之间在组织类型的差异以及多

样程度。在商业模式创新中，焦点企业需要在开放的网络中与不同的伙伴开展合作。这些合作主体可能是客户、供应商、经销商、竞争对手、大学机构、政府等（Duysters & Lokshin，2011；Cui & O'Connor，2012；Duysters et al.，2012；郭韬等，2024），每一类主体都可能在组织架构、文化制度、运营目标、管理手段、资源能力上存在或大或小的差异（Corsaro et al.，2012；程松松等，2023），因此不同的主体就存在了协作的可能。例如，用户的核心诉求是获取价值，因此用户端口的价值主张的变化是核心企业必须迅速感知、捕捉的重要信息，企业与用户频繁互动能够有效促进商业模式的完善与革新。

在以往的研究中，对于合作伙伴的划分存在多种方式。Nieto 和 Santamaria（2007）将异质性合作伙伴分为客户、供应链合作方、竞争对手、研究机构四个大类。陈旭等（2024）基于供应链的位置将合作伙伴划分为上游（供应商）、下游（渠道商）和中游。Raesfeld 等（2012）基于价值链关系，将外部异质性合作伙伴分为企业、政府部门、研究机构、学术医疗机构、大学和特殊的兴趣群体。Oerlemans 等（2013）在研究非高科技企业异质性的过程中，将外部异质性合作伙伴分为消费者、供应商、竞争者、咨询方、研究机构、高校、企业集团中的其他公司。

梁靓（2014）在总结了以往研究的基础上，把合作伙伴分为两类：第一类是产业合作伙伴，包括用户、供应商、竞争对手、产业外其他企业、风险投资企业；第二类是知识合作伙伴，包括高等院校、科研机构、技术中介组织、知识产权机构、政府机构。同时，他认为第二类知识合作伙伴才具有伙伴异质性的特征。

然而，这种划分仍然存在问题，将用户、供应商、竞争对手等归入同质性伙伴缺乏理论依据。因为相较于高等院校，虽然用户、供应商等伙伴异质程度偏低，但并非等于同质性伙伴。异质性程度的高低并非是判断同质或异质的标尺。从现实经验推演，无论是用户还是供应商，抑或经销商，甚至是竞争对手，都与焦点企业在资源、知识、能力、文化等方面各有偏重，许多商业模式创新往往是焦点企业与这些合作伙伴相互作用而完成的。例如，私人定制的本质是基于信息技术的发展，用户能与企业端口直接对接，在极低的交易成本下，直接输入价值主张编码程序，以被企业迅速解码并创造价值的过程。可见，还需要对不同合作伙伴表现出的异质性程度进行分析。

王锟（2015）在研究组织异质性时引入了合作伙伴组织异质性权重的概念，以焦点企业为参照物，分析不同组织类型合作伙伴相对差异性，用赋权重的方法量化了不同类型的合作伙伴的异质程度，权重值越大，则合作伙伴的组织异质性越强。这种方法规避了相关研究中一概而论的问题，有利于组织异质性的深入研究。

本书认可这种赋权重的思路与方法，采用了王锟（2015）对不同组织类型伙伴的划分归类以及基于层次分析法在专家指导下所确定的组织异质性权重值。组织异质性重在讨论主体的差异性与多样性，例如，客户多为个体，旨在传递价值主张的相关信息，是价值创造的原点，归为用户一类，权重值为 0.14；供应商、竞争对手和产业外其他企业可以为焦点企业提供更多流程优化的知识，且普遍采用企业型的组织结构和公司文化，可将其归为行业企业一类，权重值为 0.04；高校与科研院所是从事科研的非营利性组织，可以归为高校科研机构一类，权重值为 0.38；技术中介组织和知识产权机构往往是合伙制式的特殊企业，为企业提供实用的市场技术信息，发挥了中介的作用，因此归类为科技中介类，权重值为 0.24；政府部门采用严格的科层制，因其特殊的指导性与约束性，可以为企业提供经济发展情况等信息，另外还可以给予企业市场信息和政策支持等（Corsaro et al.，2012；马鸽和张韬，2024），因此归为政府机构一类，权重值为 0.13；风险投资机构因其融资贷款与财务咨询上的优势，可以优化企业的成本结构与现金流，可以归为风险投资机构一类，权重值为 0.07。因此，本书将组织异质性的伙伴类型分为 6 类，用户、行业企业、高校科研机构、政府机构、科技中介、风险投资机构。

2.4.2.2 知识异质性

知识异质性主要反映不同主体之间所需的知识的差异化与互补性，强调的是异质性知识对创新的驱动作用。研究表明，企业创新越来越关注搜寻外部异质性资源，通过吸收、整合，从而提高创新的效率（Calabrese et al.，2000；Cui & O'Connor，2012；李金生和朱蔓菱，2023）。知识作为企业最为重要且最难以被轻易复制的资源，在环境不断变化的背景下，成为企业保持优势、不断创新的重要手段。组织类型的不同，组织规模、年龄的差异都会造成企业之间所拥有的知识差异。企业在面临创新的知识瓶颈时，总会在所处网络、联盟中搜寻互补的知识。

Blake 等（1993）指出企业所处的异质性网络能够为企业带来互补性的知识，即知识的异质性源于网络的异质性。Argyres 等（1995）认为技术知识的异质性是对企业内部技术开发处在狭窄区域或是广泛区域的度量描述。Rodan 等（2004）定义知识异质性为主体所在网络中可获得的知识、诀窍和技能的多样化程度。Phelps（2010）将网络技术知识异质性定义为企业所需的技术知识与合作伙伴以及焦点企业之间的知识的差异程度。潘涌和茅宁（2019）认为，异质性主体之间技术经验的共享与整合是合作创新的基础，能够起到优化彼此知识结构的作用，从而实现技术的互补与融合。杨隽萍、彭学兵和廖亭亭（2015）认为知识异质性是指成员间在知识的背景、结构或认识方式上存在较大的差异。曹勇等（2016）对异质性知识进行了评述与展望，指出知识异质性包含多层内涵，可以从明晰与默会知识的异质性、个体及组织间知识的异质性、异质性知识的标准来理解知识异质性，并剖析了知识异质性对企业间合作创新的间接作用。

总之，知识复杂程度越来越高，企业不可能也不必要掌握商业化所需的全部知识，且随着专业化分工的进一步深入，合作协同应该是企业商业模式运作的趋势与常态。

2.4.3 伙伴异质性与商业模式创新的关系

伙伴异质性常常置于开放式创新的研究范式中，其本质是组织视角下开放式创新理论内涵的一种延伸。大量研究表明，伙伴异质性有利于提升合作绩效，提高创新水平。创新总是企业在社会关系和商业关系的协同进化中不断实现的。企业总嵌入在社会或商业网络中，网络中不同的参与者相互影响，构成了组织之间开放式创新的基础。Frenken（2000）认为，网络中合作方之间的互补能力是促进创新的关键因素。许学国等（2024）指出网络异质性对探索式创新绩效有正向影响。刘晓燕等（2024）把伙伴异质性分为功能异质性和地域异质性，指出合作伙伴由于存在功能之间的异质情况，所以需要进行知识转移以获取异质互补的知识，进而推进创新成果的商业化进程，对颠覆式创新有重要影响。而合作者空间状态的异质性可以拓展产品、技术的应用范围，有利于渐进式创新。刘克寅和汤临佳（2016）指出，异质性要素之间的匹配程度对合作创新有重要影响，不同合作者在异质性资源、异质性能力、异质性行为的互补、兼容、契合能够有效提升创新绩效。

现有关于伙伴异质性的研究多是从战略联盟（Beckman & Haunschild, 2002; Goerzen & Beamish, 2005; 徐建中等, 2020）、团队合作（Miller et al., 1998; Okhuysen & Eisenhardt, 2002; Lee et al., 2010）和创新网络（Rycroft, 2007; Rampersad et al., 2010; Corsaro et al., 2012; 辛冲等, 2021）几个视角展开的，本质上都强调通过向外搜寻获取异质性的资源、知识实现创新。因此，研究伙伴异质性的目的在于解决开放式创新中企业与谁开展合作的问题。虽然有研究认为，过强的异质性会增强知识的搜寻成本与整合成本，从而对创新产生负面影响（Bowers et al., 2000; Webber & Donahue, 2001; 王敬勇等, 2021），但大量实证研究表明，多样化的互补资源确实有利于开放式创新，从开放式创新的角度研究伙伴异质性是一个更全面的视角（梁靓，2014；张振刚等，2023）。

综上所述，本书认为，伙伴异质性是以创新为研究导向，鼓励开放式创新与商业模式创新的开放理念相契合。现有研究鲜有从伙伴异质性的角度来探讨商业模式创新，但基于以上分析及伙伴异质性的理论基础来看，本书认为伙伴异质性对商业模式创新活动产生影响。

从资源依赖观来看，伙伴异质性解决了商业模式创新的资源、知识瓶颈问题。商业模式创新离不开必要的资源与能力（Christensen et al.，2008；Osterwalder et al.，2005；王炳成等，2024）。任何一种商业模式的设计过程都是资源不断匹配、协同、优化的过程，两者之间保持统一的运行路径。这些资源涉及对消费者主张的感知水平、对上下游的把控能力、业务系统构建能力、成本收入结构等，不同的商业模式需要不同的资源以保证自身的发展（Mangematin et al.，2003）。

但处在当今复杂多变的商业社会中，没有任何企业可以确保在商业模式演进、创新的过程中及时匹配所需资源与能力，焦点企业在尝试设计商业模式系统时，总受制于内外部可利用的资源与知识。因此，企业通过向外部环境展开跨界搜索，在联盟或网络中定位异质性伙伴，从而获取所需的资源并推进商业模式创新。同时，从知识势差的角度讲，异质性伙伴更利于企业之间有效地进行知识转移，满足企业商业模式创新所需要的最重要的资源。从这个角度来讲，伙伴异质性是多方合作实现商业模式创新的动机。

从交易成本理论来看，伙伴异质性有利于降低商业模式创新彼此负担的成本。交易是商业模式价值实现的关键影响因素。商业模式本质上是焦点企业跨组织边界的交易活动设计（Zott & Amit，2007、2011；Amit & Zott，2016；罗兴武等，2024），包括交易内容、交易结构、交易治理，三者组成一个开放的交易系统。交易内容是指各方交易的客体，如产品或服务及其相应的组合，也包括促进交易得以实现的各种关键资源与核心能力；交易结构是指各方的连接方式、交易开展的秩序以及交易实现的机制；交易治理主要强调对参与方的激励与约束，同时也涉及收入分配机制。因此，商业模式创新的关键就在于交易内容、活动、治理的优化，如降低交易成本、让彼此交易更透明、构建新的激励机制等。

首先，焦点企业一旦与异质性伙伴建立长久的关系，可以使双方长期互信，有利于双方对专用型资产甚至是涉及企业核心竞争力的战略性资产的使用，而这些资产往往是无形的，对商业模式创新有显著影响，如知识、技术、理念和知识产权（Gambardella & Mcgahan，2010；胡潇婷等，2024）。其次，交易的不确定性使交易双方的合作增加了风险，而稳定长久的关系能够减少不可控的因素，进而减少了商业模式创新中一方机会主义的可能性。最后，基于寻求异质性互补伙伴而增加的重复交易，可以统一于一个合同契约区间内，进而减少重订契约的交易成本，有利于实现高频次经济交易活动内部化。但过强的异质性也可能导致双方交流、合作困难，增加沟通成本（Corsaro et al.，2012；王弘钰等，2024）、搜寻成本（Leeuw et al.，2014；Mar et al.，2017；李俊宝等，2023）以及管理成本和协同成本（Swaminathan & Moorman，2009；Jiang et al.，2010；Cui & O'Connor，2012；周钟和孙诺诺，2023），不利于合作关系的持续与维护。对此，学术界虽然还存在争议，但比较一致的观点是在这些成本之间找到平衡。

2.4.4 研究小结

首先，本节强调了伙伴异质性的重要意义，详细介绍了伙伴异质性的概念与定义，指出伙伴异质性主要表现在差异性、多样化、互补性等方面，研究伙伴异质性主要是讨论在联合创新中，不同主体间差异性资源、能力、知识对创新的贡献程度。

其次，本节详细罗列了现有研究中有关伙伴异质性的划分维度，基于前人研究，从组织异质性和知识异质性划分出伙伴异质性的两个维度，并讨论了组织异质性中伙伴的划分归类应基于权重的思路与方法。

最后，基于前文综述，本节从伙伴异质性的理论基础出发，探讨了伙伴异质性与商业模式创新的关系，提出伙伴异质性解决了商业模式创新的资源、知识瓶颈问题，同时有利于降低商业模式创新中彼此负担的成本。

2.5 知识转移研究综述

2.5.1 知识转移的基本概念

知识对于研究者而言无疑是一个抽象复杂、需要不断争论的哲学概念，但对于企业来讲，则毫无疑问是一种重要的战略资源（Choi & Lee，1997；Teece，1998；Roper & Crone，2003；王雪原和马维睿，2018），能够有效提高企业绩效。彼得·德鲁克认为，在新的经济体系内，知识并不是和人才、资本、土地相并列的社会生产资源之一，而是唯一有意义的资源。因此，如何优化组织内部的知识管理，协同外部组织的知识转移，引起了管理学研究者的极大兴趣。

Gilbert 和 Cordey-Hayes（1996）指出，知识转移是组织不断学习的动态过程，从外获取的知识必须经过内部的整合与重构才能嵌套于企业内部，从而完成知识转移。Teece（1997）提出，企业之间的技术知识可以跨国转移，促进技术的跨国传播。任若冰等（2022）指出，知识转移是指在两个或两个以上的个体（组织）之间，知识接收方从知识发送方吸收知识的过程。李瑶和胡云姝等（2023）强调，知识转移是指转换知识应用的场景，将此情境下获得的知识应用于彼情境，这种转移既可能发生于组织内部，也可能发生在组织之间。

王凤彬等（2024）指出，知识转移就是知识在知识输出方（知识源）与接收方（知识受体）之间流转、吸收的过程，"知识转移＝知识传达＋知识接收"。知识转移首先需要知识源给知识接收方传递所拥有的知识，再由接收方对所获取的知识进行吸收和整合。因此，完整的知识转移过程必须同时实现知识的传递与吸收，知识传递是基础，知识吸收是目的，知识在主体之间的交换与转让使企业能够迅速积累商业经验，由此可以得知，不同的组织通过变革行为模式，最终都能提高组织的经济绩效，从而获取市场价值。

Hendriks（1999）将知识转移划分为"知识传递""知识应用""知识重构"，特别强调知识转移并非传递者与接收者之间的单向关系，而是呈现出双向的互动关系。因此，知识转移是知识双方共同参与完成的，在必要的交流与沟通下，双方能够提高彼此知识转移的效果。与此同时，Hendriks（1999）还将知识转移细分为"内隐化"和"外显化"。"内隐化"是将显性知识内化为隐性知识的过程，而"外显化"则是将嵌入组织内的隐性知识转化成为显性知识的过程，"外显化"赋予知识可识别的形态与结构，是知识转移的主要方式，更是知识得以被不同组织吸收和运用的条件。Adam 等（2016）认为知识转移是将隐性知识内化、显性知识外化，从而构建知识创新的循环过程。孙维峰（2024）指出，组织间的知识转移是知识主体的认知过程，是知识源发送编码，而接收方进行解码的过程。编码即知识发送方将知识显性化的过程，而解码就是将所获知识内化重构的过程。胡潇婷等（2024）从沟通的角度定义知识转移是知识源与知识接收方不断进行沟通，促进知识接收方合理运用所学知识的过程。

谭大鹏等（2005）认为知识转移是在一个可控环境中所开展的特殊的知识传播过程，有利于组织间知识的共享与融合，可以缩小组织间的知识差距。马庆国等（2006）强调，知识转移是知识发送方通过某种转移渠道将知识传递给知识接收方的过程，知识接收方通过不断学习、整合、重构将其嵌入自身组织内，从而转化成内化知识。韦影和王昀（2015）认为知识转移是知识在多个主体之间被传递和吸收的过程，这些主体涉及个人、团队或企业。李玲娟、徐辉和曾明彬（2017）把知识转移定义为在多重影响因素的作用下，知识转移主体通过不同模式的互动，促使知识流在组织间累积循环的过程。

综上所述，虽然学者对知识转移概念界定各有侧重，但多数研究是基于知识源、知识接受方、知识吸收、环境等几个方面来界定的。

首先，知识转移是知识双方的互动过程，具备动态性。知识拥有者与知识接收者之间并非单向关系，往往存在双向流通的关系。因此，知识转移并非固定彼此在知识转移过程中的角色，在知识与组织之间不断循环的过程中，知识源（知识拥有者/发送者）与知识受体（知识接收者）始终处于动态变化的状态。

其次，知识转移具有情境依赖性。知识的转移过程总处于具体的环境和权变的情境之下，知识转移总是依附于转移的渠道。最新研究表明，随着互联网技术的发展，知识转移常常发生于组织间的网络中，知识转移呈现出交互式、网络化的状态。在社会网络中，不易编码的隐性知识易于转移，而信息网络则更利于显性知识的转移。

最后，知识转移总是知识主体基于获利的目的而有意识地开展知识管理活动，是有计划、有控制的互动行为。知识转移不仅是知识的传递，更包括知识的吸收、共享、整合等，只有保证知识转移的完整过程，组织才能从中获益。

2.5.2　知识转移的主要模型

知识转移模型能清楚地表达知识转移概念，能更加准确地描述知识转移各要素之间的关系，对于知识转移的每一个环节都有详尽的阐释。总结现有模型，主要包括 SECI 模型、知识转移四阶段模型、知识转移五阶段模型、知识转移两阶段模型等。

2.5.2.1　Nonaka 的 SECI 模型

Nonaka 和 Takeuchi（1995）提出知识转移的 SECI 螺旋模型（见图 2.6）。该模型描述了显性知识与隐性知识在个体、团队、组织、组织间四个层次之间的转移与重构。该模型特别强调那些"心照不宣"的知识的重要性，独特而不易被识别、难以具象化的知识往往承载巨大的信息含量。该模型认为知识转移应该包含社会化、外部化、组合化和内部化四个过程，而这四个过程的组合即为知识螺旋。

社会化 隐性知识	外部化 显性知识
内部化 隐性知识	组合化 显性知识

图 2.6　SECI 螺旋模型

社会化是隐性知识的共享，即个体吸收组织隐性知识的过程。一般而言，隐性知识由于难以编码不易察觉，其较为复杂，常常依托于具体情境，因此隐性知识之间的相互转化较为困难，往往表现为在同一组织因共事而习得的经验，"传帮带"是典型的社会化例子。外部化是将个人隐性知识转化为显性知识的过程，是知识转移的关键，只有将隐性知识通过显性化的方式表达，知识才能有效传播。组合化是构建知识体系的过程，即将碎片化的显性知识整合起来，以文件、电脑资料等正规的方式系统性地转移给他人。内部化是把获取的显性知识转化为组织隐性知识的过程，组织在获取新的显性知识后，通过不断地吸收、整合、重构进而将其转化为隐性知识。

2.5.2.2　知识转移四阶段模型

Szulanski（1996）以流程的视角将知识转移划分为初始阶段、执行阶段、蔓延阶段和整合阶段（见图 2.7）。初始阶段是知识转移活动的萌芽阶段，知识缺口的出现令组织或个人产生向外获取知识的动机，由此确立知识转移的决策；执行阶段是知识转移双方开始着手建立转移渠道，不断沟通协商进而调整待转移知识的过程，双方互动的效果与彼此的理解程度在这个阶段尤为重要；蔓延阶段是知识在知识主体之间实现传递的阶段，知识受体获取新知识并开始加以运用；整合阶段在于评估新知识运用后的绩效，符合预期则将新知识嵌入组织内部，以制度化的方式将新知识固定于知识体系之中。

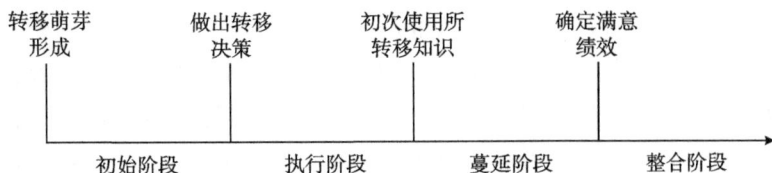

图 2.7　知识转移四阶段模型

2.5.2.3 知识转移五阶段模型

Gilbert 和 Codrey-Hayes（1996）强调知识转移具备强烈的动态性，其核心在于知识的吸收、整合、应用。据此，他们将知识转移分为知识获取、知识交流、知识应用、知识接受、知识同化五个阶段（见图 2.8）。知识获取指组织通过扫描内外部进而获取资源、信息与知识，是知识转移的准备阶段；知识交流指组织建立双方有效的沟通机制，在不断克服交流障碍的情况下将获取的知识在彼此间进行传递；知识应用指组织将知识运用到实际运营中，以解决相应的问题，此阶段重点需要输出应用的结果；知识接受指组织以知识应用的结果为评判标准，进而考察知识有无接受与同化的必要；知识同化是指组织将已受评估的知识转化为组织的日常惯例，是知识被组织完全吸收、充分运用的表现，是组织对知识的重构与再造，是知识转移最为关键的阶段。

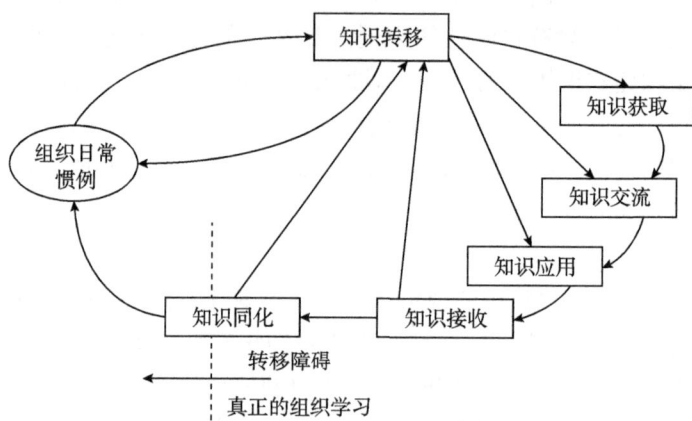

图 2.8 知识转移五阶段模型

2.5.2.4 知识转移两阶段模型

Garavelli 等（2002）构建了知识转移的两阶段模型（见图 2.9），第一个阶段是知识流在知识源与知识受体之间的流动，第二个阶段是知识受体对所获知识的运用与整合。在此过程中，知识源将知识进行"编码"，呈现显性状态，知识受体对被"编码"的知识进行"解码"，破解知识的情境因素，进而吸收知识并将其加以整合融入原有的知识体系中。可以看出，"编码"与"解码"在这个过程中尤为关键，因此，只有当双方的知识编码形式与解码程序相匹配时，才能顺利进行知识转移。特别是双方在隐性知识的传递中，这种知识体系构建模式的作用更加重要。

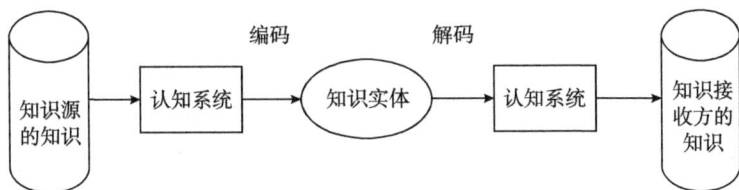

图 2.9　知识转移两阶段模型

谭大鹏等（2005）、党兴华和李莉（2005）也分别构建了知识转移三阶段模型（转移前的准备—知识传递—转移知识整合）和基于知识势差的 O-KP-PK 模型，这些模型同样丰富了知识转移的相关研究。

综上所述，上述各种知识转移模型的提出，对深入理解知识转移的阶段、知识转移的过程、知识转移的核心乃至知识转移的动机都起到了很好的理论指导作用，知识转移作为一个动态过程，其目标不在于知识在主体之间的简单流动，更重要的是知识如何能够被应用、整合、重构，从而产生出新的价值。基于此，在借鉴前人研究的基础上，本书认为，知识转移是指知识在不同主体之间的传递、吸收、共享、应用并最终嵌入组织内部情境之中的过程，知识转移的目的在于提高合作绩效，促进合作创新。

2.5.3　知识转移的影响因素

国内外学者对知识转移的影响因素（前因）进行了大量研究，主要集中于知识特性、知识主体、知识转移情景三类因素（Adler & Kwon，2002；Cummings & Teng，2003；Inkpen & Tsang，2005；疏礼兵，2007；曾粤亮和高顺，2024）。

2.5.3.1　知识特性

知识特性作为影响知识转移的重要因素受到了学者的重点关注（Birkinshaw et al.，2002；叶晓力等，2024）。知识的内隐性、模糊性、可编码性、复杂程度都对知识转移有重要影响。首先，从知识的显性与隐性程度看，知识的内隐性不利于知识转移。显性知识可编码性强，易于在双方之间传递。内隐性的知识由于嵌入于具体的情境之中，会增加知识转移的成本（Kogut & Zander，1993；侯英杰等，2024）。其次，知识的内隐性常常会导致知识的模糊性，而模糊性会影响知识转移（Szulanski et al.，2004；钱明辉等，2023）。模糊的知识不易被知识受体理解，在转移的过程中，很难被吸收与整合。虽然这种"心照不宣"的知识可以防止被联盟外的竞争对手窃取，但同样阻碍了伙伴之间的知识转移。

2.5.3.2　知识主体

知识主体包括知识源（知识发送方）与知识受体（知识接收方）。从知识源的角度出发，转移意愿是影响知识转移的重要因素。知识作为企业重要的战略性资源（Teece，1998；龙艺璇等，2024），是企业持续创新的基础。企业之所以进行知识转移，其目的在于从知识管理合作中能够获得收益，正如"酿酒师和面包师的恩惠源于他们自利的打算"，知识源在知识转移中获取的收益越大，其转移的意愿也就越强。另外，对风险的认知水平同样影响知识转移。知识转移一直伴有风险，可能是知识流失的风险（Hamel et al.，2000；侯英杰等，2024）或者知识被盗的风险（Hagedoorn，1993；赖秀萍等，2024），甚至是核心技术、先进理念被窃取和被模仿的风险（Quintas et al.，1997；李纲等，2007；胡双钰和吴和成，2023）。因此对风险的厌恶程度、管控能力都将影响知识转移的过程。

从知识受体的角度分析，接受意愿是影响知识转移的重要因素。接受新的知识需要企业付出巨大的努力与成本。同质的知识由于会产生知识冗余而不利于创新，因此企业往往更倾向于接受互补性的知识。知识源所发出的知识互补性越强，知识受体的接受动机就越强，知识转移的效果也越好（邹艳、王晓新和叶金福，2004；宋莹琪等，2024）。吸收、整合能力也是重要因素（Lane et al.，2010；Mowery et al.，2015；刘春艳和谢学勤，2023）。吸收能力能提高企业的学习能力，知识转移的本质在于吸收、整合、应用与重构。吸收能力越强，企业能更好地将知识融入自有的知识体系中。

2.5.3.3　知识转移情境

知识转移情境的本质是网络特征，因为企业总是嵌入在网络中，网络是知识转移重要的渠道。例如，网络关系的强弱对知识转移有很重要的影响（Adler & Kwon，2002；李振华和焦文利，2024），网络结构规模越大，越有可能获得更多的知识（Raymond et al.，2008；董昌其等，2024）。但不同的网络在影响机制上仍有区别。社会网络更为影响隐性知识的转移。因为隐性知识难以编码，具有不可识别性，其转移通常发生在知识主体的频繁交互中，知识主体彼此关系越好，隐性知识转移的意愿越强，转移的效果也就越好。"传帮带"和"干中学"就是重要的代表。信息网络则更利于显性知识的传播。显性知识相当于已被编码的信息附着在某种载体上，易被解读与破译，在信息网络中，主体可以随时随地查阅、下载信息。因此，信息化网络是更为理想的转移渠道。

综上所述，首先，知识转移受知识特性的影响，内隐性、模糊性的知识只有显性化后才能有利于传播。其次，知识主体之间的转移意愿与转移能力是影响知识转移的关键因素。这其中主要涉及主体的转移目的（获益）、转移意愿（风险态度、知识互补)、转移能力(吸收整合)。获益是知识转移的目的,不同企业正是通过知识转移这种方式实现了合作,可见知识转移是一种合作方式。意愿是知识转移的动机,企业在追逐绩效时是否愿意承担较大的风险决定了转移的效率。而对于接受方而言,互补性的知识才是企业愿意学习与整合的。最后,知识转移总是发生在网络之中,网络的开放性促进了组织间的知识转移。

2.5.4 知识转移与商业模式创新的关系

组织间的知识转移对于创新而言尤为重要,可以显著提高企业的创新能力(Chesbrough,2003;宋莹琪等,2024),增强企业的竞争优势(Li et al.,2010;赵剑波,2023),最终提高企业的合作绩效。企业与合作伙伴完成知识转移的过程已成为开放式创新的基础,为企业的持续创新提供动力(Porter,1985;Barney,1991;谢韵典和董静,2024)。任何创新都需要克服知识束缚,因此企业需要与外部合作者共享知识、技术、经验,不然单靠企业内部积累需要花去大量的时间与成本(Chesbrough,2003;Wynarczyk,2013;陈小梅等,2021)。然而,知识本身仅呈现静止的状态,知识转移才是动态过程。创新依赖于获取、吸收、整合这些知识。

目前,学者就知识转移与合作创新的关系做了不少研究,但系统讨论知识转移与商业模式创新的文献较少。姜忠辉等(2024)以知识密集型产业为研究对象,探讨了组织间知识转移与商业模式概念明晰化的关系。商业模式概念清晰的企业能有效整合外部知识,提升创新的可持续性。Cousins 等(2011)指出企业与供应商可以转移技术和产品的互补知识,增强双方的信息处理能力,节约公司开发产品所消耗的资源。

和征等(2020)指出,企业与客户之间开展知识转移能更有效地获取创新成果,因为来自消费者的市场知识(Li & Calantone,1998;张娜等,2021)最能反映市场需求的变化趋势,有益于企业变革商业模式。Chang(2017)认为,及时把握消费者的偏好,准确了解客户对产品的价格、功能、渠道的认知态度,有利于企业推出新的产品,因为这种新产品从创意到概念再到模型,其整个开发阶段植入了消费者大量的信息与知识。有研究表明,消费者的偏好变化迅速,产品的生命周期加速缩短(Thomas,2013;陶娜,2023),因此,获取、吸收更多的知识变得越来越重要(Phelps,2010;储节旺等,2023)。不过 Cui 和 Wu(2017)指出企业可能难以从众多分散的客户中获取足够多的知识来促进创新,仍在强调知识转移对商业模式创新的重要性。

齐二石和陈果(2016)指出,商业模式创新本质上是一种概念创新(Hamel

et al.，2000；高强等，2024），是焦点企业与合作伙伴协同完成的，需要焦点企业与合作伙伴之间开展知识转移活动，以便促进伙伴对新型商业模式的理解。何永清等（2021）探讨了"网络—学习"机制对商业模式创新的影响，他们通过跨案例研究的方法，探讨了学习（获取知识）对商业模式创新的重要性。企业可以通过所在网络获取知识，进而促进其商业模式的内容创新。可见，商业模式创新需要构建新的知识体系加以支撑。吴增源等（2018）基于内外部视角，从知识创造的角度出发，探讨了商业模式创新的作用机制，其中外部知识搜索对商业模式创新有显著正向影响，而内部知识创造同样影响商业模式创新，但只起到间接作用。

从目前研究来看，学者们逐渐开始关注知识转移对商业模式创新的影响，但仍然呈现出碎片化、零散化的特征。一方面，知识转移对商业模式创新的机制机理尚不清楚，有学者通过案例研究探讨了知识转移对商业模式内容创新的影响，但缺乏对商业模式交易结构与交易治理的深入研究，更缺乏实证。另一方面，知识转移发生在企业所嵌入的各种网络中，是组织间进行创新的一种合作方式，是企业之间的互动行为。因此，探究哪些因素影响这种合作行为的发生频率或效果，对于理解商业模式创新也显得格外重要。

2.5.5 研究小结

首先，本节概述了知识转移的研究现状，梳理了国内外不同学者的定义，总结出知识转移是知识主体之间有意识、有计划地在网络中开展的知识管理活动，其目的是在合作中获益。

其次，为了更深入地探讨知识转移活动，本节介绍了主要的知识转移模型，并据此认为知识转移是指知识在不同主体之间的传递、吸收、共享、应用并最终嵌入组织内部情境之中的过程，知识转移的目的在于提高合作绩效，促进合作创新。

最后，本节研究了知识转移的影响因素，并探讨了知识转移对商业模式创新的影响。研究发现，知识转移主体是影响知识转移的重要因素，但哪些知识主体更愿意与伙伴开展知识转移活动，其研究还有待深入。同时知识转移是促进商业模式创新的重要因素，但机制机理并不明确。

2.6 本章小结

本章基于整合开放式创新理论的三个视角及相关理论，对商业模式创新、企业家导向、伙伴异质性、知识转移的相关研究进行了详尽的梳理，为研究奠定了理论基础。

首先，本章对本书的理论基础进行了阐述，详细探讨了开放式创新理论的定义、类型以及研究主题，并整合开放式创新理论的战略视角、组织视角和活动视角，指出开放式创新既是企业的战略选择，也是企业与不同创新主体互动的组织实践，同时还是企业之间进行知识管理的创新活动，本质上讲，开放式创新是企业基于某种战略选择与不同的创新主体相互流转知识、共同输出创新结果的过程。进一步地，本节陆续讨论了战略导向发展定位观、组织依赖理论和知识管理理论，其本质是将开放式创新理论三个视角的相关定义拓展运用到这些理论中，为本书构建理论基础。

其次，本章对开放式创新理论的重要研究主题、商业模式创新展开了综述，回顾了商业模式的基本定义，从四个视角分别概述了商业模式的内涵与概念以及构成要素，基于前人的研究，总结出商业模式的系统性、动态性以及开放性特征，并据此将商业模式创新整合于一个完整的框架中。同时，本章从内外视角分析了驱动商业模式创新的因素，通过回顾文献发现，未来的研究方向应该是多层次整合视角，并据此构建理论模型（Spieth et al.，2015；Foss et al.，2017；李永明等，2024）。

再次，本章概述了企业家导向的基本概念以及维度划分，重点回顾了创新性、先动性、风险承担性三者的基本含义，并且探讨了三者与创新之间的关系。同时探讨了企业家导向对创新的影响。

又次，本章详细介绍了伙伴异质性的相关研究，指出伙伴异质性主要表现在差异性、多样化、互补性等方面，并对伙伴异质性进行了维度划分，从伙伴异质性的理论基础出发，探讨了伙伴异质性对商业模式创新的正向影响。

最后，本章概述了知识转移的研究现状，分析了知识转移的相关模型，分析了影响知识转移的重要因素，并探讨了知识转移对商业模式创新的影响，发现知识转移的目的在于提高合作绩效，促进合作创新。

通过综述，本书发现上述研究领域还存在需要补充的地方：

第一，作为一种重要的开放式创新，商业模式创新同样可以置于战略视角、组织视角、活动视角之下进行研究，但现有文献往往是基于某一视角开展研究，既缺乏一个整合框架，也缺乏系统性，结论有时甚至会产生矛盾。因此，本书认为可以将三种视角进行整合，把握开放式创新理论的整体性，从而更加深入地探索商业模式创新的机理机制。其中，战略视角主要强调焦点企业所树立的有利于开放式创新的战略选择，是根据企业主体自身所确定的战略导向。组织视角强调焦点企业所需要选择的伙伴的组织特性，在开放式创新中，异质性往往是企业选择伙伴的依据。活动视角强调创新主体之间知识的流动与耦合，本质上探讨的是企业与合作伙伴在开放式创新中如何进行知识管理活动来实现创新。因此，本书认为可以基于创新主体与创新合作方式的逻辑，将三种视角进行整合来研究商业模式创新。

第二，从开放式创新理论的战略视角看，关于企业家导向影响商业模式创新的研究偏少。作为重要的战略导向，企业家导向鼓励创新，赋予企业敢于冒险、创新先动的组织特征。不少企业家导向型的焦点企业已经率先开展商业模式创新。现有研究认为，企业家导向对创新有显著的正向影响，但研究往往集中于技术创新或创新绩效上，有关企业家导向与商业模式创新的关系方面的研究，虽有学者已有所涉及，但还有待深入。其中，创新性、先动性、风险承担性三者与商业模式创新之间的关系并不清楚，三者是更有利于效率型商业模式创新还是新颖型商业模式创新，需要进一步做实证研究。同时，企业家导向是一种消耗型战略导向，具有强烈的扩张性，企业家导向型的焦点企业在商业模式创新时需要大量的资源、知识作为支撑，而企业不可能具备所有的资源、知识，因此必须有相应的合作伙伴与之匹配，从知识的角度出发，互补的知识是最有利于联合创新的，而商业模式创新是焦点企业与合作伙伴共同实现完成的，因此企业家导向型企业需要与异质性的伙伴开展合作。

第三，从开放式创新理论的组织视角看，伙伴异质性与商业模式创新之间关系有待深入研究。伙伴异质性常常置于开放式创新的研究范式中，大量研究表明，伙伴异质性有利于合作绩效，有利于提高创新水平，创新总是企业在社会关系和商业关系的协同进化中不断实现的。然而，现有关于伙伴异质性的研究多是从战略联盟（Beckman & Haunschild，2002；Goerzen & Beamish，2005；刘晓燕等，2024）、团队合作（Miller et al.，1998；Okhuysen & Eisenhardt，2002；Lee et al.，2010；葛宝山和王照锐，2020）和创新网络（Rycroft，2007；Corsaro et al.，2012；辛冲等，2021）几个角度展开的，本质上都强调通过向外搜寻来获取异质性的资源和知识，从而实现创新。但直接研究伙伴异质性与商业模式创新的文献并不多见，存在理论缺口，可伙伴异质性不仅有利于化解商业模式创新的资源、知识瓶颈问题，还有利于降低商业模式创新彼此负担的成本。互补性的知识对于商业模式的创新极为重要，因此，需要对伙伴异质性的概念进行必要的梳理，并将其置于商业模式创新的研究框架中进行考察，进一步探讨不同类型的组织或差异性的知识对商业模式创新的贡献程度。

第四，从开放式创新理论的活动视角看，现有文献缺乏对开放式商业模式创新过程的研究，即缺乏知识管理活动对商业模式创新影响机制的研究。现有研究大多讨论了商业模式创新对创新绩效的促进作用（Hamel et al.，2000；Afuah，2004；罗珉等，2005；Giesen et al.，2007；Zott & Amit，2007；张玉利等，2009；孙永波，2011；Amit & Zott，2012；程愚等，2012；胡保亮，2012；高强等，2024），鲜有关于商业模式创新是通过哪种合作方式得以实现的研究，对商业模式创新的中间机理探讨还不够深入。知识转移是一种重要的知识管理活动，是知识主体之间的一种合作方式，本质上是双方通过知识转移互动，完成知识的获取与吸收，并通过进一步的应用与创造从而实现创新。商业模式创新依赖于知识的不断更新和优化，焦点企业只有通过在网络中搜索并定位到能与自己互补的异质性伙伴后，再通过知识转移这一活动，才能实现知识的吸收与整合，从而促进商业模式创新。因此，知识转移是知识主体之间合作实现商业模式创新的有效路径，知识转移在知识主体与商业模式创新之间起到中介桥梁的作用。企业家导向型企业由于其强烈的创新导向以及风险承担意识，总是在不断地寻求新的知识或传递新的知识。因此，这类企业总是会不断地与异质性伙伴进行沟通与协调，其目的在于获取对方的互补知识，实现彼此的知识转移，最终共同实现商业模式创新。

综上所述，通过对文献的整体回顾与分析，本书初步确立了研究框架。本书认为，作为开放式创新理论三个视角的延伸，企业家导向、伙伴异质性和知识转移对商业模式创新有显著影响，且企业家导向、伙伴异质性和知识转移三者之间也存在相互影响的关系。这只是本书的基本框架，本书将在后续研究中通过探索性案例研究、结构方程建模的方法逐步完善研究模型，提出研究假设。

第3章 探索性案例研究

3.1 案例研究法概述

3.1.1 案例研究基本情况介绍

案例研究法是社会科学领域中常用的研究方法，其独特的开放式设计形式、实际调查方法以及数据分析模型已经形成成熟的逻辑体系架构。Schramm（1971）指出，案例研究的核心意图与本质意义是解决"为何要做决策和怎样做决策"的问题，旨在探索"Why"与"How"，而不是回答"应该是什么"的问题。案例研究法能够有效分析研究对象在研究范畴中的动态演绎状况，使研究人员能够在对照分析中得出相对全面和理性的判断。由此而言，可以认为案例研究法是分析和检验理论的一种行之有效的方法（徐琨等，2022）。

案例研究法的分析类型可以分为四大类，其中解释性案例研究（Explanatory Case Study）是指研究者首先对案例证据和数据进行收集与整理，从而为案例研究中存在的理论问题做出解释；描述性案例研究（Descriptive Case Study）主要是用"讲故事"的方式将既存理论中的各种关系进行串联，然后逐渐精练形成观点；评价性案例研究（Evaluative Case Study）是指深入地描述案例的脉络和细节，提供描述性素材，旨在提出新的理论假设；探索性案例研究（Exploratory Case Study）是通过案例选择为研究假设提供依据，在对案例分析的过程中反复证明理论的有效性（孙海法、刘运国和方琳，2004；白文琳，2022）。

Eisenhardt 等（2007）认为，案例研究法的研究对象可以是单案例，也可以是多案例。其中，单案例研究主要以某单一案例作为研究对象，适用于有极端的案例情形或有全面性的证据和数据来源的情况（毛基业和陈诚，2017；黄洁和满禄发，2020）。相反，多案例选择能够让数据和典型性证据相互验证，从而提高研究的准确性，因此研究者往往选择利用多个典型性案例来获取数据、分析数据，通过案例内分析和跨多个案例的比较性分析，帮助研究者得到更加严谨和更有说服力的结论。因此，为提高理论研究结果的普适性和精确性，本书决定选择多案例探索性研究分析方法，通过收集多个案例中存在的典型性证据，在案例间的反复验证过程中印证和解释研究结论，旨在提出理论预设。鉴于此，本书基于开放式创新理论的三个视角及其研究主题，同时借鉴相关理论，以企业家导向、伙伴异质性、知识转移与商业模式创新关系作为初始理论假设。本书的总体探究性分析路径如下：分析文献综述与现有理论框架→提出概念性框架→案例选择→数据收集与分析→案例内分析→跨案例比较分析→提出初始研究命题（徐琨等，2022）。

3.1.2 案例研究的适用性分析

任何具体研究使用案例法时，首要面临的问题是该研究是否适合采用案例研究法，即需要对具体研究的研究方法进行适用性分析，因为并非所有的研究问题都需要进行案例探索。基于对主流案例研究文献的分析，本书发现，多数研究者主张"研究问题的性质"决定其适用性（Yin，2009；李庆雪等，2024）。例如，在回答"尚未开发的研究领域"中涉及"Why"与"How"等机理或过程的问题时，多数学者就认为案例研究法是一种特别适宜的方法（Eisenhardt et al.，2007；黎传熙，2024），而对于诸如"频次"等问题则不太适用（徐琨等，2022）。因此，某一具体研究课题是否采用案例研究的方法，首先需要回答的是"什么是尚未开发的研究领域"。

一般而言，多数学者认为"尚未开发的研究领域"适用于以下两种情形：一是现存理论完全没有解决所要研究的问题，即缺乏研究先例，或者是研究刚处于学科发展的初期阶段，案例研究旨在构建全新的理论；二是现有理论对所要研究的问题理解不太全面、不够充分，或者仅仅是基于某一视角或某一方面进行研究，研究结论也存在分歧与争议，此时案例研究的目的在于拓展、完善现有理论。因此，案例研究的适用性就在于其可能产生新的理论或者进一步完善现有理论的潜质。而与之相对应的量化研究则更适合于考察那些内涵与外延都非常清楚、理论框架已经得到了较为精准的解释的研究课题。

事实上，案例研究这种理论构建方法需要研究者收集到大量的案例数据与信息，通过案例的梳理与推导，还原企业的管理实践过程，使研究能够更加充分地贴近现实，让研究者深入理解问题的实质，尤其是通过对特殊现象的观察和分析，研究者往往可以得到许多宝贵的启示，从而捕捉到文献当中存在的遗漏信息，或以前研究所忽略的问题。因此，对于"尚未开发的研究领域"而言，案例研究法不仅可以发挥其产生新颖理论的潜质优点，还可以最大化地发挥其帮助研究者找出变量间的复杂关系的优势，同时也有利于研究者深入考察复杂变量间的作用方向、变量间变换的模式和影响结果及其输出的方式。

基于以上分析，紧扣案例研究适用性的原则，认为本书较为适用于案例研究分析。如前文所述，以往的商业模式创新研究，鲜有整合开放式创新理论的三个视角来进行分析的，以往的不少研究尚不能清楚地描绘出商业模式创新驱动因素之间的勾稽关系，对于商业模式创新过程中所突出的开放式创新逻辑，亟须研究者对其进行科学的分析，并对实业界做出有效的指导。在具体研究问题上，本书紧紧围绕"如何促进商业模式创新"这一主题展开研究，然而，根据前述分析可以发现，现有研究在关键节点上（企业家导向、伙伴异质性、知识转移、商业模式创新）存在断点，彼此之间的因果关系及逻辑连接方式并不明确，这主要是因为以往研究并没有整合开放式创新理论的三个视角并借助相关理论来深入研究商业模式创新，因此需要案例研究所形成的质性数据，揭示商业模式创新的复杂过程和动因。本书之所以采用案例研究法，主要目标是进一步明晰企业家导向、伙伴异质性是怎样通过知识转移来促进商业模式创新的，探索这些构念之间的假设关系。同时，采用案例研究构建基本理论框架也可以视为对商业模式创新研究的拓展与补充。

3.2　案例研究设计

3.2.1　研究问题及其理论预设

通过文献综述与回顾，本书发现研究者就企业家导向、伙伴异质性、知识转移与商业模式创新之间的关系所做的研究还有较大空白，以往文献很少基于开放式创新的逻辑，从整合的视角研究商业模式创新。因此，有着清晰战略导向的焦点企业如何协调异质性伙伴促进知识转移已经成为商业模式创新亟待解决的问题。如何在各个创新主体间实现知识转移，知识转移与企业家导向、伙伴异质性及商业模式创新这四者的内在关系，以及这四者之间的运行方式已成为我们必须面对的一个现实问题。另外，在商业模式创新的情境中，关于企业家导向对商业模式创新的影响、伙伴异质性对商业模式创新的影响以及企业家导向与伙伴异质性通过知识转移对商业模式创新产生影响的作用机制并不清楚。因此，本书基于开放式创新理论的战略视角、组织视角以及活动视角，结合相关理论，尝试以企业家导向与伙伴异质性为切入点，以知识转移为中间路径，以促进企业商业模式创新为导向，按照本书的基本理论逻辑，逐层深入剖析企业家导向（战略视角）、伙伴异质性（组织视角）、知识转移（活动视角）与商业模式创新四者之间的关系（见图 3.1）。在研究过程中，根据前文中所描述的研究思路进行逐层剖析。

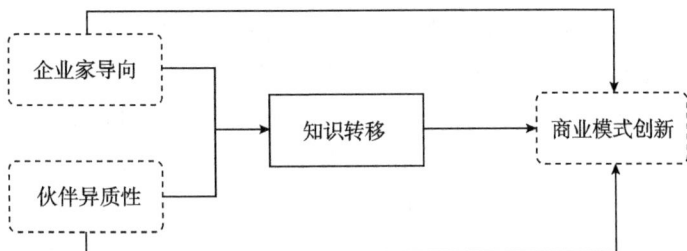

图 3.1　本书的总体框架

3.2.2　案例选择

进行案例研究时，需要考虑研究方法、案例样本、案例选择标准等问题。就研究方法而言，由于本书旨在探索企业家导向、伙伴异质性、知识转移与商业模式创新之间的关系，因此将分别表征四组变量的各维度全部整合于一个框架中加以考察分析。在具体分析过程中，本书基于前述文献分析，以创新性、风险承担性和先动性作为企业家导向的构成维度，以组织异质性与知识异质性作为伙伴异质性的核心维度，结合知识转移变量，研究其对商业模式创新的影响机制。

就案例样本而言，本书采用 Sanders（1982）的建议，选择 3~6 个案例，这是进行案例研究时较为理想的数目。林海芬和胡严方（2023）也认为研究理论想让人信服，至少需要 4 个以上的案例为佐证，如果选择单个研究对象，那么单案例要么需要充足的数据支持，要么需要包含几个子案例，否则研究结论不能被认为是准确的。本书为了保证案例研究方法的科学性和研究结果的准确性，首先锁定了 8 家案例企业，对大概情况进行分析后，选定对 5 家企业进行实地走访调查，经整理最终选择了 4 组具有代表性的企业进行探索性多案例研究。

就案例选择标准而言，本书依据林海芬和胡严方（2023）、徐琨等（2022）等学者的做法，主要考虑所选案例是否与本书的研究主题相契合，所选案例是否具有一定的代表性，且不同企业之间是否呈现出一定的差异性。同时注意所选案例应当尽量避免外部环境变异对研究结果造成的干扰，并考虑所选案例是否具有良好、便捷的数据获取条件。

首先，为尽量避免不同区域的外部环境差异可能对案例研究结果造成的干扰，本书所选取的四组案例企业全部来自中国四川省。根据案例研究伦理的相关要求，本书还对各公司进行了匿名化处理，分别用 SD 公司、DS 公司、JP 公司和 JH 公司来代替样本企业。

其次，选择具备代表性的案例企业。由于本书是以开放式创新等相关理论为基础，探索企业家导向、伙伴异质性、知识转移与商业模式创新之间的逻辑关系，因此案例企业不仅需要在商业模式创新实践上有一定的尝试，同时案例企业应该具备明确的战略导向，且呈现出企业家导向的特质。除此之外，案例企业还需要具备足够的开放性，应当在不同领域与其他机构有所合作，且这种合作主要体现在不同主体之间的知识转移上面。由此分析本书所选的四组案例企业的基本特征。本书所选的案例企业 SD 公司、DS 公司、JP 公司和 JH 公司都属于传统的制造行业，但继续细分的话，可以看到，SD 公司属于白酒制造行业，DS 公司属于黑色金属制造行业，JP 公司属于电线电缆制造行业，JH 公司属于水泥制造行业。四组案例企业都在自己的细分行业中属于较为开放的企业，有着较多的合作伙伴，并且在商业模式创新上有着相对较好的表现。同时，四家企业所树立的战略导向有明显的企业家导向的特征，并且与合作伙伴开展了广泛的知识转移活动（具体分析见于本节案例内研究）。

最后，案例企业之间应该呈现出明显的差异化特征，以提高结论的推广性和适用性。本书所选案例企业 SD 公司、DS 公司、JP 公司和 JH 公司虽然隶属于制造业的不同的细分行业，但总体仍属于传统制造业，具备横向比较的可能性，符合案例研究有关案例选取的标准。虽然四家案例企业从纵向角度考察，在其所属的细分制造行业中，以及在本书的各构念上表现出了较为典型的特征，但若将四家企业置于横向的比较之中，其就会体现出必要的差异性，这种必要的差异性有助于理论的推导和构建（具体情况见本节跨案例研究）。

3.2.3 数据收集与整理

本书根据徐琨等（2022）的建议，从多个渠道和来源进行数据收集和分析，同时对案例数据进行整理，对跨案例数据进行分析比较，这种方法不仅满足了数据的充分性和有效性，同时也保证了研究过程和研究结论的准确性和可信度。本书的数据主要来源于：

（1）对案例企业的实地调研和深度访谈。研究团队对 5 家企业内部主要管理人员进行了深度访谈，访谈对象主要包括各个案例企业的企业高管、企业管理部门负责人和企业营销部门负责人。访谈紧紧围绕访谈提纲进行，但不要求受访者逐一回答问题，只需要给出大致的回答顺序。在受访者熟悉提纲后，根据企业的实际情况进行描述。提纲会提前通过微信或邮件发给对方，让受访者做好充分准备。正式访谈中，我们主要针对企业的企业家导向、企业的合作伙伴情况与合作伙伴之间知识转移的情况以及企业商业模式创新等几个方面展开调查，也会针对企业高管的投资和管理导向、企业发展历程、发展战略等实际情况进行访谈。访谈全程录音，及时整理（访谈结束后的一天内），同时将访谈整理资料发回访谈者进行核实，以确保数据资料的实时准确。除此之外，研究团队还向部分企业管理人员发放问卷，以补充所需的信息资料。

（2）现场观察。研究团队现场参观企业工厂车间、研发办公区域等核心场所，从而对企业文化、发展历程、核心业务、创新产品等进行了深入了解，并在征得对方同意的前提下拍照记录，为分析企业家导向、伙伴异质性及知识转移与商业模式创新关系获取了较为翔实的文字与图片资料。

（3）收集二手资料。研究团队通过网络搜索的方式，从多个渠道获取与案例企业相关的资料，广泛收集相关企业在官方网站、百度、维普数据库、巨潮资讯网、主流新闻媒体、企业高层讲话等信息源上可信度较高的二手信息资料，如获奖信息、公开披露事宜、年度财务报表、行业报道、新闻动态资讯等，数据的描述性统计如表 3.1 所示。

表 3.1　数据的描述性统计

数据来源	数据信息统计					
	录音时间	录音字数	调研次数	访谈人数	高层人数	受访者职位
深度访谈	约 480 分钟	4.3 万字	5 次	7 人	5 人	董事长（1 人）、副董事长（2 人）、总经理（1 人）、综合部部长（1 人）、营销中心主任（1 人）、办公室主任（1 人）
现场观察	走访参观 SD 公司 1 次，走访 DS 公司 1 次，走访 JP 公司 1 次，走访 JH 公司 1 次，走访 BB 公司 1 次					
二手资料	相关行业报道或通过企业内部获得的资料					

3.2.4　数据分析的方法

Eisenhardt 等（2007）认为数据的整理和分析是探索性案例研究分析过程中

的核心步骤。基于此，本书将利用4家典型性案例企业的调查信息，从中提取出关键性内容进行编码，具体而言，分为以下两个步骤：

（1）案例内分析。本书以4组案例企业为研究对象探索其商业模式创新的情况。编码之前，首先对每一个调查案例企业的概况进行简洁的介绍，同时反复聆听访谈录音以形成用于研究分析的原始材料。其次围绕变量之间的关系层次进行客观的描述和分析，为本书所构建出的各变量提供具体证据。

在此基础上，为了避免个人主观认识强加于概念框架中，整个编码过程由探索性案例研究小组成员共同对各个变量进行评价编码，并在相关专家的指导下进行审核和修正，根据对照比较和综合评估，研究团队用七个等级进行评价编码，即"很强（很好）、强（好）、较强（较好）、一般、较弱（较差）、弱（差）、很弱（很差）"。

（2）案例间分析以及提出初始研究命题。在案例内分析的基础上，通过再次比较每家公司的访谈资料，将案例企业已编码化的评价分组归类和校对修改，即通过横向跨案例比较的方式，分析这些变量之间在案例间的变化规律及其相互关系，从而提出假设命题，构建理论模型。其数据来源、分类与编码如表 3.2 所示。

表 3.2　数据来源、分类与编码

数据来源	数据分类	编码
一手资料	通过深度访谈获得的资料	A1、B1、D1、E1
	通过现场观察获得的资料	A2、B2、D2、E2
二手资料	通过企业官方网站获得的资料	a1、b1、d1、e1
	通过相关行业报道或企业内部获得的资料	a2、b2、d2、e2

3.3　案例内分析

3.3.1　SD 公司

3.3.1.1　SD 公司简介

SD 公司是一家知名酒企，建有全国知名的生态酿酒工业园。公司主要的销售产品为 TP 系列酒和 SD 系列酒。

作为全国首批现代企业制度试点单位，其母公司于 1996 年挂牌上市。现公司占地约 5.6 平方千米，年产能约 30 万吨，其中高端陈年老酒储量全国第一，已形成了以酒为主、多点布局的战略体系，拥有玻瓶、制药、热电等子（分）公司 20 家，总资产约 38 亿元，其中 TP 酒品牌价值达 100.65 亿元，SD 酒品牌价值达 30.48 亿元，员工约 7000 人。

2016 年 6 月 30 日，当地县人民政府、TY 集团和 SD 公司在西南联合产权交易所举行股权交割仪式，成为四川省首个酒业企业"改制"成功的案例。SD 公司混合所有制改革顺利完成，TY 控股集团正式入驻 SD 公司，标志着 SD 公司开启新征程。改制一年来，公司围绕"优化生产、颠覆营销"的战略方针，大力实施品牌聚焦、产品聚焦战略，创新品牌建设模式，着力打造一流团队，通过优化管理体系与招采模式，颠覆招商模式，生产经营各项工作取得了明显的成效。2016 年，SD 公司实现销售额 18.51 亿元，同比增长 6.2%；净利润达 0.94 亿元，同比增长 370%。2017 年 1~6 月，实现净利润 0.67 亿元，同比增长 458%。

3.3.1.2　SD 公司企业家导向

（1）创新性。SD 公司始终走在时代发展的前沿，与传统食品制造企业的不同之处在于，SD 公司致力于为产品注入强烈的文化属性，其品牌蕴藏丰富的哲学智慧。同时，公司所坚持的绿色、生态、健康、环保的酿酒理念深入到生产和生活的各个环节。因此，"文化+生态"是公司现阶段的发展主线，是公司基于自身行业的传统属性，并结合日益普及的天然健康等理念所制定的极具创新色彩的顶层战略。

一方面，SD 公司高度重视酒品牌的文化底蕴，特别是 SD 公司在 2016 年改制完成以后，公司确定了"将 SD 酒打造为一流高端品牌、将 TP 酒打造为大众名酒领导品牌的战略目标"。因此，SD 公司不仅继续深耕固有市场，还加强对新品牌的推广力度。同时，SD 公司全面推进精细化营销工作，积极运用新媒体互动的方式来锁定核心人群，比如，SD 公司改变了营销的宣传策略，不仅覆盖传统媒介，更借助新型媒体，对投放模式进行了颠覆式创新，更加注重对消费者生活、行为习惯的跟踪，去锁定消费群体，通过新媒体平台加强与消费者的沟通互动。2018 年，SD 公司基于"创新·全球化"的理念，携手 AQY 与财经报道走进瑞士达沃斯，以中国智慧聚焦全球合作，为世界呈现中国智慧视野。同时与MDF 集团联合出品以酒为媒的大型传奇诗乐舞，通过诗情、乐意、舞韵"三位一体"的艺术形式，带领观众重温历史上与酒有关的名人佳话、趣闻典故、习俗礼仪，以文化底蕴带动文创实践，以文创实践提升品牌价值。

另一方面，SD 公司善于利用高新技术改造实现生态酿酒。SD 公司是全国第一家从农田到餐桌全生态产业链的白酒企业，这样的生态理念融入到原料筛选和工艺生产各个环节。企业从美国 GSI 公司引进了先进的储粮设备实现存储的高度自动化，仅需要 6 人即可完成粮食从入仓到出仓的一系列过程。储粮过程更加生态，生产源头得到了有效治理。因此，公司的技术研发中心被科技部正式命名为"国家龙头企业技术创新中心"。

不仅如此，SD 公司还构建了良好的学习机制，打造高水平的学习型组织，高管团队始终关注外部环境的变化，不断优化知识结构，极具创新意识。正如受访者所言："我们公司的企业家们保持着高度的学习能力和创新意识。例如，我们的'超级工程'项目的目的不是为了赚钱，而是为了鼓励创新创业，时刻跟上世界前沿的创新科技中心的步伐，时刻了解世界创新的发展高度"。

总之，SD 企业是在生态的酿造园区，用创新的方法生产具有深厚文化属性的酒类产品。根据上述案例描述，本书将 SD 公司的企业家导向中的创新性表现评为"很强"。该维度的典型证据与来源出处如表 3.3 所示。

表 3.3　企业家导向——创新性维度编码及引用语条目

条目数	来源	典型证据	变量维度
6	A1	我们公司的企业家们保持着高度的学习能力和创新意识。例如，我们的"超级工程"项目的目的不是为了赚钱，而是为了鼓励创新创业，时刻跟上世界前沿的创新科技中心的步伐，时刻了解世界创新的发展高度	创新性
	A1	我们希望能够打造文化型名酒，所以公司非常注重酒品牌文化底蕴的打造	
	A2	你们看到的这些金属罐子是我们集团从美国 GSI 公司引进的储粮设备。这个设备和传统的设备相比自动化程度更高，仅需要 6 个人在电脑面前操作鼠标就可以完成从入仓到出仓的一系列流程；传统粮仓要想完成这一系列的工作，至少需要上百人	
	a1	SD 技术中心被科技部正式命名为"国家龙头企业技术创新中心"	
	a1	公司已获专利 76 个，其中有效发明专利 12 个，成为行业的研发翘楚	
	a2	国际社会对公司致力于用高新技术改造和提升传统酿酒产业的探索和实践给予认可与肯定	

（2）风险承担性。SD 公司所属行业为食品制造业，其行业利润较高，截至 2023 年上半年，公司实现酒类产品净销售收入 84257.15 万元，高端系列核心产

品实现大幅增长。基于此，在财务政策方面，公司积极顺应市场新常态，加大研发投入，斥资打造品牌故事，财务报表显示，2022 年期间费用占比较高，公司财务策略具备扩张性。公司积极投资战略性关联性项目，投资建立玻璃瓶厂，提升产品的包装质量。但与此同时，公司加强风控，着力提高自身风险承担能力。在市场管控方面，公司启动严格的市场管控机制，规范秩序，稳定价格，营造了良好的营销环境，为终端活动落地提供了保障。SD 公司对经销商承诺"无风险经营"，用转移经销商潜在风险的方式拓宽、深挖渠道，聚焦细分市场，细化营销目标，且将"互联网+"思维植入营销全过程中。在产品战略方面，SD 公司打造超级单品，裁撤影响品牌定位的业务单元，分批停止区域产品的销售，承担相应风险。

因此，根据上述案例描述，本书将 SD 公司的企业家导向中的风险承担性表现评为"强"。该维度的典型证据与来源出处如表 3.4 所示。

表 3.4　企业家导向——风险承担性维度编码及引用语条目

条目数	来源	典型证据	变量维度
3	A1	之前 SD 公司所用的玻璃瓶都是来自于四川省的 30 多家玻璃瓶小作坊，它们生产出来的玻璃瓶精度不够且易碎，既无法满足 SD 公司自动化灌装线的要求，也影响了外包装的质量。因此，为了稳步提升外包装质量，让消费者喝到真正放心的酒，SD 公司花了巨资打造了玻璃瓶生产项目	风险承担性
	a1	SD 公司会根据市场情况做一些适当的调整。虽然这样的调整在短期内可能会对销量带来不小的影响，但是 SD 公司认为，企业要想长期发展，品牌是第一位的	
	a2	2017 年，SD 公司彻底终结了长期困扰品牌定位的鸡肋产品、定制产品，还要分批停止区域产品的销售，具有一定的风险性	

（3）先动性。SD 公司洞悉市场变化，响应国家文化复兴战略与四川省人民政府振兴酒业的战略部署，以酒为媒，着力打造富于大国气韵的文化名片。研究团队在调查中发现，SD 公司高层具备很强的前瞻意识，看到了传统文化对中国消费者潜移默化的影响。因此，SD 公司基于消费者的家国情结、传统文化的深厚底蕴以及公司自身的优势资源，在面对日益激烈的行业竞争下，率先转型，以文创入"酒局"，打造出极具哲学韵味的系列产品，在中国同类产品市场中，走在前列。同时，基于消费升级态势与健康环保理念，SD 公司率先倡导"生态酿

酒"，投入创建了中国第一个绿色生态酿酒工业园，打造完善的全生态酿酒产业链。正如受访者讲道："其实生态酿酒这个术语是 SD 公司提出来的，因为园区的生态环境打造得非常好，SD 公司多次获得'全国文明单位'和'全国环保先进单位'等荣誉称号。"

不仅如此，公司根据市场形势的变化制定产品战略，"将原本保留的高端原浆酒生产成为高端的陈年老酒"，提升产品溢价，对冲中低端市场的波动风险。同时公司积极参与各类商品交易会和经贸洽谈会，加强国际市场的开拓。自改制以来，公司根据市场业绩大幅缩减产品种类，着力打造 400 元以上的"SD"系列产品，聚焦研发 600 元价位的溢价精品，适时推出满足差异化需求的高端"礼品"，以建立良好的市场信息传导机制，不断完善产品结构，丰富产品类型，优化品牌定位。

根据上述案例描述，本书将 SD 公司企业家导向中的先动性表现评为"强"。该维度的典型证据与来源出处如表 3.5 所示。

表 3.5　企业家导向——先动性维度编码及引用语条目

条目数	来源	典型证据	变量维度
6	A1	其实生态酿酒这个术语是 SD 公司提出来的，因为园区的生态环境打造得非常好，SD 公司多次获得"全国文明单位"和"全国环保先进单位"等荣誉称号	先动性
	A1	SD 酒的特色就是生态酿酒，SD 公司建立了全国首个生态酿酒工业园，是全国第一个全生态产业链的白酒企业	
	A1	基于 SD 公司的优势资源，在面对外部环境变化时，SD 公司为适应这样的变化而转型，从而打造出了一个集聚文化品牌影响力的 SD 系列酒品牌	
	A2	从 SD 公司的生产车间可以看出，其实 TP 系列和 SD 系列这两款酒的技艺是一脉相承的，当初会发展 SD 系列是因为公司保留了很多高端原浆酒，决定发展高端的陈年老酒，因此提出了 SD 系列酒	
	a1	公司坚持以市场为导向，走"质量效益型"发展道路	
	a2	改制后，SD 公司站在行业发展的制高点，对市场态势的感知能力、反应速度越发增强	

3.3.1.3　SD 公司伙伴异质性

（1）组织异质性。SD 公司的合作伙伴极为广泛，其中主要包括大学科研机构、政府机构、行业企业（包括产业内服务业、产业外其他企业或组织）。

在大学科研机构方面，SD 公司以"生态酿酒"为生产理念，与政府和高校携手建立了行业首家国家龙头企业技术创新中心，并与 SG 学院、SN 市政府开展"校、地、企"合作，共建高水平研发平台——"中国生态酿酒产业技术研究院"，公司创建了强大的研发团队，其中包括 2 名酿酒大师和生态酿酒专家、45 名高级技师、7 名国家白酒评委、36 名四川省白酒评委。同时 SD 公司与 FD 大学共同设立生物技术有限公司，FD 大学和 SD 公司按照优势互补、资源共享、互惠互利、共同发展的原则，建立了战略合作关系。

在政府机构方面，公司为进一步推进税企合作、增进税企互信、助力企业发展，SD 公司与政府机构签署了合作备忘录。同时四川省人民政府和中国国际贸易促进委员会四川省委员会（以下简称四川省贸促会）高度重视 SD 公司的文化建设，双方联合组织了"中国白酒金三角——川酒飘香欧洲"经贸活动，并在英国伦敦、西班牙巴塞罗那和法国巴黎举行。

SD 公司也与产业外其他企业或行业内组织建立了密切的伙伴关系。如 SD 公司与美国 O-I 公司联合建立玻璃瓶生产公司，其中 SD 公司占股 60%，年产可以达到 18 万吨，年收入达 5 亿~6 亿元。同时，玻璃瓶生产过程中所用的配料、窑炉、检验包装的设备来自于德国、美国、法国、瑞典等 10 多个国家，其自动化程度很高。生产出的玻璃瓶绝大部分是进行外销，外销主要品牌有可口可乐、百威、喜力等。

另外，SD 公司也与多家媒体企业和电视台合作举办多起海内外大型文化品牌宣传活动，以中国智慧聚焦全球合作，为世界呈现中国智慧视野。因此，SD 公司的组织异质性处于非常高的水平。

根据上述案例描述，本书将 SD 公司的伙伴异质性中的组织异质性表现评为"很强"。该维度的典型证据与来源出处如表 3.6 所示。

表 3.6　伙伴异质性——组织异质性维度编码及引用语条目

条目数	来源	典型证据	变量维度
7	A1	TM 玻璃有限公司是由 SD 酒业和美国的 O-I 公司联合建立的，SD 公司占股 60%，年产可以达到 18 万吨，年收入达 5 亿~6 亿元，SD 公司现在正在规划一个年产达到 50 万吨的玻璃瓶项目	组织异质性
	A1	与政府和学校携手打造行业首家国家龙头企业技术创新中心	
	a1	FD 大学和 SD 公司共同设立生物技术有限公司	

条目数	来源	典型证据	变量维度
7	a1	由四川省人民政府、四川省贸促会联合组织的"中国白酒金三角——川酒飘香欧洲"经贸活动在英国伦敦、西班牙巴塞罗那和法国巴黎举行。欧洲各国消费者对 TP、SD 系列产品的品质、包装及酿造工艺表现出浓厚兴趣	组织异质性
	a1	公司为进一步推进税企合作、增进税企互信、助力企业发展，SD 公司与 SN 国税、SN 地税三方共同签署了合作备忘录	
	a2	SD 酒业与 MDF 集团联合出品以酒为媒的大型传奇诗乐舞	
	a2	SD 酒业基于"创新·全球化"理念携手 AQY 财经报道走进瑞士达沃斯，以中国智慧聚焦全球合作，为世界呈现中国智慧视野	

（2）知识异质性。SD 的合作伙伴都具备各自的知识优势。首先，大学科研机构如 SG 学院、FD 大学等拥有专业的学科优势，能够帮助 SD 公司进一步拓展生态酿酒研究的深度和广度，培养产、学、研全方位发展的人才，进而推动中国生态酿酒产业的整体发展。其次，政府机构通过定期指导工作和税企合作等方式积极推进 SD 公司的发展，不仅引导 SD 公司加强国际市场开拓，同时启动实施 SD 公司关于白酒、旅游、文化和城建"四位一体"融合打造项目。SD 公司与美国 O-I 公司共同组建的 TM 有限公司拥有先进的玻璃制造技术，其所用的原料和检验包装设备来自于 10 多个欧美国家，生产出来的玻璃瓶不含氟化钙和汞等有害物质，从而保证了玻璃瓶制作的高度自动化。SD 公司与 O-I 公司双方携手共进，充分发挥各自优势，把双方的合作打造成为产业链优势互补、强强联合的成功典范，从而使集团资产得以优化，生产技术和管理水平得以提高。最后，互联网和新媒体企业等能够有力地促进了公司与消费者之间的相互交流与合作，提高了 SD 公司品牌的知名度与美誉度；在结合 SD 公司的营销理念下，与媒体企业和电视台的合作推进了 SD 公司文化、品质、生态层面的价值提升，更促进了公司价值导向战略的实施，这是 SD 公司传播品牌，传递价值观，提高品牌知名度、美誉度的重要手段，也表明 SD 公司对营销战略转型的决心和实现跨越式发展的信心。

根据上述案例描述，本书将 SD 公司的伙伴异质性中的知识异质性表现评为"很强"。该维度的典型证据与来源出处如表 3.7 所示。

表 3.7 伙伴异质性——知识异质性维度编码及引用语条目

条目数	来源	典型证据	变量维度
4	A1	SD 公司的合作伙伴包括大学机构和智力机构，总部还设有"超级工程"项目	知识异质性
	a1	公司聘请中国科学院院士、我国著名生化学家和糖化学专家以及我国著名的发酵工程专家和经济学家担任公司科技顾问	
	a1	SD 公司自身消耗玻璃瓶的数量有限，它所用的配料、窑炉，以及检验包装的设备都是来自于德国、美国、法国、瑞典等 10 多个国家，其自动化程度很高。TM 玻璃有限公司生产出来的玻璃瓶不含氟化钙和汞等有害物质。生产出的玻璃瓶部分是供 SD 酒使用，绝大部分是进行外销，外销的品牌包括可口可乐、百威、喜力等知名品牌	
	a2	SD 公司通过整合媒介、公关、互联网等多种手段提升品牌知名度和美誉度	

3.3.1.4 SD 公司知识转移

通过与科研技术团队的合作，SD 公司完成自主研发项目 150 余项，承担国家、省（部）级项目 30 余项，拥有发明专利 47 项、专有技术 9 项、自主创新成果 100 余项，独创陈香型、幽雅型等生态白酒新产品 134 种，经过近 20 年的打造，SD 公司成为中国白酒行业屈指可数的高端品牌；SD 公司的标准化生态酿酒体系已经成为本地区、本行业，甚至整个制造业循环经济的典范。2018 年 6 月 20 日，世界品牌实验室发布 2018 年《中国 500 最具价值品牌》，"SD"品牌价值为 380.25 亿元，"TP"品牌价值为 321.95 亿元，双品牌价值总和超过 700 亿元。可见，强大的技术研发能力为公司保持品质优势提供了坚强后盾。

在与政府的合作中，SD 公司与地方税务局等联合承办以"和谐·共融·发展"为主题的税企沙龙，围绕企业发展与税收之间的融合和融通、企业发展前景、税收服务经济、税企双赢等多个话题开展对话。在此过程中，SD 公司获得了与行业发展相关的知识与信息，使 SD 公司能够更加有效地凝聚政府、产业界、金融界、学术界以及社会各界的共识与合力，通过它们的社会影响力，向各界深化传播 SD 酒的智慧文化与独特品质，增强 SD 公司的品牌影响力。

在调查中，研究团队发现 SD 公司对其文创项目所带来的效益非常满意。SD 公司通过加强与文化旅游集团的合作，整合媒介、公关、互联网等多种手段提升品牌价值，让品牌内涵和产品价值观得到更加有效的传播。公司投入修建 SD 艺术中心，这是集文化艺术体验与艺术展演、餐饮、住宿、办公等于一体的综合性建筑群，这个艺术中心由国内外艺术大师团队联合打造，总投资将近 3 亿元，标志着当地以 SD 艺术中心为核心的特色旅游小镇正在初步形成，有望振兴当地的文化旅游产业。下一步，SD 公司将与当地政府共同投资，修建核心建筑群，以吸引众多游客，有力地促进当地的对外交流，提升公司的品牌形象。

根据上述案例描述，本书将 SD 公司的知识转移表现评为"很好"。该维度的典型证据与来源出处如表 3.8 所示。

表 3.8　知识转移维度编码及引用语条目

条目数	来源	典型证据	变量维度
4	A1	SD 公司与美国 GSI 这样的设备机构进行合作，使公司对整个酿酒源头的把控更强了	知识转移
	A1	SD 艺术中心于 2017 年 8 月底开始修建，这个艺术中心是由国内外艺术大师团队打造，总投资将近 3 亿元，是一座集文化艺术体验与艺术展演、餐饮、住宿、办公等于一体的综合性建筑群，呈现了来自美国、日本和西班牙艺术家的作品。SD 公司打造的不仅是物质层面的东西，也打造出了精神层面的东西	
	a1	SD 公司携手中国科学院工程研究所生化工程国家重点实验室共建全球首家固态发酵研究院，提高固态发酵研究水平	
	a2	由 SD 公司与地方税务局等联合承办的以"和谐·共融·发展"为主题的税企沙龙在 SN 市隆重举行。此次沙龙围绕企业发展与税收之间的融合和融通、企业发展前景、税收服务经济、税企双赢等多个话题开展对话	

3.3.1.5　SD 公司商业模式创新

（1）新颖型商业模式创新。SD 公司运用新媒体互动，锁定核心人群，用互联网思维开发系列新品，改革营销体系，再造供应链，实实在在为客户创造价值。

SD 公司与 MDF 联合出品诗乐舞剧，承载华夏千年酒文化，叙述历代著名诗人与酒的关系。该剧在国内外展开巡演，举办发布会，取得了良好的宣传效果，许多经销商纷纷与 SD 公司进行业务洽谈。自 2016 年 SD 酒业改制以来，集团董事会与管理层对公司战略进行调整，引入"创新·全球化"理念，提出"将 SD 打造为世界一流的名酒品牌"的企业使命。另外，SD 酒业联合凤凰网打造的大型 IP 节目，持续扩大高端人群资源占有率，视频总播放量突破 8 亿次，成为白酒行业"内容营销"优秀传播案例。在调研过程中，企业负责人提到，后期 SD 公司将会把园区打造成为一个与白酒文化相关的商业小镇和文化小镇，这个项目得到了国家的大力支持，这也是改制以后的一种 IP 营销模式。综上所述，可以看出 SD 公司已对之前的商业模式进行重构，着力自有品牌的 IP 打造，借助"名人+名言+名酒"的宣传方式，通过双视频、双音频的媒介组合，让品牌内涵和产品价值观得到更加立体、有效的传播，成为一次具有前瞻性和创新性的成功尝试。

另外，SD 公司打造核心新型产品，如新推出的战略小酒——TXW，引领品牌新时代，TXW 明确锁定年轻群体，秉承 SD 公司独创的浓香工艺，在外观、品质、口感上皆有突破创新，品牌特色鲜明，在市场中极具辨识度；TXW 开创了"生态制曲、生态净水、生态储粮、生态酿造、生态窖藏、生态包装"的全生态酿造模式。

根据上述案例描述，本书将 SD 公司的新颖型商业模式创新的表现评为"很强"。该维度的典型证据与来源出处如表 3.9 所示。

表 3.9 新颖型商业模式创新维度编码及引用语条目

条目数	来源	典型证据	变量维度
5	A1	坚持把绿色、生态、健康、环保的酿酒理念深入到生产和生活的各个环节，可以分为生态原粮、生态酒瓶、生态工艺、生态存放、生态陈酿、生态酵池等维度	新颖型商业模式创新
	A2	SD 公司会将园区打造成为一个与白酒文化相关的商业小镇和文化小镇，这个项目得到了国家的大力支持，这也是改制以后的一种 IP 营销模式	
	A2	诗乐舞剧除了在中国上演，也走向海外到美国进行展演，另外 SD 公司也通过凤凰网的节目和"SA 俱乐部"来打造自身的 IP 模式，从而促进商业模式创新。通过这些活动提升了消费者对企业产品的认知深度	
	a1	战略小酒——TXW，引领品牌新时代，这是一款十分明确自身未来前景的小酒。同时，SD 酒业改制以来推出的 SD 战略新品 ZHSD 也成功上市	
	a1	SD 公司与中国服装设计师最高荣誉"金顶奖"获得者合作，将中国白酒与时尚文化相结合，使中国酒文化走向世界，从而创造了一种全新的 IP 模式	

（2）效率型商业模式创新。SD 公司的全渠道销售能力得到不断提升。近年来，公司在直控数万家烟酒店渠道为核心终端的基础上，提升团购销售能力，不

断拓展现代商超、餐饮、电商等新渠道；除了公司现有的合作内容外，公司还在平等、共赢的基础上，充分采纳经销商的意见，实现厂商利益共享。

在产品战略方面，SD 公司有超过 1000 款的单品，也有大量定制化产品，这一状况严重影响了品牌价值的成长。改制以来，SD 公司决定聚焦品牌，把品牌放在最高的位置，同时大幅缩减产品品项，聚焦打造 400 元以上 PW/SD 酒，销售业绩一路凯歌前行。

在交易机制方面，SD 公司是中国名酒企业中首家通过产权交易所公开竞拍方式进行股权改制，彻底打破了体制桎梏，新的管理层带来全新的管理理念，如SD 公司通过建立透明招标采购模式、节能降耗行动、生产设施设备升级，使吨酒耗用、包装损耗大幅下降，生产成本得到有效控制，品质保障能力持续增强。高效灵活的民营机制优势为未来的可持续发展和倍量级增长奠定了坚实的基础。

在产品销售方面，SD 公司改变了以前"重生产、轻营销"的模式，建立了数千人的专业营销团队，形成了分事业部运作、高度扁平至区县的经销商代理模式。公司加强市场布局，优先推动 SD 酒的全国化布局，全力构建以核心渠道为基础，以消费者培育为中心的营销模式。

根据上述案例描述，本书将 SD 公司的效率型商业模式创新的表现评为"强"。该维度的典型证据与来源出处如表 3.10 所示。

表 3.10 效率型商业模式创新维度编码及引用语条目

条目数	来源	典型证据	变量维度
3	A1	SD 公司与 TM 玻璃公司达成收购、租赁协议，从而使集团资产得以进一步优化	效率型商业模式创新
	a1	SD 公司与加拿大 JC 企业有限公司达成"TP 福"购销协议，实现出口美洲	
	a1	改制一年来，公司围绕"优化生产、颠覆营销"的战略方针，大力实施品牌聚焦、产品聚焦，创新品牌建设模式，着力打造一流团队，通过优化管理体系、生产设备、口感质量、生态酿酒、招采模式，颠覆招商模式、价费管理、渠道管理、绩效考核、客户服务，生产经营各项工作取得了明显的成效	

综上所述，SD 公司的领导层具有高度的创新性、先动性和风险承担意识，能够打破传统白酒制造企业的商业模式，深挖中国传统文化内涵，致力于打造富有文化底蕴的 IP，同时将绿色、生态、健康环保的酿酒理念深入到生产和销售的

各个环节，这些理念和行动促进了 SD 公司的商业模式创新。

SD 公司广泛的合作伙伴也极大程度地为其商业模式创新提供了机会。与大学和科研机构建立战略合作关系后，极大程度地提高了 SD 公司关于白酒固态发酵研究的科技水平。在税企合作、税企互信的条件下，政府机构为 SD 公司提供资金支持并且助力企业发展。SD 公司与服务业或产业外其他企业或行业内组织的密切关系使 SD 酒业的品牌内涵和产品价值观得到更加有效的传播，形成了新品占领年轻市场、竞品提升品牌形象、精品承载文化底蕴的战略布局。根据以上分析，本书认为 SD 公司商业模式创新的机理如图 3.2 所示。

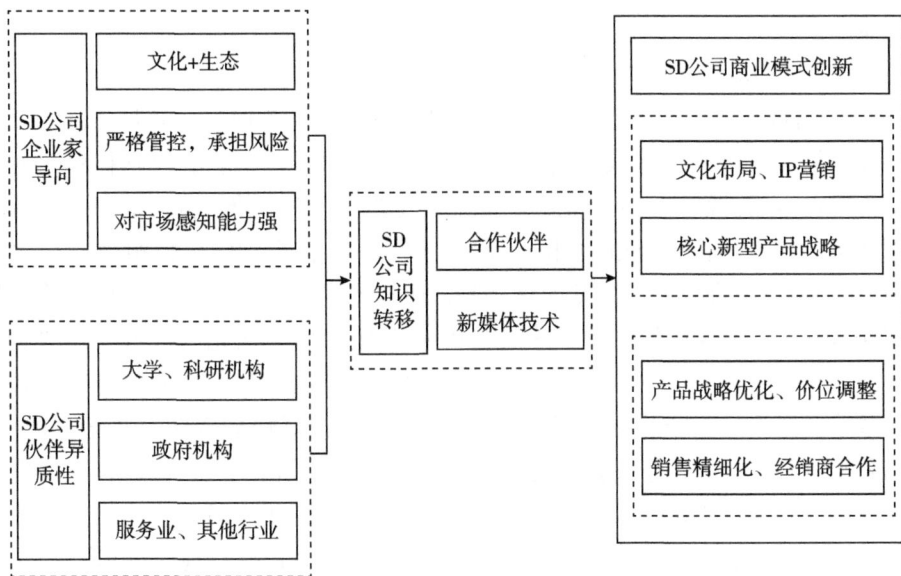

图 3.2 SD 公司商业模式创新的机理

3.3.2 DS 公司

3.3.2.1 DS 公司简介

DS 集团钒钛有限公司（以下简称 DS 公司），是集团创始企业，统领集团钢铁产业链 10 余家子公司，于 2009 年成功实现了由普通钢铁冶炼到以钒钛资源综合利用为核心的产业结构升级转型，是四川省重要的钒钛资源循环经济园区和精品建材基地，钒金属年产量 1.5 万吨。DS 公司现已发展成为三大核心产业协同发展的大型综合性企业，涉及钒钛资源综合利用、能源化工、现代物流、现代农业等多元领域，连续 6 年位列中国企业 500 强、中国民营企业 500 强前列。

DS 公司拥有完整的现代化钒钛冶炼生产设备，以及全自动化的控轧控冷连轧生产线，具备了 250 万吨全系列高强度含钒抗震精品建材、400 万吨钒钛炉料、12 万吨钒渣等综合生产能力。公司现已取得 ISO9001：2008 国际质量体系等认证，在冶金工业规划研究院发布的中国钢铁企业综合竞争力评级中，其连续两年被评为竞争力优强企业（评级为 B+级），2017 年 1 月，被认定为"国家知识产权优势企业"。DS 公司最大限度地挖掘和延伸钢铁产业链新的经济增长点，加快"2+2"的产业发展规划落地，即钒钛资源综合利用和再生资源两大循环经济产业链，从而实现长、短流程互补结合发展，努力打造极具市场竞争力的国内一流钢铁企业。

3.3.2.2 DS 公司企业家导向

（1）创新性。在对外合作上，DS 公司秉持竞合的新理念，强调在协同合作中谋求发展。对于传统钢铁制造企业而言，无序的恶性竞争使行业利润逐渐摊薄，为抢占市场份额，各企业竞相杀价，市场中充斥着低价、低质的产品，区域性行业市场急需出清，驱逐劣币。因此，DS 公司基于其行业影响力，数次以"论坛""峰会"的形式，召集行业企业，通过不断的沟通与协调，与会单位就西部地区钢铁产业优质健康发展等议题达成共识。DS 公司先后组织召开"2018 年中国（LS）国际钒产业高峰论坛"，举办"陕晋川甘（宁青渝）建筑钢企高峰论坛暨第四届第一次经验技术交流会"，高密度的论坛峰会旨在树立竞合理念，开展公平竞争；提倡合作共赢，实施协同发展；聚焦清洁生产，促进行业绿色可持续发展；实施产业整合和产能合作，提高投资效率，推进行业协作，促进区域性市场的良性发展。在调查中，受访者反复强调："我们就是通过论坛来传播公司的竞合理念。"几次论坛对西部建筑钢材行业的健康的运行都起到了非常好的作用，大家非常认可 DS 公司这种开放包容的合作理念。

在发展理念上，DS 公司强调"精+特"的发展理念。"精"就是精细化，"特"就是特色化。传统钢铁企业的发展理念依旧秉持通过规模经济的思路走低成本战略。但 DS 公司认为，企业想要长远发展，其成本优势还必须通过"精细化"的管理与运营来进行构建，DS 公司是传统制造业，离不开低成本竞争，这个环节不可或缺。因此，在精细化管理上 DS 公司实施了很多举措，具有成本优势。不仅如此，差异化也是获取竞争优势的重要源泉，其表现为坚持发展"特色化"产品的理念。DS 公司依托于资源特色，向市场推出钒钛产品，通过坚持发展特色钢铁的理念，提升组织绩效。

在管理创新方面，DS 公司致力于智能平台的打造，结合"互联网+"、物联网及大数据运用等新兴信息技术，构建智能制造 9 大应用系统，创立信息数据中心，建设产供销一体化、铁钢轧一体化、经营管控一体化的管控平台，实现机器之间、机器与控制系统之间、各类系统之间数据同源互联互通，以此支撑 DS 公司产品结构调整升级，提升企业生产运营效率，增强企业核心竞争力，打造西部冶金行业智能制造标杆企业。

可见，DS 公司无论是在创新理念上，还是在新技术的开发与应用上，都有着积极的作为与大胆的尝试。根据上述案例描述，本书将 DS 公司的企业家导向中的创新性表现评为"强"。该维度的典型证据与来源出处如表 3.11 所示。

表 3.11　企业家导向——创新性维度编码及引用语条目

条目数	来源	典型证据	变量维度
6	B1	DS 公司也在思考如何打造一家具有竞争力的企业，希望通过管理和技术创新，包括商业模式创新，探索突破的路径	创新性
	B1	通过论坛来传播 DS 公司的竞合理念	
	B1	DS 公司提出了"精+特"的发展理念	
	B1	DS 公司最近的推手是智能制造	
	b2	DS 公司召开了"2018 年中国（LS）国际钒产业高峰论坛"，举办了"陕晋川甘（宁青渝）建筑钢企高峰论坛暨第四届第一次经验技术交流会"	
	b2	DS 公司紧跟国家政策和行业发展趋势，布局智能制造，DS 钒钛智能制造（一期）系统已建成投用	

（2）风险承担性。DS 公司在西部乃至全国的同行业中都占有巨大的份额，属于中国民营企业 500 强之列，在四川省的钢铁行业中有巨大的定价权和话语权，有较强的风险承担能力。不仅如此，DS 公司致力于打破传统钢铁行业的发展思路，构建广泛的商业网络，这也增加了 DS 公司商业机密泄露的风险。但 DS 公司秉持开放的观念，在调查中，研究团队发现，DS 公司管理层也曾出现过争议，过于频繁的交流学习让部分高管对于潜在风险表示担忧，因为技术尚存在学习壁垒，但公司的发展思路、运营方式则很容易被竞争者模仿。最终决策是由 DS 公司董事长所敲定。DS 公司董事长提到："我们公司对整个行业来说是开放的。这几年，我认为秉承这种开放合作的理念，我们尝到了很大的甜头。""我经常对员工说，不要怕别人学我们，一方面他们不一定学得了，另一方面就算他们学了，我们也不怕，要让他们为我们所用。"由此可见，DS 公司存在着较强的风险偏好，尤其在与伙伴合作时，希望通过较为激进的策略建立较强的行业话语

权，从而主导区域性市场。

同时，DS 公司在推进"特色化"钒钛产品时，也表现出较为明显的风险倾向。钒钛所需投资较大，在技术上要求更高。一直以来，西部地区乃至全国市场的钒钛产品主要是由 PG 集团把控。DS 公司首先面对巨大的竞争威胁，其次面临产品市场的不确定性。可见，DS 公司较之于其他钢铁企业，行为策略更为激进。

即便如此，作为传统制造企业，DS 公司在财务投资领域依旧较为稳重，几乎不会涉及非相关产业的多元化，紧紧围绕优势产业做大做精做强。DS 公司资产负债率也不高，主要是通过优化经营杠杆扩大利润，对于财务杠杆的使用则显得比较谨慎。从调查情况来看，DS 公司在财务政策方面是稳健的，负债率不高。

因此，根据上述案例描述，本书将 DS 公司的企业家导向中的风险承担性表现评为"较强"。该维度的典型证据与来源出处如表 3.12 所示。

表 3.12　企业家导向——风险承担性维度编码及引用语条目

条目数	来源	典型证据	变量维度
5	B1	DS 公司董事长提道："我经常对员工说，不要那么怕别人学我们，一方面他们不一定学得了，另一方面就算他们学了，我们也不怕，让他们为我们所用。"	风险承担性
	B2	企业真正开放就能促进行业进步，但也不可能被别人替代。即使有部分被他人学走，也会促进行业进步。对企业而言，把蛋糕做大的关键是发展得快慢，慢就会被淘汰，快就能继续生产	
	B1	即使是产量很大的 PG 集团，之前也没有在这个行业（钒钛）中赚到钱	
	B1	近年来，DS 公司做了不少努力，到现在为止，还是比较稳健的	
	b2	DS 公司负债率不高，有较大的行业影响力	

（3）先动性。DS 公司基于对潜在市场的大胆研判和未来趋势的深刻理解，率先转型，从传统钢铁制造商逐渐转型成生产钒钛钢材的集"产、供、销"于一体的智能化平台型企业。尽管钒钛产品市场存在较大波动，但作为国家战略性资源，其市场前景可期，提早布局，是抢占潜在市场的关键。DS 公司基于对此的认识，抢先进入该领域，在与 SC 能投集团的合作中，利用其国资背景优势，迅速并购源头企业，保证了原料供给，同时不断深化钒钛冶炼技术，提高生产效率，并且创新循环利用技术，确保环评质量过关，顺应政策趋势。尽管产量低于普通钢铁，但在 DS 公司的主要收入中，钒钛产品已经超过钢铁，成为公司利润

主要增长点。

同时，DS 公司敏锐地发现，传统的单一制造模式已无法满足冶金行业的发展需求，生产、质量、设备、能源、物流、成本六大主线流程的管控协同已成为决定企业效率高低、成本高低、品质优劣的核心要素。钒钛钢铁产业正向智能化管理迈进，亟须通过先进制造技术与新一代信息技术的深度融合，推动企业创新、智慧绿色的协同转型发展。因此，DS 公司在行业中率先打造智能化平台，着力推动智能制造，通过智能化平台的打造，使成本更低、效率更高，逐渐积累在智能领域的行业先发优势。

基于以上分析，本书将 DS 公司的企业家导向中的先动性表现评为"较强"。该维度的主要典型证据与来源出处如表 3.13 所示。

表 3.13　企业家导向——先动性维度编码及引用语条目

条目数	来源	典型证据	变量维度
4	B1	在四川省扶持的五大支柱产业中，钒钛生产是在全国能拿得出手的一张名片	先动性
	B1	DS 公司走差异化竞争战略，一是发展钒钛产业，二是开展循环利用	
	B1	未来传统制造业通过智能制造实现两级管理，未来会依靠信息化手段来实现	
	b2	智能制造系统的建设，以"智能引擎"对传统动能进行改造和提升，这将为促进钒钛产业高质量发展发挥积极、深远的作用	

3.3.2.3　DS 公司伙伴异质性

（1）组织异质性。DS 公司的合作伙伴较为丰富，涉及高校科研结构、政府、投资机构、产业外企业、同行企业、供应链上下游企业等。在高校科研机构方面，DS 公司分别与 DB 大学、SC 大学、CQ 大学、PZH 学院等高校开展了深入合作。在冶金技术方面，DS 公司与 DB 大学冶金学院签署了产学研战略框架协议，设立钒钛高效利用研究中心与专家工作站，构建企业在技术方面的研发优势。在政府方面，DS 公司一方面努力通过绿色制造争取政策支持，另一方面探索政企长期战略合作与发展的新路子，拓展"合作"与"双赢"的空间。在投资机构方面，DS 公司与所在省能投集团建立股权式战略联盟，在纵向上并购原料源头企业，在横向上收购同类中小型企业，为发展钒钛产品构筑了源头优势，扫清了市场障碍。在产业外企业方面，DS 公司与 YY 网络科技股份有限公司及 LKWE 自动化有限公司等多家信息化服务商建立战略关系，签署合作合同，共同打造智能化管理平台。在同行企业方面，DS 公司基于竞合理念，举办论坛、峰会，通过行业影响力与开放的合作理念逐步主导市场，促进良性竞争，构建产业生态圈。在供应链上下游方面，DS 公司一方面逐步向上延伸，兼并原材料供应方，打破资源瓶颈，另一方面从加工领域全面撤出，加工业务全面外包，锁定核心竞争力。

可以看到，DS 公司的合作伙伴在组织类型上比较丰富，互补优势明显。根据上述案例描述，本书将 DS 公司的伙伴异质性中的组织异质性表现评为"较强"。该维度的典型证据与来源出处如表 3.14 所示。

表 3.14　伙伴异质性——组织异质性维度编码及引用语条目

条目数	来源	典型证据	变量维度
6	B1	DS 公司与 DB 大学合作，成立钒钛高效利用的研究中心和专家工作站，在推动钒钛产品上，获得更多的技术支持	组织异质性
	b1	DB 大学冶金学院院长一行 5 人莅临 DS 公司，双方在公司七楼会议室签署了产学研战略框架协议，设立钒钛高效利用研究中心、专家工作站	
	b1	与 LS、CX 市政府签署合作协议，推动政企长期战略合作与发展的新路子，拓展"合作"与"双赢"的发展空间	
	B1	DS 公司与 SC 能投集团合作	
	b2	2017 年 6 月 DS 公司首次提出建设 DS 钒钛智能制造项目，同年 12 月与次年 1 月，分别与 YY 网络科技股份有限公司和 LKWE 自动化有限公司签订战略合作协议，正式拉开了智能 DS 建设的帷幕	
	B1	DS 公司与行业协会合作，召开行业论坛、峰会	

（2）知识异质性。DS 不断拓展企业的价值网络，与不同的企业在知识上进行互补。DB 大学等高校科研机构在冶金技术上有着丰富的前沿知识，其冶金工程专业在全国名列前茅，有着许多重大的科技进步发明，是推进 DS 公司在钢铁制造技术上升级的重要保证。PZH 学院因其地理优势在钒钛产品的技术处理上同样具有较多的前沿知识，对于 DS 公司而言，其是推出高质量钒钛产品的有力助推器。对于 DS 公司而言，政府能够为 DS 公司创造良好的创新环境，通过在人才引进、培养方面的优惠政策，有利于 DS 公司实施人才战略。同时，政府具备关于绿色发展、环保评审的相关知识，有助于 DS 公司时刻紧跟动态。SC 能投集团作为拥有国资背景的能源投资平台，其下属公司众多，协调能力较强，与各地政府保持了良好的互动关系，能有效促进 DS 公司整合上下游市场，开展能源合

作。YY 网络科技股份有限公司及 LKWE 自动化有限公司在智能制造、信息化建设方面具备丰富的经验和知识，在 DS 公司的智能化管理方面贡献很大。竞争对手和供应链上下游企业都属于行业内企业，虽然其异质性较之于其他合作伙伴偏低，但同样在资源、认知、目标上与 DS 公司略有区别，恰恰是这些细微的不同之处，促进了双方之间合作的可能性与必要性。对于 DS 公司的竞争对手而言，DS 公司所倡导的竞合理念，是它们合作创新的共识，行业企业基于所达成的共识开展良性竞争，聚焦点从简单的"分配价值"转向"共创价值"，企业之间在规模、能力上都存在差异，因此各自承担在合作中的相应角色，从而促进创新。

根据上述案例描述，本书将 DS 公司的伙伴异质性中的知识异质性表现评为"强"。该维度的典型证据与来源出处如表 3.15 所示。

表 3.15　伙伴异质性——知识异质性维度编码及引用语条目

条目数	来源	典型证据	变量维度
6	b1	钒钛是中国的特色资源，DB 大学对钒钛的研究由来已久，与 DS 公司开展钒钛高效利用研究合作，不仅是国家利益的需要，也是 DS 公司发展的需要	知识异质性
	b1	SW 区委、区政府重视支持企业发展，制定了人才引进政策，积极落实"SW 人才"计划	
	B1	DS 公司与 SC 能投集团合作可共享资源优势	
	B1	DS 公司仅靠自身不能构成竞争力，要建立朋友圈，共享合作资源，形成一个更大范围的具有更大竞争力的群体	
	B1	DS 公司从原来的小循环中跳出来，提出了一个最近几年在企业界比较流行的词语——生态群	
	B1	DS 公司认识到单打独斗肯定不行，要与上下游客户建立"生态圈"	

3.3.2.4　DS 公司知识转移

DS 公司与不同的合作伙伴进行合作都取得了阶段性成果。就高校科研机构而言，通过建立产学研联盟，构建相应的合作机制，设立钒钛高效利用研究中心，DS 公司承担研发经费，DB 大学冶金学院提供相关技术人员，同时负责培养 DS 公司的技术骨干，重点围绕钢铁冶炼尤其是有关钒钛领域的关键技术攻关、新产品研发、循环利用技术开发以及 DB 大学冶金学院部分研究成果转化应用开展深入合作。前期 DS 公司已根据合作高校建议对部分技术进行了改进。就政府而言，DS 公司通过多次座谈会获悉政府相关资讯，掌握人才政策。就 SC 能投集团而言，通过股权合作，DS 公司已与其所属资源型子公司进行接触，并在 SC 能投集团的协调下，多次与地区政府展开接洽，就相关收购事宜展开谈判。就信息化服务商而言，通过协议签署，DS 公司已初步构建智能管理系统，并已投入使用。DS 公司进行智能系统二期建设，并根据一期项目输出数据着手对二期项目进行调试。在与行业企业合作时，DS 公司通过论坛、峰会已将其竞合理念植入其商业生态圈，在区域性行业组织内取得了阶段性共识，以良性竞争驱逐恶性竞争，以创造价值替代分配价值，以协作共赢覆盖零和博弈。

经过上述分析，本书将 DS 公司的知识转移表现评为"较好"。该维度的典型证据与来源出处如表 3.16 所示。

表 3.16　知识转移维度编码及引用语条目

条目数	来源	典型证据	变量维度
7	b1	构建校企合作平台是为了更好地利用高校的科技资源与人才资源，促进科技成果的转化、加强人才建设、全面提高钒钛新技术与新产品的研发能力，进一步实现科技成果的孵化与"造血"功能	知识转移
	B1	与大学合作促进了 DS 公司的技术创新，特别是钒钛资源的综合利用，下一步 DS 公司还会在废弃物循环利用上有大的动作	
	B1	有些项目 DS 公司不好介入，而 SC 能投集团做起来容易得多	
	B1	DS 公司最近的推手主要是智能制造。DS 公司已经实现业务、财务一体化，对整个业务模块全部覆盖，包括生产经营、销售、采购、物流等	
	b2	建设"可测可控、可产可管"的集成管理平台。将多源多通道数据融合，建立中间库数据服务器，进行数据清洗、融合，构建数字化管控平台	
	B1	这实际上就是一种知识之间的交流。良性竞争，就是说所有东西都是开放的，做不好会被淘汰	
	B1	DS 公司举办的论坛覆盖范围已经很大了，主要强调合作的重要性	

3.3.2.5　DS 公司商业模式创新

（1）新颖型商业模式创新。DS 公司率先在区域性行业组织内构建开放的商业生态圈，以促进良性发展、推进协同合作为目标，逐步构建网络中各主体的长效沟通机制与学习机制，通过不断协同合作，使企业间的合作与开放程度都实现质的飞跃，恶性竞争的局面得到了有效改善，行业利润稳步回升。正如受访者所说："互联网让企业的边界变得模糊了，企业要学会开放。随着市场经济分工越来越明确，企业要想生存，需要开放与合作的能力。大企业与小企业都一样，大企业需要更多的点支撑，小企业需要'靠大树'，才能在生态圈分到营养。"

与此同时，DS 公司与合作伙伴共同开发企业全新的智能化管理系统，革新与合作伙伴的交互方式。通过对企业资源计划系统（Enterprise Resource Planning，ERP）、质量管理系统（Quality Management System，QMS）、办公自动化系统（Office Automation，OA）、采购招投标系统（Supplier Relationship Management，SRM）、销售交割系统（Customer Relationship Management，CRM）、生产过程执行管理系统（Manufacturing Execution System，MES）、数据采集与监视控制系统（Supervisory Control and Data Acquisition，SCADA）、数据洞察系统（Statistics Analysis System，SAS）、无车承运平台 9 大系统及数据机房，全厂网络等硬件设施的全面更新，打通系统间数据壁垒，实现业务协同，以自身的智能化发展逐步改变与利益相关者的交互方式，甚至增加了企业的新交易伙伴，提升了企业的市场份额与影响力。在调查中发现，DS 公司从确认订单到交割货物、物流运输管理等基本已实现全程自动、无人监管，数字信息成为合作伙伴之间最便捷的渠道与最有力的保证。

除了变革交易方式外，DS 公司基于自身的发展战略向市场推出高质量的钒钛产品。DS 公司以往的产品结构过于单一，主要集中于传统钢材。后基于差异化战略，通过与高校科研机构的合作在钒钛生产工艺上取得了突破，在降低成本的同时逐步扩大钒钛产品的市场份额，目前，钒钛产品的营业收入已经超过钢铁，企业转型所推出的新品对产品市场的竞争格局造成了一定的冲击。

根据上述案例描述，本书将 DS 公司的新颖型商业模式创新表现评为"强"。该维度的典型证据与来源出处如表 3.17 所示。

表 3.17　新颖型商业模式创新维度编码及引用语条目

条目数	来源	典型证据	变量维度
7	B1	受访者提到："互联网让企业的边界变得模糊了，企业要学会开放。随着市场经济分工越来越明确，企业要想生存，需要开放与合作的能力。大企业与小企业都一样，大企业需要更多的点支撑，小企业需要'靠大树'，才能在生态圈分到营养"	新颖型商业模式创新
	B1	虽然 DS 公司与竞争者之间是相互竞争的，但是通过平台，DS 公司找到了更多合作伙伴	

条目数	来源	典型证据	变量维度
7	B1	对整个行业来说，DS 公司是开放的。这几年，秉承这种开放合作，DS 公司尝到了很大的甜头	新颖型商业模式创新
	B1	在竞合理念下，DS 公司与合作伙伴开展良性竞争	
	B1	不管是运单还是采购，产品进厂是直接扫描的，所有产品的生产技术信息、质保信息可被追溯	
	b2	DS 公司通过系统间高效集成和通信技术，实现机器之间、机器与控制系统之间、各类系统之间数据同源且互联互通	
	B1	DS 公司的钒钛收益已经超过了钢铁，转型取得一定成效	

（2）效率型商业模式创新。首先，DS 公司改善了与下游企业的交易效率。研究团队发现，在整个行业中，资源才是发展的瓶颈。因此，原材料与初级产品的供给方具有较强的话语权。DS 公司基于对资源的把控与生产工艺的革新，加强对下游加工制造企业的统筹力度，倒逼加工企业降价提效，向服务化企业转型，DS 公司剥离原有加工业务，实现业务归核化，为轻资产运营创造了条件，把更多的资本集中于研发等业务，因而降低了生产成本与交易成本。但是值得注意的是，DS 公司之所以能够有效把控资源源头，同时进行技术革新，是因为其建立了庞大的合作网络，DS 公司是在与异质性伙伴的合作中才构筑起这样的竞争优势。

其次，智能化管理减少了人工操作，避免了人工操作中的失误，极大地提高了生产效率。同时，信息化使企业之间的交易变得更透明、有效，减少了人为操作的灰色地带。不仅如此，企业内部管理结构逐渐扁平化趋势，DS 公司原来的组织结构为四级，经过改造后为三级，未来目标是两级。未来中层干部全部取消，加强对普通技工的智能操作培训，实现一工多用，提升效率。

根据上述案例描述，本书将 DS 公司的效率型商业模式创新的表现评为"强"。该维度的典型证据与来源出处如表 3.18 所示。

表 3.18　效率型商业模式创新维度编码及引用语条目

条目数	来源	典型证据	变量维度
4	B1	我国下游加工行业存在资源瓶颈。企业整合资源，计算好加工成本，在不增加成本的情况下，下游企业来加工，就可以挣到加工费，但下游加工企业不会获得暴利	效率型商业模式创新

续表

条目数	来源	典型证据	变量维度
4	B1	下游加工企业愿意给 DS 公司低价加工产品就是商业模式创新。如果 DS 公司自己办厂，下游加工企业就会无事可做，要是企业 20% 的产量都不放到市场上消化，部分下游加工企业就会关停	效率型商业模式创新
	B1	未来用工讲究一岗多能。企业把员工培训好，然后通过智能化信息平台把员工分派到岗位上，员工不需要关心企业能够给自己什么，针对员工的岗位激励政策都在企业的具体流程中制定，员工完成工作任务后就知道自己能拿多少报酬，员工与企业之间不存在二级管理、三级管理等现象	
	B1	企业通过智能制造，促进管理变革，使内部结构更为扁平化	

综上所述，DS 公司通过其所倡导的竞合理念，凝聚行业共识，构建区域性行业组织的商业生态圈，革新企业之间的交互机制，推进企业之间的深度合作。同时，DS 公司树立智能化管理理念，在信息化服务商的支撑下，打造智能化信息平台，逐渐从传统的钢铁制造商转为智慧型平台企业。再者，基于对国家战略性资源未来市场的深刻认知，DS 公司成功转型，成为钒钛产品的制造生产商，在与高校的深度合作中，实现了技术突破，取得了成本优势，提高了市场份额，实现了企业增值，并且基于对资源的把控与工艺的改进，加大了对下游企业的整合力度，分包加工业务，实现了轻资产运营，有效提升了交易效率。因此，本书认为 DS 公司商业模式创新机理如图 3.3 所示。

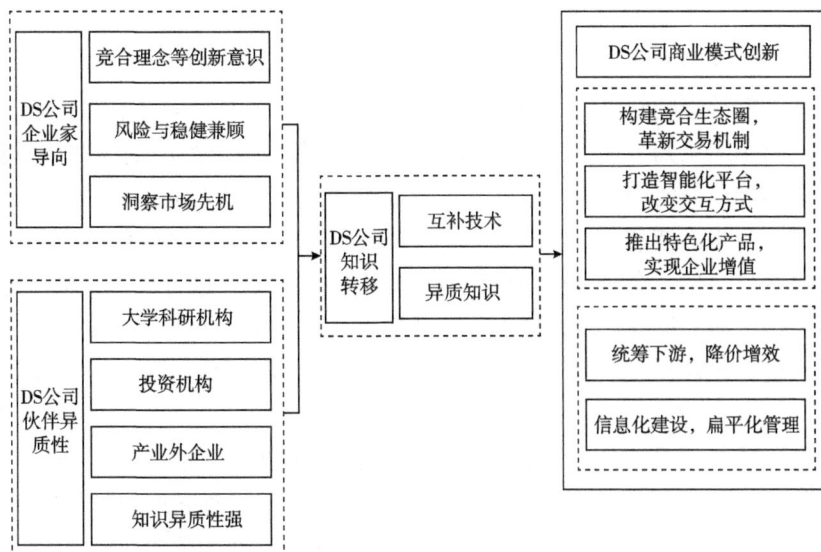

图 3.3　DS 公司商业模式创新机理

3.3.3 JP 公司

3.3.3.1 JP 公司简介

JP 公司是一家集研发、生产、销售电缆于一体的制造企业，在历史的发展中成长壮大，经过 80 年的岁月沉淀，其生产的电缆已成为西南地区闻名遐迩的品牌。公司主导产品有电气装备用电线电缆、低压电力电缆、控制电缆、柔性矿物绝缘防火电缆、橡套电缆等，其中电气装备用电线电缆连续多年产销量名列四川省前茅。

2013 年，JP 公司牵手 JG 股份有限公司，本着优势互补、强强联合的原则共同出资成立 SL 有限公司，合资公司全面负责电线电缆的生产经营。在外部管理上，公司强化品牌建设和市场环境净化，深耕渠道，丰富营销模式和产品结构，着力提升家装电线的市场份额，确保可持续发展；在内部运营中，坚持"质量零缺陷"，不断优化工艺流程，持续提高生产制造水平，加强团队建设、能力建设和流程建设，不断夯实管理基础，为实现百年企业愿景提供团队和管理支撑。

3.3.3.2 JP 公司企业家导向

（1）创新性。在 JP 公司的认知中，互联网改变了消费者的消费行为，品牌知名度在消费者群体中尤为重要，企业可通过互联网来进行品牌的推广。通过市场调研，JP 公司认为，其产品的使用者并非产品的购买者，需要就产品终端进行必要的梳理。JP 公司的受访者说道："通过市场挖掘，作为厂家我们该如何创新？我们要抓住目标客户，知道谁在用电线，这是第一个层面。第二个层面就是，哪些人能够影响到电线的使用，那么我们就要将产品推向终端客户。"因此，公司将其营销对象归为两类：一类为产品的使用者，是产品的最终费用承担人；另一类为影响产品使用的人，也就是渠道商与最终使用者之间的桥梁——这其中大部分客户为水电装修工人。锁定目标顾客后，JP 公司建立微信公众号，水电工人可以通过微信公众号进行扫码积分，后以现金的形式进行反馈，极大地增强了其对公司产品的推荐力度，增加了产品的市场占有额。同时，二维码可在公司系统内部进行地域检测，防止窜货，从而加强供应商管理，降低了产品的运输成本。

公司形成学习型组织，进行企业文化方面的创新。一般而言，企业常常以员工的绩效作为重要考核指标，并以此与员工的绩效工资和职位挂钩。但在 JP 公司中，管理者根据年轻工人的特点，在保证制度刚性的前提下，用更为弹性的培养手段对员工进行管理，将绩效考核转换为成长目标的实现。公司为员工设立"成长目标",并安排"一对一"的教学老师,在成长过程中,如目标未达成则关系到老师与学生双方的绩效。通过这种改变,满足年轻员工对于自身成长的需求,在增强员工的归属感的同时,也增强了员工素质。总体来说,JP 公司的创新性主要体现在"互联网+品牌营销"与企业文化创新两方面。

除以上两个方面外,JP 公司还坚持"诚信立足,创新致远"的核心价值观,实现"技术创新、营销创新、管理创新"。但在目前看来,JP 公司的创新性仍停留在企业营销与管理的某一个小节点上,未实现全面的创新引导。

根据上述案例描述,本书将 JP 公司的企业家导向中的创新性表现评为"一般"。该维度的典型证据与来源如表 3.19 所示。

表 3.19　企业家导向——创新性维度编码及引用语条目

条目数	来源	典型证据	变量维度
5	D1	JP 公司的电缆在四川省比较出名,但是走出四川省,JP 公司的品牌影响力就非常小。如何让用户接受 JP 公司的产品,就需要 JP 公司去做一些营销创新。近年来,JP 公司进行了一些改变,即进行了互联网模式下的营销工具创新	创新性
	D1	通过市场挖掘,JP 公司作为厂家应该如何创新? JP 公司要抓住目标客户,知道谁在用电线,这是第一个层面。第二个层面是哪些人能够影响到电线的使用,那么就要将产品推向终端客户	
	D1	在企业文化方面,JP 公司做得很好。JP 公司对员工实行成长目标的考核,而不是进行绩效考核	
	d1	通过"技术创新、营销创新、管理创新",JP 公司电线电缆的优质品牌形象得到了保持和提升	
	d1	JP 公司坚持"诚信立足,创新致远"的核心价值观,致力于为客户提供优质产品和精良服务	

（2）风险承担性。首先,JP 公司所属行业为传统的电信电缆制造业,利润较低,需要进行严格的管理把控才能保障企业的利润。由于 JP 公司所在行业的技术门槛低,进入壁垒低,所以行业内小企业较多,竞争较大,伺机压价时有发生,严重损害了部分公司的利益。同时,JP 公司现在处于上升期,品牌的覆盖范围有限,仅在其所在的省份有较强的品牌影响力,就全国市场而言,品牌知名度有待提升。因此,较之于龙头企业,JP 公司品牌溢价能力偏弱。其次,

原材料的价格影响着公司的利润，上游市场的波动不利于公司利润的稳定。尤其在经济形势疲软时，供应商方面的不确定因素增强，公司需要进行严格的原材料控制才能保障企业的利润。最后，JP 公司生产的产品以批量销售为主，造成了其行业利润低的现状。较低的利润导致 JP 公司在企业运营当中偏好保守的决策，以实现企业的平稳运营。在调研过程当中，企业管理者认为 JP 公司的决策行为并不偏好风险，稳健的经营战略与财务政策始终贯彻于公司发展的主线。

根据上述案例描述，本书将 JP 公司的企业家导向中的风险承担性表现评为"较弱"。该维度的典型证据与来源如表 3.20 所示。

表 3.20　企业家导向——风险承担性维度编码及引用语条目

条目数	来源	典型证据	变量维度
2	D1	JP 公司所属行业是传统的电信电缆制造业，市场利润较低，这一行业最重要的就是原材料。原材料控制好，利润就稍微高一点，但总体来说，行业利润都较低，而且竞争压力较大	风险承担性
	D1	JP 公司注重稳健，不偏好风险	

（3）先动性。JP 公司管理者认为，企业处于"市场在变，行业在变，人在变，我们的消费者在变"的环境之中，针对变化，管理者进行了系列研究，并制定了战略方针。例如，JP 公司认为整装公司以及设计院的电线电缆采购量将增加，会为企业的发展提供机会。为抓住此商机，JP 公司将会采取"扩大生产""与目标客户建立长期战略合作意向"等行动。JP 公司通过生产管理与精益化改造，面对激烈的市场竞争，不断提升市场占有率。JP 公司通过对消费者的研究，将原来对经销商的关注转向对消费者需求的关注，在不改变传统渠道的前提下，突破性地尝试直销手段，打通营销的"最后一公里"，更好地满足消费者日益变化的需求。针对差异化用户，JP 公司通过改进产品工艺，调整原材料配比，增强产品某一方面的性能，以此形成产品优势，以适应社会经济水平提升后的消费者质量需求。在母公司的支持下，依托母公司的发展思路，JP 公司与母公司之间实现资源共享。母公司投入资金为其进行生产研发购买设备，以此形成规模优势，在大客户领域抢占更多先机。

根据上述案例描述，本书将 JP 公司的企业家导向中的先动性表现评为"较强"。该维度的典型证据与来源如表 3.21 所示。

表 3.21　企业家导向——先动性维度编码及引用语条目

条目数	来源	典型证据	变量维度
5	D1	市面上有非常多的竞争产品，JP 公司要通过生产管理、提升精益化、控制原材料，来提高产品在整个市场的占有率，从而提高经销商与公司自身的盈利	先动性
	D1	市场在变，行业在变，人在变，我们的消费者在变	
	D1	以前只关注经销商、分销商，但是忽略了一些消费者到底需要什么。通过市场调研发现，市场上消费者对 JP 公司电线电缆品牌的了解较少	
	D2	JP 公司根据外部市场、政策的情况，制定了明确的战略规划与年度经营计划	
	d2	JP 公司依托母公司的发展思路，与母公司进行资源共享，依托母公司对其生产研发设备资金的大力投入优势，能够在大客户领域抢占更多先机	

3.3.3.3　JP 公司伙伴异质性

（1）组织异质性。JP 公司的伙伴可以分为三类，即高校科研机构、政府机构与行业内组织。在高校科研机构方面，JP 公司拥有四川省企业技术中心、成都市企业技术中心的创新型研发平台，同时与 XN 大学建立了良好的产学研合作关系，并在近期有扩大合作的意向。XN 大学为 JP 公司提供新产品研发与鉴定的支持，JP 公司为 XN 大学的学生培养提供科研实践基地。在政府机构方面，JP 公司与税务局等进行合作，政府会定期组织相关人员到企业进行培训，增强员工专业素质。在行业内组织方面，JP 公司的伙伴主要为企业的经销商与顾客。其中，经销商划分为配送型、零售型、工程型、装饰型公司四个类型，不同类型经销商具有各自的特色，JP 公司对其进行差异化管理。顾客有学校、医院、商场等，均为与公司合作的大购买方。总体来说，JP 公司的行业外伙伴主要为大学与政府，行业内伙伴主要为产品面对的顾客。相较于一般企业，政府与顾客均为企业日常面对的伙伴。因此，JP 公司的组织异质性处于一般水平。

根据上述案例描述，本书将 JP 公司的伙伴异质性中的组织异质性表现评为"一般"。该维度的典型证据与来源如表 3.22 所示。

（2）知识异质性。在跨行业的伙伴中，JP 公司在与 XN 大学的合作当中获得互补性知识，大学相对企业具有更大的科研优势，但大部分停留于实验室阶段，难以将科研成果转换流入市场。JP 公司直面市场，具有更多的实践管理优势与市场需求分析能力。二者之间能够进行交流，以科研推动产品更新换代，又

表 3.22 伙伴异质性——组织异质性维度编码及引用语条目

条目数	来源	典型证据	变量维度
7	D1	JP 公司的电线电缆主要用于公共场所，如环球中心、万达商场等，还用于民用市场、高端住宅，如家庭装修等，一些市政和电力工程也会用到。JP 公司在防火电缆生产方面拥有一个新的车间	组织异质性
	D1	JP 公司与税务局等也有合作	
	D1	政府认可 JP 公司的企业文化，会给予一定支持	
	d1	JP 公司的产品广泛用于百货商场、医院、饭店等公共场所	
	d1	拥有四川省企业技术中心、成都市企业技术中心的创新型研发平台，同时与大学建立了良好的产学研合作关系	
	d1	工程案例有大学校区、火车站、医院、石油钻探工程、酒店、百货商场、会展中心、高端住宅等	
	d2	拓宽经销商类型，即配送型、零售型、工程型、装饰型公司	

以市场反馈明确科研方向。在与政府的接触过程当中，政府在经济政策等方面具有更强的敏感性，也能为 JP 公司的发展带来有效信息。在互联网中，虽然各个行业的关注点不同，但随着网络一体化，原有的经营经验被打破，不同行业中的营销行为可以被借鉴运用，JP 公司学习其他行业的运营经验，不断改善经营。JP 公司所接触的信息不仅来源于公司的相关合作伙伴，更多从互联网的快速发展中获利。因此，处于互联网的大背景当中，JP 公司与其他企业的区别主要表现在其拥有密切的合作伙伴，即合作的大学。在整体的商业环境当中，JP 公司的知识异质性较为普通。

根据上述案例描述，本书将 JP 公司的伙伴异质性中的知识异质性表现评为"一般"。该维度的典型证据与来源如表 3.23 所示。

表 3.23 伙伴异质性——知识异质性维度编码及引用语条目

条目数	来源	典型证据	变量维度
2	D1	JP 公司现与 XN 大学签约产学研合作项目	知识异质性
	D1	JP 公司学习其他企业模式，包括 GN 公司，在乡镇地区进行全面覆盖，200 米之内必设一家门店	

3.3.3.4 JP 公司知识转移

JP 公司通过合作伙伴、互联网信息等媒介进行知识转移。JP 公司与 XN 大学进行产学研合作和内部技术的交流。XN 大学通过参与 JP 公司的产品研发，将理论知识转化为企业的技术，XN 大学的学生通过在企业学习获得相关的实践知识，每年 XN 大学会派遣相关专业的学生在 JP 公司进行实习，由此双方实现"理论+实践"的互补。政府也与 JP 公司进行了知识的交流。为支持 JP 公司的学习热情，政府定期委派相关人员到公司进行分享与交流，涉及当地经济发展新动向、新走势的分析。

通过互联网信息传播，JP 公司对外界信息进行了筛选与学习，如学习并开发药店采用的积分防窜货系统。通过此系统，JP 公司抓住了其目标顾客，并可详细分析其产品流向，对产品进行控制。系统在模仿药店系统的基础上，吸收了 DD 打车的导航功能，通过此功能，消费者可寻找附近能购买其产品的门店，并与之取得联系。JP 公司也曾尝试仿照其他性质相似企业的行为，提升企业竞争力。如被采访者说道，"GN 公司抓住了消费者的心，它所有的软文、广告都与'80 后''90 后'的生活贴近，做成了情感化产品。通过终端的推进，倒逼经销商。我们也仿照它做了相关的事情"。在公司内部，通过整合相关信息，实行"一对一"学习辅导制度，实现内部员工之间的知识转移。

根据上述案例描述，本书将 JP 公司的知识转移表现评为"一般"。该维度的典型证据与来源如表 3.24 所示。

表 3.24　知识转移维度编码及引用语条目

条目数	来源	典型证据	变量维度
7	D1	JP 公司与 XN 大学进行思想的碰撞，交流新产品的研发、新产品的鉴定和内部的一些技术	知识转移
	D1	JP 公司开发了一个积分防窜货系统，通过微信二维码扫码积分。这种模式一般用于药店，但是在电线电缆行业，JP 公司是首次尝试	
	D1	JP 公司吸收了 DD 打车的导航功能	
	D1	JP 公司仿照 GN 公司的模式进行了改变。GN 公司抓住了消费者的心，它所有的软文、广告都与"80 后""90 后"的生活贴近，做成了情感化的产品，通过终端的推进，倒逼经销商	
	D1	JP 公司要将这些信息整合起来，作为对于员工成长有益的东西进行传授。JP 公司实行"一对一"的辅导学习制度，如某员工的老师就是总经理	
	D1	政府为支持 JP 公司的学习热情，会派相关人员到 JP 公司进行定期分享与交流	
	d1	JP 公司引进了国内外领先的电线电缆生产和检测设备	

3.3.3.5 JP公司商业模式创新

（1）新颖型商业模式创新。JP公司通过学习管道行业，推出一系列新产品组合，致力于在生产产品的同时，提供产品的相关服务，逐步向服务型企业靠拢。JP公司高管层提议，在经销商的基础上，进行企业厂家直销。这种方式不仅能够培养企业内部的销售人员，增大产品销量，还能直接获取消费者需求，进行及时的产品改进。因此，公司由原有的经销商销售方式改进为"经销商+直销"的方式，从而促进产品的销售，提高企业的利润。

现有的主要销售方式仍为经销商销售。JP公司的经销商主要为工程行业的包工头，其分布零散，好的团队是其主要的竞争优势。但大部分包工头文化水平不高，JP公司派遣专人对其进行培养，为其提供增值服务。在经销商提升的同时，促进双方之间的交流，带动了更多的经销商加入JP公司的营销网络中。在为经销商提供服务的同时，JP公司通过终端消费者的形象提升，反向激励经销商。总体而言，JP公司在内部提出新的产品组合与交易方式，对于外部而言，为经销商提供服务并进行新的激励。

根据上述案例描述，本书将JP公司的新颖型商业模式创新的表现评为"一般"。该维度的典型证据与来源如表3.25所示。

表3.25 新颖型商业模式创新维度编码及引用语条目

条目数	来源	典型证据	变量维度
4	D1	JP公司与经销商的关系维护需要花费一部分精力。经销商一般是工程行业的包工头，比较零散，文化水平不高，JP公司派遣专业的团队对其进行培养	新颖型商业模式创新
	D1	JP公司学习管道行业的增值服务，逐步地向服务型企业靠拢	
	D1	作为这类充满亮点的行动的开创者，JP公司的这些措施都是循序渐进的	
	D1	JP公司有自己的直销团队，这相当于其在直销管理方面的创新	

（2）效率型商业模式创新。JP公司通过微信公众号，使电线电缆的购买者可进行扫码积分，根据不同二维码识别产品的销售区域，对产品的流向进行分析。不同地区的经销商售卖的产品应当只限于其负责地区，若其经销的产品在其他地区进行了扫码，则说明产品窜货，负责该产品的经销商管控不力，公司应当加强对其管控。通过对经销商的管控，产品在其规定地区进行售卖，使交易过程透明化，同时降低交易的成本。在经销商管理方面，对经销商进行分类并培训，JP公司现尝试建立渠道层级，包括经销商、分销商、五金店、水电工，以共享

产品之间的信息与知识，减少信息的不对称，旨在打造多个千万级经销商。JP 公司对产品进行分类以提升交易效率，降低交易的成本。

为促进销售、提升品牌知名度与市场占有率，JP 公司通过返利的形式，实现销售收入的二次分配。"水电师傅每天比较辛苦，一天的工资不多，但是如果他们使用我们的电线，通过积分会实现资金的返利"，这就是公司管理者采用的一种有效的激励方式。微信公众号作为返利平台，在水电工人实现扫码积分的同时，微信公众号也可同时对 JP 公司进行宣传，工人在了解公司的基础上，加强对品牌的信任。通过这种渠道下沉的方式，JP 公司通过最终的购买者提升品牌形象，获得公众好感。销售收入的二次分配只是前期作为宣传的一种基础，这种行为的最终目的是获得公众认可，提升使用者品牌忠诚度，JP 公司现在正处于培养消费者习惯的这一阶段。后期 JP 公司若不再让利，也能进行大量的销售。由上述分析可知，JP 公司通过交易过程透明化、交易效率提升、交易成本降低进行交易的控制，并通过改变收入的分配方式与规则促进销售，提升交易额。

根据上述案例描述，本书将 JP 公司的效率型商业模式创新的表现评为"较强"。该维度的典型证据与来源如表 3.26 所示。

表 3.26　效率型商业模式创新维度编码及引用语条目

条目数	来源	典型证据	变量维度
4	D1	水电师傅每天比较辛苦，一天的工资不高，但是如果他们使用 JP 公司的电线，可通过积分实现资金的返利	效率型商业模式创新
	D1	通过积分用户绑定，可以反映 JP 公司的经销商销售情况。如果是成都地区的客户，就只能通过扫成都地区的货物获得积分，扫其他地区货物就没有积分。系统上可以自动显示窜货行为，这也是 JP 公司的一个创新点	
	D1	不同的产品具有不同目的，要注重产品的差异化，有些产品可以促进产品流通，有些产品可以提高企业利润，有些产品可以提升品牌形象	
	D1	在经销商的管理方面，JP 公司注重经销商的素质，通过客户的分类，对经销商的综合素质进行考评。JP 公司将会打造多个千万级经销商，并对其进行培训和帮扶	

综上所述，JP 公司通过"互联网+品牌营销"，使交易过程透明化，提升交易效率，降低交易成本。在此过程当中，JP 公司通过互联网学习医药品行业的积分制营销方式，并运用到企业的交易管理当中。较低的风险偏好性使 JP 公司

的决策相对保守，偏于稳健，但创新恰恰需要承担风险。因此，JP 公司较低的风险偏好在一定程度上抑制了商业模式创新。但 JP 公司积极关注市场变化，对外部知识有较强的感知，由此开发新的产品组合、交易方式等，又有利于商业模式的创新。不同类型的伙伴在组织结构上具有差异性，各具特色，不同合作伙伴的知识又具有互补性。但这种组织与知识的异质性存在于企业外部，通过筛选、整合，JP 公司取其精华、去其糟粕，学习这些异质信息并将其运用至商业模式创新当中。因此，本书认为 JP 公司商业模式创新机理如图 3.4 所示。

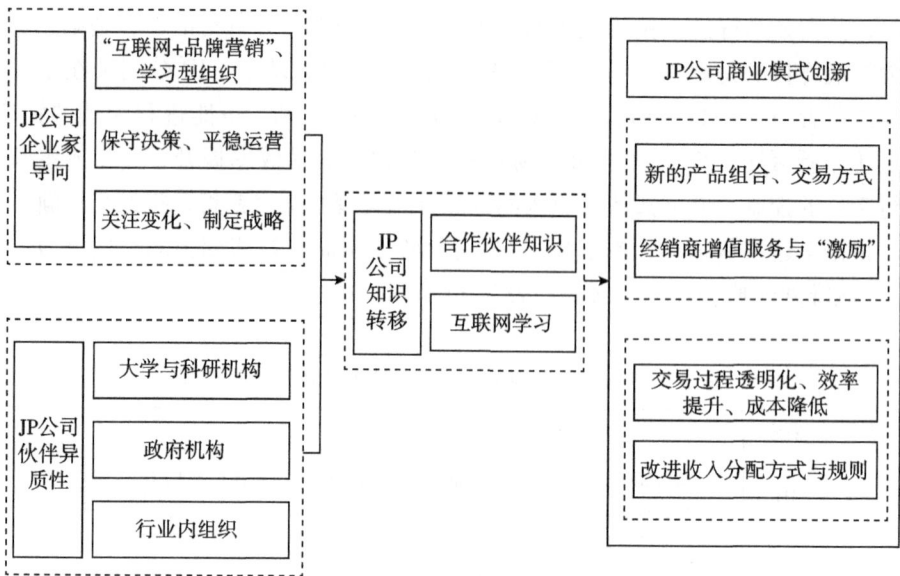

图 3.4　JP 公司商业模式创新机理

3.3.4　JH 公司

3.3.4.1　JH 公司简介

JH 公司创立于 2005 年，是一家能够独立自主生产和经营各类水泥产品的特种水泥生产制造企业。JH 公司依靠超卓的生产经营团队，凭借坚实雄厚的专业技术队伍，重质量寻发展，树一流品牌，以特种水泥和高标号水泥为主导，走低碳环保产品之路，最终实现年生产规模 200 万吨，发展成为攀西地区知名的水泥生产企业。公司主要产品为普通硅酸盐水泥、复合硅酸盐水泥、中热（大坝）硅酸盐水泥、低热硅酸盐水泥、抗硫硅酸盐水泥等，并能够根据用户的需求生产硅酸盐系列类水泥产品。

从 2008 年起，为进一步发展壮大企业以及更好地服务国家重点工程，JH 公司不断引进外部资本与技术，严格把控质量管理，形成了一套针对性强、实用有效的符合特种水泥技术要求的质量控制体系。JH 公司拥有质量管理体系认证、环境管理体系认证、职业健康安全管理体系认证、产品质量认证、环保产品认证等资质，并先后获得四川省质量信用 AAA 级企业、四川省质量管理先进企业、四川省名牌产品、四川省著名商标、四川省放心产品示范单位等荣誉。

3.3.4.2　JH 公司企业家导向

（1）创新性。区别于高技术型企业，JH 公司属于水泥生产传统型制造企业，往往是对生产技术进行相应的改进与创新。JH 公司作为一个专注于生产特种水泥和普通水泥的生产供应商，本身并没有强大的科研能力，但为了在水泥生产技术上获得领先地位，以及提前占领空缺的水泥市场，JH 公司以增资扩股的方式引进股东企业 H 集团，借助 H 集团的自主知识产权和技术优势，最终实现了在 LS 地区水泥生产的技术领先。同时，JH 公司在获得领先技术之后，为了实现新产品的大规模量产，在五六年间动员全厂资源，通过探索性生产实验攻克了石灰石碱含量的生产工艺难题，最终实现合格率 90% 以上。其实，诸如水泥行业这种传统产业往往较难实现创新，但即便如此，JH 公司仍然进行了 21 项技术改造工作，实现了一定程度的工艺创新。

同时随着城市化进程的加快和基础设施的不断扩大，建筑材料行业的碳排放和污染物处理日益受到人们的关注。面对严重的大气恶化，中国政府一直在尝试推行能够实现环保减排与低碳效益之间平衡的监管政策，传统水泥行业同其他建筑材料行业一样也面临着越来越严峻的环保压力，如何在满足国家环保要求的同时追求公司业绩最大化成为水泥企业的重中之重，而解决方法就是实现环保技术创新，JH 公司在此方面也采取了相关举措。JH 公司提前把握国家政策动向，耗费巨资开展环保技术创新，如生产线改造、布袋收尘器研制等，帮助企业减少了氮氧化物和污染颗粒物的排放，使 JH 公司之后较其他企业能够更早、更轻松地通过国家环保要求，获得部分税收减免，降低成本，市场竞争力大大增强。

尽管 JH 公司比较重视研发，倡导并时刻践行着技术创新和环保生产的理念，但 JH 公司依赖于外部的研发技术，缺乏技术和知识产权自主性，公司难以持续获得强大的竞争实力；同时 JH 公司片面地关注生产环节的技术与工艺创新，在一定程度上忽视了管理层面上的创新与改进，公司文化缺乏对管理创新的鼓励与倡导。

根据上述案例描述，本书将 JH 公司的企业家导向中的创新性表现评为"较弱"。该维度的典型证据与来源出处如表 3.27 所示。

表 3.27　企业家导向——创新性维度编码及引用语条目

条目数	来源	典型证据	变量维度
6	E1	以增资扩股的方式借助 H 集团的自主知识产权和技术优势，实现 LS 地区水泥生产的技术领先	创新性
	E1	2010 年开始生产中热硅酸盐水泥，仅有理论指导并无实践经验，全厂当时摸着石头过河，通过五六年不断实验攻克了石灰石碱含量生产工艺难题，实现 100%合格率	
	E1	2015 年生产低热硅酸盐水泥，石灰石碱含量生产要求更高，动员全部资源攻克工艺难关，最终实现合格率 90%以上	
	E1	耗资开展的技术创新减轻了环保压力，帮助企业减少了氮氧化物排放；推行技改项目——布袋收尘器的项目使污染颗粒物排放量锐减	
	e1	JH 公司从 2008 年开始，通过多次考核性生产，不断地总结、优化工艺配方和控制参数，持续开展技术创新活动	
	e2	持续改进降成本，优化工艺促生产。始终立足花小钱、解决大问题的办法做事，进行了 21 项技术改造工作，实现一定程度的技术创新	

（2）风险承担性。传统的水泥制造行业产品供过于求，严重污染环境。在环保政策持续收紧的前提下，JH 公司把工作重点转移到生产环节低排放低污染的攻坚之战上。同时，由于 JH 公司的固定资产占比大，对于主营业务的投资决策也不会显得太冒进，但有时为了获得技术领先，填补攀西地区特种水泥生产的空白，JH 公司也会耗资新建生产线，抓住机遇实现发展。JH 公司管理者认为自身资金并不紧缺，很少依赖外来资金投入，往往靠自有资本实现公司整体的运营，并不追求高风险。而在主营业务之外，JH 公司延续了这种稳健的管理和决策风格，基本没有相关的战略性投资。

尽管行业特性决定了 JH 公司在水泥业务决策方面的稳健风格，但 JH 公司管理者在水泥业务之外的其他方面投资也显得十分拘谨，展示出其不愿承担适当财务风险的投资风格，因此无法获得较高的回报收益。

根据上述案例描述，本书将 JH 公司的企业家导向中的风险承担性表现评为"弱"。该维度的典型证据与来源出处如表 3.28 所示。

表 3.28　企业家导向——风险承担性维度编码及引用语条目

条目数	来源	典型证据	变量维度
4	E1	JH 公司所属行业是水泥生产的传统制造业，不同于高科技型公司，这一行业就是生产、销售水泥，主要问题是要满足国家环保政策要求，是固定资产占比大的实体经济，生产线的投资主要是为了满足市场需求，不会太冒进	风险承担性
	E1	JH 公司对风险偏好方面较稳健，在投资方面不会太激进，很少依赖外来资金投入，往往靠自有资本实现公司的整体运营	
	E2	公司整体的管理风格比较稳健，基本没有在自身主业水泥之外进行相关的战略性投资	
	e1	为保证攀西地区水利工程对特种水泥的需求，并填补攀西地区特种水泥生产的空白，JH 公司投资约 2.67 亿元新建生产线	

（3）先动性。JH 公司的发家史正是其先动性的主要体现之一。由于在 2005年 JH 公司负责人最早洞察到 YL 流域水电站开发的商机，当即自筹资金建立了一条 2500t/d 的新型干法水泥熟料生产线，这使 JH 公司成为当时能够生产大坝水泥的少数几家水泥企业之一，满足了 YL 流域水电站开发所需的水泥要求，现已基本成为整个 YL 流域水电站特种水泥的主要供应商。目前 JH 公司在水泥市场开拓方面也时刻保持着警觉，通过四川省水泥协会成员企业之间相互交流和打通经销商消息渠道等多种方式，不断对 LS 地区水泥市场进行研判以随时调整公司的市场经营策略。

除了对产品市场的深刻洞察之外，JH 公司也紧盯原燃材料及备品备件市场的最新行情，关注相关行业政策和供应商情况，与之及时沟通，管控采购成本以实现利润提升，甚至为了确保供煤量和质量，安排专人驻守在煤矿进行及时跟踪。同时，JH 公司率先响应环保要求，按四川省相关部门有关水泥行业停窑限产的部署，企业整体实现了阶段性停窑限产，不仅减少了对环境的污染，也维持了水泥销售的基本利润。

尽管 JH 公司的先动性保障了其在面对市场变化时能比竞争对手做出更快的反应，实现果断决策与提前布局，但 JH 公司难以突破的业务领域和一成不变的管理模式决定了它在面对新的业务和管理模式冲击时将受到强烈的冲击。

根据上述案例描述，本书将 JH 公司的企业家导向中的先动性表现评为"一般"。该维度的典型证据与来源出处如表 3.29 所示。

表 3. 29　企业家导向——先动性维度编码及引用语条目

条目数	来源	典型证据	变量维度
6	E1	洞察 YL 流域水电站开发的商机，当即建立了一条 2500t/d 的新型干法水泥熟料生产线，基本实现生产技术区域领先	先动性
	E1	由于最早把握商机，JH 公司现在基本上成为整个 YL 流域水电站的特种水泥供应商。JH 公司承包了 JP 水电站 80% 的特种水泥，也成为 BH 大坝（年供水泥 300 吨）等水电站的主要特种水泥供应商，具备强大的市场竞争力	
	E1	公司在对 LS 地区水泥市场进行研判之后，通过四川省水泥协会与 XN 集团进行协商达成了停窑限产合作，率先响应环保的要求，维持了水泥市场的基本秩序	
	e1	JH 公司的长远目标是通过未来十多年的奋斗，成为中国特种水泥行业供应服务一流品牌公司	
	e2	JH 公司紧盯原燃材料市场变化，及时沟通，保证供应量并降低供应成本。为确保供煤量和质量，安排专人驻守在煤矿进行及时跟踪	
	e2	JH 公司及时了解原燃材料及备品备件市场最新行情、动态、相关行业政策和供应商情况，掌握主动权，积极进行比价采购，做到以质论价，确保采购降本	

3.3.4.3　JH 公司伙伴异质性

（1）组织异质性。JH 公司的伙伴可以分为两类，即高校科研机构和行业内组织。在高校科研机构方面，JH 公司借助于 H 集团下属研究院的技术优势，与中国 JZ 材料科学研究总院建立技术指导关系，同时与 SC 大学和 XK 大学合作，成立横向课题或基金项目以开展污染颗粒物的减排研究，从而建立了良好的技术合作关系。在行业内组织方面，合作伙伴主要为企业的经销商、用户和竞争对手。在原先所建立的优秀经销商队伍的基础上新增了西昌市、喜德县、冕宁县等区域的优质经销商，完善了经销商体系建设；用户有 YL 流域水电站、LS 国投实业有限公司、HT 水泥企业等；JH 公司在竞争对手方面主要是通过四川省水泥协会自律性组织与其达成区域化的市场协同，维持价格不降，保障行业利润。

尽管 JH 公司拥有较多合作伙伴，但主要集中在经销商和竞争对手两类，表现为对经销商合作的管控和与竞争对手区域协同的竞合关系，而与其他合作伙伴并没有开展较深入的合作。

根据上述案例描述，本书将 JH 公司的伙伴异质性中的组织异质性表现评为

"较弱"。该维度的典型证据与来源出处如表 3.30 所示。

表 3.30 伙伴异质性——组织异质性维度编码及引用语条目

条目数	来源	典型证据	变量维度
8	E1	JH 公司不断了解市场信息，具体价格和供应量与需求方进行协调，现已成为 YL 流域水电站特种水泥的主要供应商	组织异质性
	E1	JH 公司在价格方面不采用低价促销，通过四川省水泥协会倡导每家水泥企业尽量达成统一，不侵占各自的地销市场，但对于比较大的市场大家可以共同进行良性竞争，最终形成区域化的市场协同和地区销售市场保护	
	E1	JH 公司以增资扩股的方式与 H 集团进行联合，借助该集团的地区资源和技术优势，同时与中国 JZ 材料科学研究总院建立技术指导关系，逐渐成为攀西地区水泥行业龙头企业	
	E1	JH 公司积极利用水泥协会等自律组织，巩固与 LS 国投实业有限公司的战略关系，积极与客户联系、交流，抢占现有市场份额	
	E1	JH 公司同时与多所高校进行环保方面合作，如 SC 大学、XK 大学	
	e1	在 2017 年的基础上，JH 公司不断地优化水泥市场网络建设，扩大销售渠道，加大经销商管控，成功培育了一支优秀经销商队伍	
	e1	JH 公司在西昌、喜德、冕宁等区域新增优质经销商，完善经销商体系建设，为地销市场销量打下了坚实的基础	
	e2	JH 公司紧抓大客户不放，持续深化与航天水泥合作，坚持市场竞合，抢占商混市场份额	

（2）知识异质性。JH 公司主要从三个方面获得互补性的知识：首先，SC 大学在环保科技方面具备基础知识，又具备前沿理念，有利于 JH 公司开展生产环保技术创新，实现减污减税；其次，H 集团下属的技术研究院及中国 JZ 材料科学研究总院在水泥生产科技中掌握了较为领先的核心技术，可以为 JH 公司的水泥生产工作提供专业性的生产技术和实践经验，有利于 JH 公司开展精益化生产，抢占新兴市场；最后，JH 公司继续强化与 HT 公司和商混企业的战略性合作，使得 JH 公司通过不同的专业分工获取一定的市场效益。总体来说，JH 公司获得其合作伙伴分享的知识并不多，并且知识的异质性和互补性普遍较低。

根据上述案例描述，本书将 JH 公司的伙伴异质性中的知识异质性表现评为"很弱"。该维度的典型证据与来源出处如表 3.31 所示。

表 3.31 伙伴异质性——知识异质性维度编码及引用语条目

条目数	来源	典型证据	变量维度
4	E1	JH 公司与 SC 大学进行合作，考察环保生产方面，共同进行环保方面的技术创新，降低了水泥生产成本	知识异质性
	E1	JH 公司借用合作企业下属的技术研究院优势。例如，合作伙伴 H 集团研发出来的低热硅酸盐水泥技术，首先通过 JH 公司进行生产销售，占领市场	
	e1	JH 公司通过 H 集团的技术支持及中国 JZ 材料科学研究总院进驻公司进行监造指导，严格把控质量管理，使中低热、中高抗等特种水泥的质量得到稳步提高	
	e2	JH 公司继续强化与 HT 公司的战略性合作，继续深化与商混企业的战略合作	

3.3.4.4　JH 公司的知识转移

JH 公司通过实现产品区域品牌化和顾客高度忠诚度，倒逼经销商公司选择其作为合作对象，不断开展合作以促进市场信息在供应链上的畅通传递；JH 公司依托四川省水泥协会与不同区域的水泥生产企业进行市场信息交流，获取了重要的市场知识与信息，最终达成了区域停窑限产和协同共赢的市场共识；JH 公司通过与 H 集团、中国 JZ 材料科学研究总院开展水泥生产技术合作，与 SC 大学、XK 大学进行环保课题研究，获取了与水泥生产技术相关的知识，实现了节能降本。JH 公司与外部合作伙伴将继续开展深入合作，逐步建立规范的产学研关系。

尽管 JH 公司获取了相关的市场信息和专业生产技术，但并没有完全转化自身的知识与能力，仍然依赖于其他企业或组织机构，并且获取的知识极为有限；同时，JH 公司在公司管理方面基本没有获取外部企业的领先实践经验，管理能力难以提升。

根据上述案例描述，本书将 JH 公司的知识转移表现评为"差"。该维度的典型证据与来源出处如表 3.32 所示。

表 3.32 知识转移维度编码及引用语条目

条目数	来源	典型证据	变量维度
6	E1	JH 公司在不同水泥新产品的研发和生产过程中，不断与拥有自主知识产权的股东企业进行技术交流，同时组织内部员工通过实践迅速解决技术难题	知识转移

续表

条目数	来源	典型证据	变量维度
6	E1	JH 公司通过四川省水泥协会与不同区域的水泥生产企业进行市场信息交流，最终达成停窑限产和区域协调的市场共识	知识转移
	E1	JH 公司通过获取客户口碑以及形成区域品牌化，倒逼经销商与公司不断开展合作，促进市场信息在供应链上的畅通传递	
	E1	JH 公司投资了 600 多万元引进外部技术进行环保方面改造，并与大学进行合作使氮氧化物排放降低了 1 倍有余，满足了政府的环保要求	
	e2	JH 公司注重员工知识技能培训，要求每一位员工掌握各自管辖的设备技术知识，组织部门员工学习技术知识，提高个人素质	
	e2	JH 公司要求机电技术人员要将自己掌握的技术和经验毫无保留地传授给车间员工，通过互帮互学的形式，实现全员设备管理	

3.3.4.5 JH 公司商业模式创新

（1）新颖型商业模式创新。JH 公司对外提升水泥生产技术与市场敏感度，对内严格要求生产环节实现环保低碳。JH 公司通过引进新的合作伙伴进行新的产品和技术研发。一方面，JH 公司通过与 H 集团进行产品技术、信息与服务的整合，通过低热硅酸盐水泥技术迅速占领市场制高点，为市场提供附加值较高的新产品，满足客户需求；另一方面，在发展过程中，JH 公司引入 XN 集团的资本，拓展己方战略圈层，扩大经营网络，在 XN 集团持续性的注资与帮助下，不断提高产品和服务的质量，使 JH 公司不断发展壮大。此外，随着国家环境监管加严，环保逐渐成为水泥企业的生存之基。JH 公司一贯秉承依法管理、预防为主、持续改进和节能减排的环境方针，投入大量资本进行环保技术改造，并与多所大学开展环保技术合作，生产环保技术精度得到不断提升，为客户和社会创造更多的价值。总体而言，JH 公司的商业模式创新举措不多，虽然在环保方面取得了长足进步，为公司的生存发展抢占了先机，但限制于传统水泥制造行业本身商业模式设计的局限性，JH 公司的革新之处不多。

根据上述案例描述，本书将 JH 公司的新颖型商业模式创新表现评为"很弱"。该维度的典型证据与来源出处如表 3.33 所示。

（2）效率型商业模式创新。JH 公司努力减少市场信息不对称，通过建立稳定的供销关系和竞争协定以实现交易成本的降低和交易效率的提高，并改进收入分配方式及规则，激励经销商和合作伙伴提升销售额。在减少市场信息不对称方面，JH 公司依托四川省水泥协会，与该地区的其他水泥企业分享水泥市场信息与

表 3.33　新颖型商业模式创新维度编码及引用语条目

条目数	来源	典型证据	变量维度
3	E1	JH 公司通过与 H 集团进行产品技术、信息与服务的整合，不断开辟新的产品生产工艺，如低热硅酸盐水泥技术首先通过 JH 公司进行生产销售，迅速占领市场制高点	新颖型商业模式创新
	E1	JH 公司在发展过程中引入 XN 集团与 H 集团的资本与技术，完善产品品种与服务质量，使公司不断发展壮大	
	E1	JH 公司通过技术创新使氮氧化物排放量下降且成本降低，同时推行技术改造项目——布袋收尘器的项目在环保方面持续发力，技术精度不断提高，为客户和社会创造更多的价值	

知识，为解决来自外省水泥企业抢占市场的威胁达成协议，一致对外，实现市场信息的迅速传达和及时反馈；在降低交易成本和提高交易效率方面，JH 公司通过与经销商保持稳定的关系，且与竞争对手达成各自地销市场不侵犯、大型市场同竞争的协议，减少了促销成本，最终形成了 JH 公司"内部苦练内功降成本、外部协调沟通抢市场"的发展模式；在改进收入分配方式及规则方面，JH 公司继续通过分区域、分品种、分价格、分销量的方式实行区别提成对待的经销商模式。总体而言，虽然 JH 公司为优化交易秩序做了不少努力，但常规手段偏多，降低交易成本的效果有限。

根据上述案例描述，本书将 JH 公司的效率型商业模式创新的表现评为"弱"。该维度的典型证据与来源出处如表 3.34 所示。

表 3.34　效率型商业模式创新维度编码及引用语条目

条目数	来源	典型证据	变量维度
4	E1	JH 公司通过四川省水泥协会与该地区的其他水泥企业分享水泥市场信息与知识，减少信息不对称	效率型商业模式创新
	E1	JH 公司与经销商保持稳定的关系，且与竞争对手达成各自地销市场不侵犯、大型市场同竞争的协议，降低交易成本与市场促销成本	
	E1	JH 公司秉承"内部苦练内功降成本、外部协调沟通抢市场"的发展模式，不断降低各种成本，并且通过沟通与其他企业达成一致协议，提高交易效率	
	e2	JH 公司继续通过分区域、分品种、分价格、分销量的方式实行区别提成对待的经销商模式	

综上所述，JH 公司通过"技术改进、环保创新"获得先进的生产和环保技术，推出新的产品和服务，为社会创造更多价值；同时 JH 公司紧盯市场，洞察行情的先动性促使公司在实际运营过程中减少市场信息的不对称，这些都促进了公司的商业模式创新；而其保守的投资与决策风格在一定程度妨碍了 JH 公司接触新的市场和商业模式，不利于自身的商业模式创新。

JH 公司的商业模式创新离不开它的伙伴企业。大学和科研机构带来的互补性的生产环保知识促进 JH 公司环保技术改造；与行业内组织（如经销商和竞争对手）建立稳定的供销关系与竞合协定有利于 JH 公司提升交易效率，降低交易成本。但由于 JH 公司的合作伙伴较少，伙伴企业知识异质性程度较低，导致伙伴异质性整体偏低，抑制了 JH 公司的商业模式创新。因此，根据以上分析，本书认为 JH 公司商业模式创新机理如图 3.5 所示。

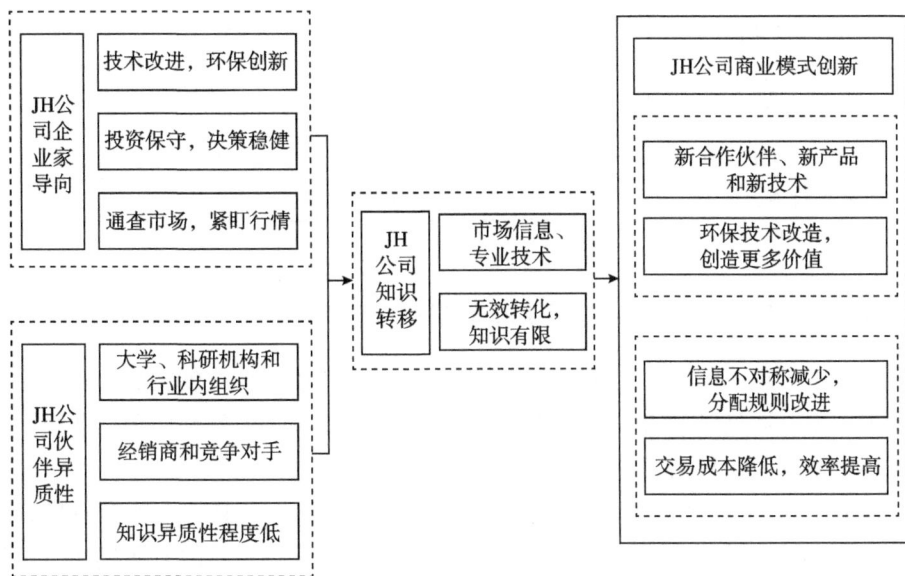

图 3.5 JH 商业模式创新机理

3.4 多案例比较研究与初始研究命题的提出

本书从企业家导向、伙伴异质性、知识转移、商业模式创新等方面分别对案例企业进行了详细的描述与分析，并对每个案例企业在不同变量上的实际表现情况进行了评价编码。为了便于跨案例横向比较，现对这四组案例企业的评价编码进行汇总，以"很强、强、较强、一般、较弱、弱、很弱"7个等级表示各企业在企业家导向、伙伴异质性和商业模式创新等几个变量指标的表现水平，以"很好、好、较好、一般、较差、差、很差"表示各企业在知识转移上的表现情况。基于此，本书将对比各变量之间的评价水平，归纳总结出变量之间的相互关系，提出初始研究命题。案例企业编码结果如表3.35所示。

表3.35　案例企业编码结果

变量/案例	SD公司	DS公司	JP公司	JH公司
创新性	很强	强	一般	较弱
风险承担性	强	较强	较弱	弱
先动性	强	较强	较强	一般
组织异质性	很强	较强	一般	较弱
知识异质性	很强	强	一般	很弱
知识转移	很好	较好	一般	差
新颖型商业模式创新	很强	强	一般	很弱
效率型商业模式创新	强	强	较强	弱

3.4.1　关于企业家导向与商业模式创新的研究命题

本书基于理论基础和文献综述曾预设企业导向与商业模式创新之间可能存在正相关关系，通过对四组案例的描述和分析结果来看，企业家导向和商业模式创新总体上呈现出一种正相关关系。

从表3.35中可以看出，无论是新颖型商业模式创新还是效率型商业模式创新，SD公司的创新水平最高。SD公司打破传统白酒制造企业的商业模式，深挖传统文化，致力于打造富有文化底蕴的IP，用酒隐射诗，借此延伸至文化层面。同时，SD公司充分利用互联网平台，满足差异化需求，锁定核心人群，在产品定位上极为精准，形成了新品占领年轻市场、竞品提升品牌形象、精品承载文化底蕴的战略布局。较之于SD公司，DS公司略次之，JP公司表现得较为一般，JH公司则显得比较弱，商业模式创新水平上呈由高到低的趋势。

从企业家导向上来看，就创新性而言，SD公司在创新上表现得尤为突出，DS公司较之略低，但同样远高于JP公司与JH公司。即使在JP公司与JH公司之间，JP公司的创新性水平也优于JH公司。值得注意的是，SD公司的创新性水平虽然优于 DS 公司，但在效率型商业模式创新水平上，两者表现出一致的水平，这可能因为创新性对于效率的改善有其极限值，但这并不影响总趋势。可见，企业家导向的创新性与商业模式创新之间可能存在正相关关系，创新性越强，越有利于商业模式创新。就风险承担性而言，SD 公司与 DS 公司对风险都有不同程度的偏好与承受能力，SD 公司的发展策略更具有扩张性。虽然同属制造行业大类，JP 公司和 JH 公司则显得太过于稳健，JH 公司甚至表现出对风险的厌恶，这可能与公司自身的盈利情况有关。因此，JP 公司与 JH 公司在商业模式创新上的水平表现得不尽如人意，而因为敢于冒险，SD 公司与 DS 公司则在商业模式创新上优于 JP 公司和 JH 公司。由此可见，风险承担性与商业模式创新之间可能存在正相关关系，风险承担性越强，商业模式创新水平越高。就先动性而言，SD 公司的先动性要优于其他企业，DS 公司与 JP 公司水平相当，JH 公司最弱。总体上看，随着先动性水平的降低，商业模式创新水平也逐渐降低。但对于 DS 公司和 JP 公司来说，虽然两者在先动性的水平上评分一致，但 DS 公司商业模式创新水平却总体上优于 JP 公司。这可能是因为 DS 公司的业务范围要广于 JP 公司。因此，DS 公司在同等水平先动性的前提下，能够收集到更丰富的有价值的信息，进而做出更多的有效决策。因此商业模式创新水平优于 JP 公司。因此，可以看出，先动性和商业模式创新可能存在正相关关系，先动性越强，商业模式创新水平越高。

综上可以看出，企业家导向的创新性水平越强，企业的商业模式创新程度越高。基于此，本书提出命题 1~命题 6：

命题 1：创新性对新颖型商业模式创新有积极的影响。

命题 2：创新性对效率型商业模式创新有积极的影响。

命题 3：风险承担性对新颖型商业模式创新有积极的影响。

命题 4：风险承担性对效率型商业模式创新有积极的影响。

命题 5：先动性对新颖型商业模式创新有积极的影响。

命题 6：先动性对效率型商业模式创新有积极的影响。

3.4.2 关于伙伴异质性与商业模式创新的研究命题

基于对文献的梳理与回顾，本书认为伙伴异质性与商业模式创新之间可能存在正相关关系。通过对四组案例的描述和分析结果来看，商业模式创新在 SD 公司、DS 公司、JP 公司、JH 公司四者之间呈由高到低的趋势，而伙伴异质性和商业模式创新总体上呈现出一种正相关关系。

就组织异质性而言，SD 公司的组织异质性最强，其合作伙伴涉及政府机关、高校科研机构、文创团体、外资企业甚至上下游企业等。作为上市公司，SD 公司的商业网络非常发达，与不同组织类型企业都有所合作，且属于深度合作，其商业模式创新的水平也较高。DS 公司的组织异质性水平要优于 JP 公司和 JH 公司，其中 JH 公司更多是在政府或者行业协会的引导下，与竞争对手协同合作，甚少涉及其他合作伙伴，其商业模式创新水平最低。由此可见，组织异质性和商业模式创新可能存在正相关关系，组织异质性越强，商业模式创新水平越高。就知识异质性水平而言，SD 公司、DS 公司、JP 公司、JH 公司四者正好呈现出由高到低的趋势，与各自的商业模式创新水平趋同。但知识异质性对于效率型商业模式创新的影响可能也存在某种极值，超过之后，就不再作用于对效率的改善，因为知识的更新本就更有利于更激进的创新活动。因此，SD 公司与 DS 公司的效率型商业模式创新水平相当，而就新颖型商业模式创新而言，SD 公司优于 DS 公司。而 JP 公司在知识异质性水平一般的情况下，在效率型商业模式创新上却取得了较好水平，可能是因为对于电缆行业而言，其销售对象较为固定，因此着手于既有商业模式的调整更有效，而对于 JP 公司而言，由于已在电缆行业深耕多年，所具备的知识存量足以满足当前创新对知识的需求，因此呈现出"新颖型商业模式创新水平一般，效率型商业模式创新水平较强"的组合。总之，从大的趋势看，知识异质性和商业模式创新可能存在正相关关系，知识异质性越强，商业模式创新水平越高。

综上可以看出，伙伴异质性的水平越强，企业的商业模式创新程度越高，基于此，本书提出命题 7～命题 10：

命题 7：组织异质性对新颖型商业模式创新有积极的影响。

命题 8：组织异质性对效率型商业模式创新有积极的影响。

命题 9：知识异质性对新颖型商业模式创新有积极的影响。

命题 10：知识异质性对效率型商业模式创新有积极的影响。

3.4.3 关于企业家导向与知识转移的研究命题

本书基于文献综述预设企业导向与知识转移之间可能存在正相关关系，通过对四组案例的描述和分析结果来看，企业家导向和知识转移总体上呈现出一种正相关关系。

首先，分析各案例企业的知识转移情况。在四组案例中，SD 公司的知识转移情况最好。SD 公司是一家典型的企业家导向型企业，与合作伙伴之间的知识转移情况很好。通过与科研技术团队的合作，SD 公司完成研发项目 150 余项，承担国家级、省（部）级项目 30 余项，拥有发明专利 47 项、专有技术 9 项、自主创新成果 100 余项，独创陈香型、幽雅型等生态白酒新产品 134 种。而 DS 公司的知识转移情况也不错，但略弱于 SD 公司。JP 公司则表现得较为一般，JH 公司则显得比较弱，四家公司的知识转移呈现由好到差的趋势。

其次，分析四组案例企业在企业家导向上的表现水平。本书已在前文中详细分析了四组案例企业在创新性、风险承担性、先动性的表现水平，从总的趋势来看，SD 公司在上述 3 个变量中都呈现出最高的水平，而 JH 公司则表现得较弱。DS 公司与 JP 公司处在中间位置，但 DS 公司整体优于 JP 公司，JP 公司仅在先动性上与 DS 公司水平相当。可以讨论的是，DS 公司由于其商业网络较之 JP 公司更广，其潜在市场更大，在应对外部环境变化时所需要储备的知识更多，因此在先动性相当的情况下，其知识转移水平优于 JP 公司。因此，可以推断，企业家导向与知识转移呈现出正相关关系，企业家导向越强，知识转移情况越好。

综上所述，本书提出命题 11~命题 13：

命题 11：创新性对知识转移有积极的影响。

命题 12：风险承担性对知识转移有积极的正向影响。

命题 13：先动性对知识转移有积极的影响。

3.4.4 关于伙伴异质性与知识转移的研究命题

基于对文献的梳理与回顾，本书认为伙伴异质性与知识转移之间可能存在正相关关系，通过对四组案例的描述和分析结果来看，知识转移在 SD 公司、DS 公司、JP 公司、JH 公司四者之间呈由高到低的趋势。前文已详细分析了四组案例企业在组织异质性和知识异质性上的表现水平，可以看到，SD 公司、DS 公司、JP 公司、JH 公司在组织异质性和知识异质性上同样呈现出由高到低的趋势，因此，可以推断，伙伴异质性与知识转移呈现出正相关关系，伙伴异质性越强，知识转移情况越好。

综上所述，本书提出命题 14~命题 15：

命题 14：组织异质性对知识转移有积极的影响。

命题 15：知识异质性对知识转移有积极的影响。

3.4.5 关于知识转移与商业模式创新的研究命题

知识转移是驱动商业模式创新的重要因素。基于对文献的梳理与回顾，本书认为知识转移与商业模式创新之间可能存在正相关关系，通过对四组案例的描述和分析结果来看，商业模式创新在 SD 公司、DS 公司、JP 公司、JH 公司四者之间呈由高到低的趋势，而知识转移在四家企业中同样呈现这样的分布趋势，可以看出知识转移和商业模式创新总体上可能呈现出一种正相关关系。例如，在四家案例企业中，SD 公司的知识转移情况最好，其通过与不同类型伙伴的合作，既弥补了自身的短板，同时又将自身的创新理念与伙伴分享，让利益相关者更好地理解其运营模式的本质。因此，SD 公司的商业模式创新水平最高。相反，JH 公司受制于行业发展的惯性，几乎只在行业内企业之间进行必要的沟通，政府也仅仅在其中起简单的协调作用，因此其知识转移效果较差，JH 公司的商业模式创新水平也表现得最弱。由此可见，知识转移本质上是构念新的商业模式的重要渠道与保证，对商业模式创新有显著的促进作用。

综上所述，本书提出命题 16~命题 17：

命题 16：知识转移对新颖型商业模式创新有积极的影响。

命题 17：知识转移对效率型商业模式创新有积极的影响。

3.5　本章小结

本章通过对 SD 公司、DS 公司、JH 公司和 JP 公司的探索性案例研究，探析了企业家导向、伙伴异质性、知识转移对商业模式创新的影响机制。通过分析，本书认为企业家导向有利于商业模式创新，同时对知识转移也有正向影响。伙伴异质性同样对商业模式创新有正向影响，同时与知识转移呈正相关关系。知识转移也是驱动商业模式创新的重要因素。因此，本书通过多案例分析，共提出 17 个初始假设命题。需要强调的是，以上命题仅仅是对企业家导向、伙伴异质性、知识转移与商业模式创新关系的初步探索研究，仅仅是基于四家案例企业的分析而得出的初步结论，具有一定的局限性。因此，本书将在下一章从理论层面上对上述变量之间的关系展开详细的分析与推论，同时基于中介效应的视角，进一步梳理上述命题之间的关系。

第4章　理论模型与研究假设

基于第三章探索性案例研究，本书已经提出有关企业家导向、伙伴异质性、知识转移、商业模式创新作用机制的 17 个初始研究命题，提出企业家导向对商业模式创新有正向影响，伙伴异质性对商业模式创新有正向影响，知识转移对商业模式创新有正向影响，企业家导向对知识转移有正向影响，伙伴异质性对知识转移有正向影响。据此可以推论出知识转移可能在企业家导向、伙伴异质性与商业模式创新之间起到中介作用。因此，本章将基于现有研究和已确立的研究框架，对四者之间的关系进行更深入的阐述，提出完整的研究假设和理论模型。

4.1　企业家导向与商业模式创新

作为一种重要的战略导向，企业家导向驱动企业以强烈的创新意愿加速产品的迭代更新，承担不确定性带来的风险（Wiklund & Shepherd, 2005；张京红等，2022），更积极主动地拓展未知市场（Covin & Slevin, 1989；刘博等，2024；张振刚等，2024）。越来越多的企业因为在战略导向上确立了企业家导向而从中获益（Semrau et al., 2016；刘嘉慧等，2023）。企业家导向因其强烈的创新态度能够有效驱动商业模式创新。本书基于前人的研究将企业家导向分为三个维度，即创新性、风险承担性、先动性（Miller et al., 1983；李晶和曹钰华，2022），同时基于 Amit 和 Zott（2001）所构念的商业模式设计主题，将商业模式创新分为新颖型商业模式创新和效率型商业模式创新。其中，新颖型商业模式创新（Novelty）强调为客户带来增值产品或服务（程愚等，2012；赵斌杰等，2024），或者引入新的伙伴，推出新的产品或服务，创造新的交易方式，建立伙伴激励的新机制，本质上是打破现存商业模式演进的路径依赖，突破惯性（Inertia）。效率型商业模式创新（Efficiency）是通过交易活动的链接，降低交易成本，让交易变得更透明、更便捷，减少信息的不对称性，并且能够达到优化交易各方流程、知识的目的，甚至在成本结构与收入分配上有所改进，总之就是能够提高彼此的效率。基于此，本书从创新性、风险承担性和先动性三个方面来分析企业家导向对两类商业模式创新的影响。

4.1.1 创新性与商业模式创新

创新性是企业开发新产品、运用新技术、实验新想法、使用新管理工具的倾向与意愿，是企业获取竞争优势的重要手段。创新性是企业家导向最基本的属性。一般而言，创新性强的企业总是有着强烈的"创造性破坏"的冲动。打破既有的商业规则，尝试新奇的想法（Covin & Slevin，1989；高强等，2024），建立起一套新的商业逻辑，从而在市场中收获更大的收益，是这类企业典型的行为特征。Dess 和 Lumpkin（2005）指出创新改变资产的价值，并创造新的市场需求。因为创新，市场中衍生出新的价值准则。在这些新的规则下，市场主体基于"适者生存"的原理，不断调整乃至变革彼此之间的互动关系与交易方式，从而在博弈中保持竞争优势。这种调整与变革，本质上是对商业模式的调整与变革。不仅如此，新技术往往也是推进商业模式创新的重要因素（Velu，2015）；技术创新是商业模式创新的动力与情境（沈小平等，2001；张辽和胡忠博，2024）。商业模式创新会重新匹配资源，构架新的组织结构，从而优化企业的权责机制、交流机制，并调整管理制度与之相适应，由此从业务系统、盈利模式和运营效率上影响技术创新。反过来技术创新也在逐渐调整组织架构（Vickery，1999；马智胜等，2024）。创新性驱动企业引进新的技术或创造新的工艺，而这些技术革新有利于企业推出新的产品或服务，采取新的沟通或交易方式，甚至在新技术的支撑下，增进了彼此的互信关系，从而驱动企业在商业模式上做出相应的调整。

无论是从新颖型的角度讲（Amit & Zott，2001；仝自强等，2024），还是从效率型的角度讲（Amit & Zott，2001；姜忠辉等，2024），商业模式创新主要强调企业在交易内容、交易结构与交易治理上的创新（Zott & Amit，2007；王炳成等，2024）。交易内容包括企业整合新的产品或服务，满足新的利益相关者的要求，而交易结构主要是企业与合作伙伴之间的交易方式，交易治理主要是企业与伙伴在互动关系中形成的激励、奖惩、防控等机制与规则。

就新颖型创新而言，首先，创新性通过新技术、新概念推动企业在产品及服务的升级与增值。新技术或新工艺最直接的作用在于提高生产效率，进而缩减产品的成本，为企业带来技术效益和竞争优势。同时，新技术更有可能推动新产品的研发，进而更好地满足市场的整体需求。企业基于研发优势，使产品功能得到升级优化，更好地满足消费者需求，加快推进产品和服务的商业化进程（Teece，2010；袁嘉，2024）。通过创新，企业能够逐步扩大市场份额，反过来推动企业的规模效应,进一步优化成本结构,从而实现交易内容的创新。其次,创新性通过新技术、新概念推动企业革新与伙伴之间的合作模式与交易方式。基于信息技术的发展,企业已置身于"万物相连"的网络之中,传统沟通渠道逐渐被新的交易网络所覆盖,企业与企业之间的交易机制呈现出前所未有的新状态。新的技术与概念更利于拓展组织边界与产业边界,更利于构建开放的系统,更利于企业在网络中频繁交易,为商业模式创新提供动能、创造氛围(王水莲和王洁,2017;张振刚等,2024),从而促进交易结构的创新。最后,内容创新和结构创新虽然确保了价值创造的内容与价值交易的渠道,但对于企业或伙伴而言,如何通过某种机制与规则实现价值分配同样重要,即防范风险的同时又能使共创的价值在利益相关者之间实现合理的分配,从而巩固彼此的互动关系(Amit & Zott,2012;徐飞和綦成双,2023)。创新性驱使着企业在分配方式与信任机制等方面进行大胆的探索。以往基于"零和博弈"的思维,企业注重的是"蛋糕"分配的多少。在竞合的思维下,企业注重的是利润配置的合理与否。因此,创新性越强,意味着企业越愿意尝试看似让利实则因为维护了长期稳定的伙伴关系而获取更多利润的分配方式,同时在不断探索中,彼此建立更深厚的信任机制,从而促进交易治理的创新。

就效率型创新而言,创新性降低了企业交易的复杂性,解决了交易中信息不对称的问题,增加了交易的透明程度,节约了交易成本。新技术增加了企业与伙伴之间的交流渠道,使信息、知识的获取与转移变得更简洁与容易,企业之间可以在更开放的网络中有效沟通,由此提高了企业获取外部资本与机会的可能性,提升了企业与利益相关者之间的沟通效率,最终使企业与伙伴对于商业模式创新的理解更为深刻与透彻。创新性驱使企业不断优化企业之间的合作流程,提高交易的效率。新的技术或概念能够帮助企业寻找到现存交易系统的差错,促使企业不断优化交易流程、减少交易差错,有利于效率型商业模式创新。

综上所述,本书提出以下假设:

H1a:创新性对新颖型商业模式创新有正向影响。

H1b:创新性对效率型商业模式创新有正向影响。

4.1.2 风险承担性与商业模式创新

风险承担性表现为企业为获取利润采取大胆的行为,对风险领域投入资源(Lumpkin & Dess,1996;余珮和陈潇澜,2024)。Porter(1985)指出风险承担性越强的企业更有可能投资回报与风险相匹配的项目,采取更积极的行动应对复杂多变的环境。Tang 等(2008)认为进入新市场的行为是企业家导向的重要特质，企业家愿意承担风险是为了掌握机会、获取利润而绝非赌博。陈果（2016）深入讨论了"互联网+"商业模式创新中企业基于风险偏好对伙伴的选择，采用动态博弈论分析了不同商业模式创新主体的风险偏好对双方知识转移的影响。总之，大多数学者认为风险承担性让企业对环境保持警觉，有利于企业的创新行为。虽然创新总是伴有失败的风险，但不具备风险承担性的企业会因为过于保守而丧失对机会的捕捉，逐渐失去竞争优势。事实上，只有愿意承担风险（风险倾向性较强）的管理者才能将企业驶向成功的彼岸（李琦等，2024）。风险承担性本质上描述了企业迫切改变现状、在不确定性中实现快速成长的态势（Moreno & Casillas，2010；曾萍等，2023）。

商业模式创新是具有系统性创新特征的创新行为，是企业从设计商业模式之初到其演化的动态过程，但这并不意味着商业模式创新是执行预制计划后所输出的一成不变的结果，其本质是一个手段导向的动态过程（Chanal & Caron-Fasan，2010；郭韬等，2024），也是一个不断去粗取精、由表及里的试错过程。可见，商业模式创新表现出鲜明的战略性试验的特点（Teece，2010；李东等，2013；谢康等，2024）。因此，无论何种类型的商业模式创新，由于环境的动荡与其本身的试验色彩，其结果充满了巨大的不确定性，企业的商业模式创新活动天然地具备风险特征。新颖型商业模式创新本质是对组织惯性与组织刚性的破除，是对以往商业模式的颠覆式革命。基于资源依赖观和知识管理理论的基本观点，商业模式创新是企业协同内外部知识资源进行创新的结果，向外获取知识是创新的必要途径。因此，搜索、吸收、整合知识都面临不可避免的成本，甚至面临"所学不能为所用"的风险。从交易的视角来看，无论是交易内容、交易结构还是交易治理，三个板块都需要崭新的呈现方式，引入新的交易伙伴容易产生信任危机与交易摩擦，提供新的产品或服务前期至少需要投入市场的培育成本，新的激励机制可能建立于提前让利的假设下，覆盖全域的交易渠道增加了泄密的可能性。效率型商业模式创新虽然致力于降低交易成本、提高效率，但同样面临上述新颖型商业模式创新的风险，仅在承担风险的程度上有所区分而已。因此，风险承担性是企业开展商业模式创新实践的重要驱动因素，越是愿意探索未知商业领域、构念新型交易方式的企业，越有可能实施商业模式创新。

综上所述，本书提出以下假设：

H1c：风险承担性对新颖型商业模式创新有正向影响。

H1d：风险承担性对效率型商业模式创新有正向影响。

4.1.3 先动性与商业模式创新

先动性是创新思维在企业行为上的体现，更注重行动。先动性是组织率先进入新型市场，利用市场潜在信息以迅速适应环境变化，迫使竞争者做出回应的行动倾向（Miles et al.，1978；李文等，2022）。企业基于数据对未来市场和环境提前预判，寻找潜在机遇，并先于竞争者研发新的技术、实践新的管理方法或构建新的组织结构，甚至在某些业务单元方面选择战略性撤退，始终保持先行者优势（Lumpkin & Dess，1996；Dess & Lumpkin，2005；武光，2023）。Lumpkin 等（2001）认为，新创企业只有协同好创新性与先动性后才能克服外部的复杂性情境，进而实现成功创业。Hughes 等（2007）指出，先动性赋予了企业前瞻性的市场洞察能力，有利于将捕捉到的市场机会转化为企业资本，增进企业的财务绩效。Jones（2009）认为，先发制人是挖掘"蓝海"市场的绝佳策略，具备先动性的企业往往率先打破既有均衡，在激烈的竞争中以"拓荒者"的姿态主动积极地搜寻市场，或者利用原有领域的新机会，再或者拓展未涉足领域的新市场，通过引进新技术、新产品、新服务、新管理理念，始终维持先手效应，获取高额利润，成为行业的领导者。周丹等（2019）丰富了先动性的含义，指出先动性不仅表现在企业先于他者实施创新行为的意愿，同时体现在将某些处在成熟期或衰退期的业务单元尽早剥离的倾向性，引入新产品或创意，抑或策略性地退出成熟或衰退阶段的行业，从而提高绩效。

本质上，商业模式创新是企业对用户需求变化的迅速感知，也是企业对市场环境的快速反应，并据此重新配置内外部资源和构建新商业交易系统的过程（李文等，2022）。首先，先动性对于新颖型商业模式创新而言，促使企业更快识别企业的外部环境，据此选择需要与怎样的伙伴进行合作，这是调动资源、促使创新的基础。同时，企业以最快的速度执行这一程序，提供更能满足顾客需求的新产品与服务，抢先对新市场布局，实现内容方面的创新，其实质是增加商业模式交易内容的客体。其次，为了更好地与伙伴开展合作以及为顾客提供优质的产品与服务，先动性促使企业率先革新原有的交易方式，破除以前交易的路径依赖和交易惯性，始终在交易网络中保持更加具有竞争性的位置，始终对商业模式创新起主导作用，本质上优化了商业模式的交易结构。最后，先动性促使企业迅速设计出合理的价值分配方案，构建利益相关者相互履行约定的激励规则与保障制度，促使组织间的互动与协调有序展开，促进商业模式交易治理的创新。先动性同样促进效率型商业模式的创新。效率型商业模式创新的核心在于提高交易效率，降低交易成本，使交易过程透明、简单，用增量式变革的思维优化之前商业模式的不足之处。因此，先动性总能为企业提供及时的市场信息与外部知识，促使企业审视既有商业模式与之不匹配的地方。在内容上，先动性使企业尽快优化流程、知识与技术，降低企业间的沟通成本；在结构上，先动性促进各种信息与知识的共享，让企业间的合作更为透明，操作更便捷；在治理上，由于成本的降低与合作的透明化，先动性增进了企业间的信任，成为交易的润滑剂，进而有利于效率型商业模式创新。

综上所述，本书提出以下假设：

H1e：先动性对新颖型商业模式创新有正向影响。

H1f：先动性对效率型商业模式创新有正向影响。

通过上述分析与推论，可以看出，企业家导向对商业模式创新有正向影响，其模型如图4.1所示。

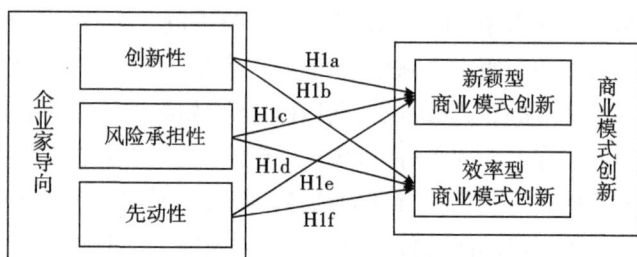

图4.1　企业家导向与商业模式创新的关系

4.2　伙伴异质性与商业模式创新

伙伴异质性是以创新为研究导向的，研究伙伴异质性主要讨论在协同创新中不同主体间差异化的资源、能力、知识对创新的贡献程度，以及不同主体之间通过怎样的合作方式实现开放式创新，这与商业模式创新的开放理念相契合。前文详细讨论了伙伴异质性的概念及维度划分，将伙伴异质性划分为组织异质性和知识异质性，并粗略地讨论了伙伴异质性与商业模式创新的关系。基于此，本书从组织异质性和知识异质性来分析伙伴异质性对两类商业模式创新的影响。

4.2.1　组织异质性与商业模式创新

在商业模式创新中，企业可以选择多种组织类型的企业作为合作伙伴。这些合作伙伴可以是用户，或者是行业内企业，抑或是高校科研机构（Agrawal，2001）、政府部门（Fischer & Reuber，2003；田庆锋和杜文静，2024）、科技中介（Oerlemans，2013；张光宇和张瑶，2024）、风投机构（梁靓，2014；张振刚等，2024）。不同的伙伴由于差异程度的不同，其在商业模式创新中扮演的角色也有所不同。Burt（1992）指出，背景的异质性可以为合作双方提供更多差异化的信息，有利于维护稳定的合作关系。Jiang 等（2010）将合作伙伴分为营利性组织（For-profit Businesses）和非营利性组织（Not-for-profit Organizations），不同组织类型的合作伙伴对创新的贡献度有差异性。如高校这样的非营利组织多是提供基础性的技术支撑，而私人企业这种营利组织多以中短期套利为目的而提供应用型资源。Terjesen 等（2011）基于对英国 167 家企业的实证研究，指出组织异质性在运营成本、产品质量、企业绩效之间都有正向调节作用。Raesfeld 等（2012）基于产业链条的分工描述组织异质性，指出背景方面具备差异的合作伙伴更有利于提升项目研发绩效。梁靓（2014）通过实证研究指出组织异质性对开放式创新有正向影响。虽然有部分学者对组织异质性与创新的关系持不同意见，但大多数研究认为，组织异质性有利于创新。组织类型的不同导致其战略目标、运营方式、决策手段和管理方式都呈现出不同，因此不同类型企业的合作才出现了互补的可能。充分利用不同类型组织的优势是焦点企业实现商业模式创新的重要基础。

组织类型的多样化是商业模式创新的基础。无论哪种类型的商业模式创新，都是焦点企业与各种各样的合作伙伴在网络中开展的开放式创新活动，丰富多样的合作伙伴确保了焦点企业与不同伙伴合作的可能性。类型迥异的外部伙伴为企业提供不同的信息源和知识源，为企业的创新提供源源不断的创意与机会。大量研究表明，产学研合作之所以成功，首先得益于组织类型的差异。正是因为组织类型的差异，彼此在经营理念、资源禀赋、战略目标等方面呈现出多样化的状态，高校与企业之间在新技术、新工艺、新方法上能够实现有效合作并成功转移（Hemmert et al.，2014；Ankrah & AL-Tabbaa，2015；吴友和董静，2022）。但商业模式创新并不局限于产学研的框架中，它具有更强的包容性。企业可以与供应链上的合作方达成一致意见，从纵向上开展商业模式创新。例如，制造商与用户之间通过信息网络实现直接对接的高端定制服务；再如，汽车生产商直接为客户制定的汽车融资方案；又如，企业围绕供应商与零售商之间展开的赊销贴现政策，等等。企业同样可以同完全不相干的产业外企业展开合作以实现商业模式创新。例如，传统白酒制造商与外部文创团队开展合作，通过对白酒产品的文化元素的注入提升白酒的附加值，并成功打造极具文化特色的巡演作品，实现商业模式的创新；再如，风投机构的介入很有可能优化企业现有的成本结构，降低企业的交易成本，提升企业的整体效率。

综上所述，本书提出以下假设：

H2a：组织异质性对新颖型商业模式创新有正向影响。

H2b：组织异质性对效率型商业模式创新有正向影响。

4.2.2 知识异质性与商业模式创新

知识的差异化与互补性为多种知识的组合提供了可能（Granstrand，2004；王凤彬和杨京雨，2024），异质性的知识孕育新的创意，为商业模式创新提供了更多的机会（Swaminathan & Moorman，2009；高强等，2024）。基于知识观的角度，企业本质上是各种知识的集合体，不同的知识集合所包含的元素各异。异质性知识可以弥补企业的知识空缺（Spender et al.，2007；吴亮和赵兴庐，2024），最终可能提升企业创新能力（Barney et al.，2001；李纪琛等，2023）。从组织学习的视角看，组织之间所存在的异质性技术、技能与管理经验等方面的知识丰富了组织学习的多样性与动态性，有利于组织间不同类型知识（显性或隐性）的共享与转移（喻红阳、袁付礼和李海婴，2005；董昌其等，2024）。一般而言，知识异质性有益于双方的交互与合作（Rodan & Galunic，2004；余江等，2024），能够优化彼此之间知识资源的配置，传递新颖的概念与观点，促进企业更加高效地化解难题，提升创新能力（Amabile et al.，1996；孙铭和王茗旭，2024）。苏佳璐等（2024）指出，处在联盟中的合作伙伴可以相互传递异质性知识，而这种异质性知识只有当被联盟成员所共享并且加以利用时，不同企业的创新能力才能得以提升。因此，尽管有不少学者认为过强的异质性可能会增加知识搜索与整合的成本，增强信息的不对称性，从而不利于创新（Corsaro & Cantù，2015；肖德云等，2024）。除非合作中所产生的成本大于收益，否则知识的异质性仍然有利于创新。

在知识经济的时代，商业模式创新最重要的基础资源莫过于知识，但辅助性或同质性的知识往往会产生知识冗余，反而不利于创新。在多数学者的研究中，互补性或异质性的知识能够显著提高创新绩效（Rodan & Galunic，2004；周伟等，2024）。商业模式不仅表现为系统结构，同时也呈现为某种新颖的概念（Osterwalder et al.，2005；王炳成等，2024）。而异质性的知识往往最能够孕育新奇的创意。不同的知识经过重新排列组合后，常常以一种前所未有的概念颠覆现有的商业逻辑与规则。从新颖型商业模式创新来看，异质性知识是打破惯性最有效的工具。企业的惯性往往来自于现存知识基础的刚性，同时也源于观念理念的刚性（Leonard-Barton，1992；李长英和王曼，2024）。异质性知识一方面作为一种互补的增量知识改善企业现有知识结构，填补知识空白；另一方面也作为一种大胆的设想或概念，颠覆企业管理者的价值观念，从而使企业更具创新性、开放性。因此，知识异质性赋予商业模式得以创新的土壤。异质性知识一旦被企业吸收、整合、应用，就能克服组织惯性与组织刚性，增量知识不仅扩展了企业的知识边界，更有利于培养企业的市场洞察力，鼓励企业管理者探索那些天马行空却又有迹可循的想法，探索新问题，研究新现象，发掘新机会，在内部不断优化的同时紧盯外部的变化，进而适时调整组织结构与交易方式，创造新的价值增长点，进一步促进商业模式创新（Zhao et al.，2014；Martins et al.，2015；张振刚等，2024）。从效率型商业模式创新来看，缺乏知识与信息是交易效率偏低的原因。知识服务于企业之间的交易过程，异质性知识一旦被吸收和利用后，能有效提升双方的交易效率，双方在相互理解的基础上弥补知识差距，修补价值网络中的知识漏洞，实现知识信息的共享与融通。由于企业不可能无限制、不计成本地创造知识，因此企业越能从外部获取异质性知识，就越能提高彼此的交易效率，越有可能促进效率型商业模式创新。

综上所述，本书提出以下假设：

H2c：知识异质性对新颖型商业模式创新有正向影响。

H2d：知识异质性对效率型商业模式创新有正向影响。

通过上述分析与推论，可以看出，伙伴异质性对商业模式创新有正向影响，其模型如图 4.2 所示。

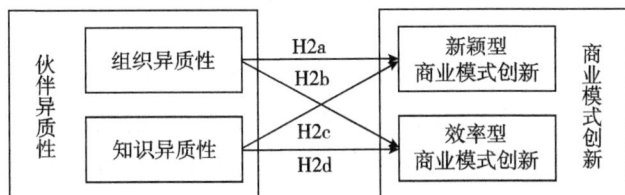

图 4.2　伙伴异质性与商业模式创新的关系

4.3　企业家导向与知识转移

企业家导向是资源基础理论的核心（Conner，1991；张琳等，2021），从资源基础观的视角来看，企业家导向是一种资源消耗型的战略导向（Covin et al.，1991；刘嘉慧等，2023）。一般而言，企业家导向鼓励企业积极创新，为提升绩效承担较高的风险，大胆地探索尚未涉足的市场，强烈的创新性让企业家导向型企业常常处于资源或知识紧缺的状态，具备向外部获取资源、知识的强烈动机。基于学习视角，企业家导向被描述为企业的组织学习机制（Alvarez & Busenitz，2001；衣长军等，2024），企业需要与不同的组织互动，吸收、学习更多的知识以支撑企业家导向。从研究的现状来看，这种视角之间具有递进关系，充分说明企业家导向对知识获取、知识转移的重要影响。知识转移活动是一个动态过程，不仅包括知识的传递，更重要的在于知识的吸收、整合。对于知识的接收方而言，是否愿意学习成为影响知识转移效果的重要因素，而企业家导向型企业恰好是具备高水平的学习型组织，具备良好的吸收能力。

4.3.1 创新性与知识转移

创新是企业维持竞争优势的不竭动力。不断开展创新实践的企业更能识别知识的重要价值，从而将其吸收并加以利用，推进创新成果的商业化进程（Easter-by-Smith et al.，2008；蔡湘杰等，2024）。企业家导向强度越高，企业研发新技术、使用新理念的意愿越强烈，向外获取知识的动机也就越强，进而促使企业不断优化学习机制，增强吸收知识的能力。吸收是知识转移过程中的重要环节，知识转移效果如何，有赖于组织的吸收能力。例如，提高研发部门的吸收能力，整合内外部知识，优化现存的知识基础，就能提高创新的速度与效率。对于创新性不高的企业而言，由于现存知识已经满足其发展的需要，因此不会过多开展对外合作。而对于那些创新意愿和创新能力都较强的企业而言，它们总是不断在网络中积极搜索，开展高水平的组织学习（Hult et al.，2003；武峥，2024），促进组织间知识转移的完成。不仅如此，创新性强的企业不仅作为知识的输入方，同样也可能成为知识的输出方。知识转移是一个动态过程，企业吸收外部知识并加以整合后就可能创造出新的知识，而这种新的知识就可能成为其异质性伙伴所需要的互补知识，即吸收互补性知识的同时也可能创造互补性知识。可见，创新性对整个知识转移过程都有重要影响。

综上所述，本书提出以下假设：

H3a：创新性对知识转移有正向影响。

4.3.2 风险承担性与知识转移

具有风险承担性的企业鼓励创新，承担试错成本，追求高回报、高风险的项目。创新离不开市场的考验，企业推出的新产品或服务是否完全受到市场认可具有不确定性，但创新本身又是各种要素投入的结果。企业承担风险才有可能支持企业的创新活动，进而鼓励企业向外获取知识。事实上，当企业风险承担能力较低时，企业的经营战略、发展方式更趋于稳健，不大可能鼓励企业对外开展知识转移。然而，企业家导向型企业总是不断挖掘新市场，不断跨越组织边界搜寻新机会，面临较高的风险。因此，风险承担性使企业可以拓展企业的试错范围，使企业可以承担风险，进而能够快速整合各种资源，满足不断迭代的需求，适应快速变化的环境（Moreno & Casillas，2010；赖秀萍等，2024）。同时，知识转移本身就是高风险的活动。不同主体在合作时，可能会面临双方机会主义的风险。对于输出方而言，可能会面临核心机密泄露或被盗用、滥用等风险（Norman，2002；刁丽琳等，2012；侯英杰等，2024）。对于接收方而言，吸收外部知识同样需要投入大量资源。考虑到不同的知识基础与知识结构可能会增强被转移知识的嵌入性和复杂性，知识接收方同样面临无法吸收和利用外来知识的可能性。因此，只有风险承担性较高的企业才愿意持续开展知识转移活动。

综上所述，本书提出以下假设：

H3b：风险承担性对知识转移有正向影响。

4.3.3　先动性与知识转移

先动性是企业基于对市场的前瞻性认知而大胆预测未来市场的变化，并以此为依据率先采取行动捕捉商机的倾向（Lumpkin & Dess，1996；贺迎黎等，2024）。先动性意味着企业的关注点聚焦于潜在市场，在不断对外部需求进行扫描的同时积极地预测市场走向，从而发现更有价值的细分市场并抢先占领。这种预判能力源于企业知识的不断更新迭代，因为环境变化迅速，常常颠覆企业的既有观念。因此，企业不得不提前储备知识、寻找知识、吸收知识、创造知识，进而培养新技术、新能力，提升企业的竞争优势。一般而言，先动性强的企业善于不断环顾所处环境，并预测行业趋势（Daft & Weick，1984；张京红等，2022），敢于率先采取行动的人总能创造出更多的机会（李琦等，2024），即"先发制人，后发制于人"。因此，企业家导向型企业通常都渴望成为行业的标杆与市场的领袖，由于其冒险精神，使企业对未来市场敢于大胆地判断，向外获取知识的动机也就越强，进而促进知识转移活动的发生。

综上所述，本书提出以下假设：

H3c：先动性对知识转移有正向影响。

通过上述分析与推论，可以看出，企业家导向对知识转移有正向影响，其模型如图4.3所示。

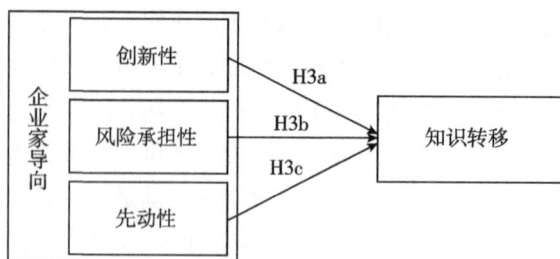

图 4.3 企业家导向与知识转移的关系

4.4 伙伴异质性与知识转移

伙伴异质性具体表现为差异性与多样性（Beckman & Haunschild，2002；Phelps，2010；娄凌燕和肖振红，2022）。差异性主要强调资源、能力、知识的差异，多样性则主要体现为伙伴的多样化程度，用户、供应链上下游伙伴、竞争对手、大学、知识机构、风投机构、政府等都构成了企业丰富多样的合作圈。因此，企业与合作伙伴的关系不仅是双边关系，更是一种网络关系。由于企业本质上是独特资源的组合（Wernerfelt，1984；张娜和刘凤朝，2023），不同的企业具有不同的资源，因此，异质性资源是企业获取竞争优势的主要手段（Barney，1991；周冬华和万贻健，2023）。当企业缺乏某种资源时，企业就可以通过各种网络展开搜索，在锁定目标后，通过转移的方式获取外部资源。事实上，异质性的伙伴由于能够弥补企业的知识短板，因此作为知识源，伙伴异质性成为双方之间知识转移的关键因素。知识转移活动发生在知识源与知识受体之间，知识受体之所以愿意吸收知识正是因为其对自身知识体系的补充需求，因为吸收知识需要付出相应的努力与成本，互补性的知识最能保证知识转移的绩效。再者，异质性伙伴转移知识的动机在于与焦点企业开展协同合作，实现共同创新。一般而言，商业模式创新是在焦点企业的主导下与异质性伙伴共同完成的。可见，伙伴虽然重要，但对于商业模式创新而言，仍然需要发挥焦点企业的协同整合作用。异质性伙伴通过对商业模式创新的贡献而得利，因此具备知识转移的动机。

就组织异质性而言，不同类型的合作伙伴构成了企业庞大的资源圈与知识库，为创新提供了更大的可能性。Woerter（2009）基于若干产业的数据指出，行业内的多样性与差异性越丰富，行业的创新程度越高，而同质化的行业往往不利于创新。从企业的合作圈来看，当各种类型的企业都能成为企业的合作伙伴时，各方创新的积极性将备受鼓励，知识转移活动也将频繁发生。就知识异质性而言，差异互补的知识是驱动知识转移的关键因素。企业之间的合作主要在于优势互补，遵循的是"1+1>2"的协同逻辑。企业之所以愿意吸收整合伙伴的知识，主要在于异质性伙伴的存量知识往往是"创新木桶"上的短板。可见，作为接收方，企业总乐于接受合作伙伴的异质性知识，总是不断促进知识转移活动发生，知识受体的接受动机越强，则知识转移的效果越好（邹艳、王晓新和叶金福，2009），而异质性的知识最能刺激知识受体的接受意愿。

综上所述，本书提出以下假设：

H4a：组织异质性对知识转移有正向影响。

H4b：知识异质性对知识转移有正向影响。

通过上述分析与推论，可以看出，伙伴异质性对知识转移有正向影响，其模型如图 4.4 所示。

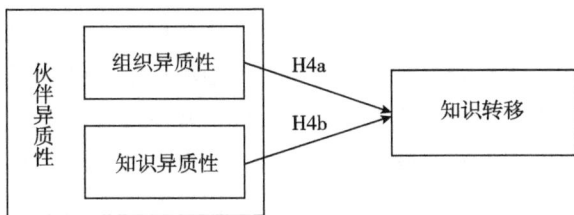

图 4.4 伙伴异质性与知识转移的关系

4.5 知识转移与商业模式创新

知识是商业模式创新的重要基础，但处于静止状态的知识本身并不直接引起商业模式创新。因此，知识转移才是直接引起商业模式创新的重要因素（Mina et al.，2004；齐二石和陈果，2016；Chang，2017；姜忠辉等，2024）。知识转移作为一个动态过程，其目标不在于知识在主体之间的简单流动，更重要的是知识如何能够被应用、整合、重构，产生新的价值（Hendriks，1999；顾丽敏，2024）。因此，知识转移是指知识在不同主体之间的传递、吸收、共享、应用，并最终嵌入组织内部情境之中的过程，知识转移的目的在于提高合作绩效，促进合作创新。本质上，组织是创造知识和转移知识的社会团体，组织所拥有的存量知识是有效区别其他组织的特征，但由于知识的零散性和不对称性，使组织与组织之间有转移知识的冲动。因此，知识转移越发成为企业竞争优势的来源（Cummings & Teng，2003；湛军和张顺，2023），知识转移能力成为企业获取竞争优势的特有能力。基于组织学习理论的观点，创新是一个持续性的学习过程，是获取知识并创造知识再积累知识的一个不断循环反复的过程（Ravasi & Turati，2005；王凤彬和杨京雨，2024）。企业通过知识转移获取新的知识后，可以提升组织内高管的认知水平，促进商业模式创新（吴晓波和赵子溢，2017；姜忠辉等，2024）。

就新颖型商业模式创新而言，其实质在于对现有商业规则与逻辑的背离，同时构筑新的商业生态系统，使利益相关者在竞合的理念下相互配合进而共创新的价值。由此，企业需要对价值主张重新定义，设计新颖的交互方式，建立与之适应的维护机制，构筑新的价值网络。然而，开展这些创新活动将对企业所拥有的资源基础、知识存量提出挑战。Zott 和 Amit（2010）指出，商业模式创新分为两个阶段，即构念与转换。构念是商业模式创新的重点，更是难点。因为构念新的模式总是建立在知识的基础上，企业不仅需要优化内部知识，更需要在开放式的网络中，通过跨组织、跨边界、跨产业甚至跨地域搜索、吸收知识，以夯实构念的基础。无论哪种类型的商业模式创新，资源、知识的短缺都是创新活动的瓶颈之一。因此，通过知识转移来获取外部信息、掌握新的理念和技术、学习新的管理经验、吸收新的知识显得尤为重要。通过知识转移，企业获取了不同组织类型的异质性伙伴的知识与资源，并加以吸收、整合、运用，甚至创造出新的知识，可以提高创新的新颖程度（Hu，2014；胡潇婷等，2024）。由此，企业可以规避内部创新的风险，从而降低创新不确定性所带来的成本（王丽平和赵飞跃，2016；侯英杰等，2024）。例如，新创企业如果能够通过合作伙伴获取有关用户、行业内企业（供应商、竞争对手）等的相关知识信息，并创造性地加以利用和整合，就能提升其商业模式创新成功的可能性（Teece，2010；Zhao et al.，2014；方炜等，2020）。由此可见，新颖型商业模式创新是企业通过知识转移获取新的知识，从而破除商业惯例与组织惯性的过程。尤其是随着开放式合作创新理念的不断发展，企业需要不断拓展知识来源，正如 Chesbrough 等（2006）指出，当今商业模式创新的过程实质上就是开放式学习的过程，企业的知识获取活动已经从封闭模式转变成开放模式。但更为重要的是，企业还要对获取的外部知识加以吸收、整合、应用，进而创造出新的知识。吸收和整合知识是商业模式创新的关键，这是企业消化新知识的重要一步。只有把互补性知识消化吸收后，企业才有可能整合新旧知识，将新知识嵌入组织内部并融入到组织情境中，因为应用或创造新知识是知识转移的归宿。组织根据自身知识结构，或者直接应用已被吸收的知识，又或者在此基础上创造出新的知识，其目的都在于构念出新的模式、创造产品的新价值、创新与伙伴的交互方式、建立新的保障机制。

就效率型商业模式创新而言，其更聚焦于效率的提升，减少无效、低效交易。虽然商业模式创新最需要异质性知识，但异质性知识可能存在差异过大、距离过远等问题，反而使企业与伙伴交互合作出现不协调，甚至出现偏差，因而降低交易效率。研究表明，过强的异质性可能导致双方交流、合作的困难，增加沟通成本（陈凯华等，2024）、搜寻成本（Mar et al.，2017）以及管理成本和协同成本（Cui & O'Connor，2012；姜忠辉等，2024），不利于合作关系的持续与维护。Borgatti 和 Cross（2003）指出，由于主体间的"语言"形式的差异，知识转移需要更多的资产，双方的交易效率随之下降。因此，知识的吸收成为关键。在知识转移过程中，吸收知识是一个重要阶段。组织间只有建立有效的沟通机制，才能实现知识在双方之间的传递，不同主体会根据知识结构的差异程度调整吸收的时间与完成度。当新的知识完成内部化后，双方则能使用相同或相似的编码在网络中进行沟通，从而提升交易效率。这种互动有利于企业间建立长期的关系，增加彼此的重复交易，减少重订契约的交易成本，实现高频次经济交易活动内部化，进而在合作中逐渐形成惯例、路径，乃至文化、惯性。

综上所述，本书提出以下假设：

H5a：知识转移对新颖型商业模式创新有正向影响。

H5b：知识转移对效率型商业模式创新有正向影响。

通过上述分析与推论可以看出，知识转移对商业模式创新有正向影响，其模型如图 4.5 所示。

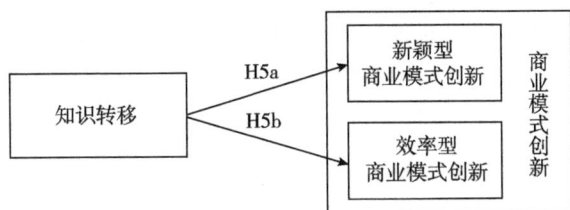

图 4.5　知识转移与商业模式创新的关系

4.6　知识转移的中介作用

中介变量通常是用于揭示自变量作用于因变量的原理的"黑箱"。换言之，中介变量在自变量与因变量之间起到中介路径的作用。温忠麟等（2005）指出，考虑自变量 X 对因变量 Y 的影响，如果 X 通过影响变量 M 来影响 Y，则称 M 为中介变量。本书详细讨论了企业家导向、伙伴异质性以及知识转移对商业模式创新的作用机理，并系统阐述了企业家导向及伙伴异质性对知识转移的影响。这就存在企业家导向、伙伴异质性通过对知识转移的影响进而影响商业模式创新的可能性。基于此，本书将继续通过对前人研究的回顾与梳理来分析知识转移的中介作用。

首先，企业家导向作为一种战略导向，反映的是企业对创新、风险的偏好与倾向，属于态度、意愿的范畴。计划行为理论认为，人类行为的轨迹表现为从态度意愿到行为，再到产生结果的过程。因此，作为态度意愿范畴类的企业家导向应该通过某种行为或活动（意愿与结果之间的桥梁）作用于作为结果的商业模式创新。研究表明，知识转移对商业模式创新有着显著的促进作用（Mina et al.，2004；齐二石和陈果，2016；吴增源等，2018；姜忠辉等，2024），在知识经济时代，持续性的获取知识与不断创造出新的知识，才是影响商业模式创新最关键的因素。企业家导向作为一种资源消耗性战略导向，企业常常处于知识紧缺的状态，需要不断补给知识，持续创新。因此，只有通过与合作伙伴在网络中开展知识转移活动，才能推进商业模式创新。同时，商业模式创新是一个复杂的系统工程，需要焦点企业基于开放式的理念在网络中输出其关于商业模式创新的构念，以便不同类型的伙伴加以理解，更好地完成协同创新。而这一构念输出的过程本身就是知识转移的过程。可见，企业家导向越强，知识转移活动发生的频率越高，商业模式创新的效果就越好。因此，从企业内部战略视角来看，企业家导向通过影响知识转移进而影响商业模式创新。

其次，有关伙伴异质性的研究主要集中于讨论在开放式创新中异质性主体因其差异互补的资源、能力、知识对创新的贡献程度。由于商业模式具有开放性，因此异质性伙伴是商业模式创新的必要条件。无论是从资源依赖观来看，还是从组织学习的视角来研究，伙伴异质性都对商业模式创新有着显著影响。但异质性伙伴所拥有的知识通常处于存量的静止状态，只有当知识从存量状态变为流量状态时，其对焦点企业的互补效应才能得到有效发挥。知识转移是知识在知识源与知识受体之间的流动过程，是知识从静态转为动态的关键因素，因此，异质性越强的伙伴，越能形成对焦点企业的互补，越能推动知识转移的发生，从而促进商业模式的创新。可见，从外部组织视角来看，伙伴异质性通过影响知识转移进而影响商业模式创新。

因此，从整合的视角出发，商业模式创新是企业家导向型的焦点企业与异质性合作伙伴通过知识转移这一行为共同实现的。企业家导向是企业的创新意愿，决定了焦点企业是否愿意承担创新的风险，大胆探索商业模式创新；伙伴异质性是商业模式创新的必要条件，决定了商业模式创新的"木桶短板"，知识转移是焦点企业与各种组织类型的伙伴的合作方式，是商业模式创新得以实现的中介路径。

综上所述，本书提出以下假设：

H6a-1：知识转移在创新性与新颖型商业模式创新之间起到中介作用。

H6a-2：知识转移在创新性与效率型商业模式创新之间起到中介作用。

H6b-1：知识转移在风险承担性与新颖型商业模式创新之间起到中介作用。

H6b-2：知识转移在风险承担性与效率型商业模式创新之间起到中介作用。

H6c-1：知识转移在先动性与新颖型商业模式创新之间起到中介作用。

H6c-2：知识转移在先动性与效率型商业模式创新之间起到中介作用。

H7a-1：知识转移在组织异质性与新颖型商业模式创新之间起到中介作用。

H7a-2：知识转移在组织异质性与效率型商业模式创新之间起到中介作用。

H7b-1：知识转移在知识异质性与新颖型商业模式创新之间起到中介作用。

H7b-2：知识转移在知识异质性与效率型商业模式创新之间起到中介作用。

通过上述分析与推论可以看出，知识转移在企业家导向、伙伴异质性与商业模式创新之间起到中介作用，其模型如图 4.6 所示。

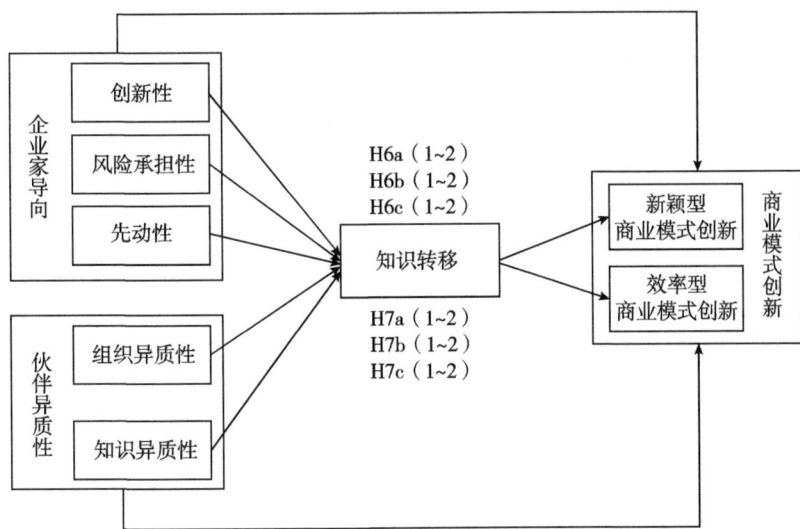

图 4.6　知识转移的中介效应

4.7　研究假设汇总与模型构建

本书经过典型案例的探索性研究以及理论逻辑推导，共得出 7 组假设（见表 4.1）：企业家导向对商业模式创新有正向影响，伙伴异质性对商业模式创新有正向影响，企业家导向对知识转移有正向影响，伙伴异质性对知识转移有正向影响，知识转移对商业模式创新有正向影响，知识转移在企业家导向、伙伴异质性与商业模式创新之间起到中介作用。

表 4.1　研究假设汇总

H1：企业家导向对商业模式创新有正向影响
H1a：创新性对新颖型商业模式创新有正向影响
H1b：创新性对效率型商业模式创新有正向影响
H1c：风险承担性对新颖型商业模式创新有正向影响
H1d：风险承担性对效率型商业模式创新有正向影响
H1e：先动性对新颖型商业模式创新有正向影响
H1f：先动性对效率型商业模式创新有正向影响
H2：伙伴异质性对商业模式创新有正向影响
H2a：组织异质性对新颖型商业模式创新有正向影响
H2b：组织异质性对效率型商业模式创新有正向影响
H2c：知识异质性对新颖型商业模式创新有正向影响
H2d：知识异质性对效率型商业模式创新有正向影响
H3：企业家导向对知识转移有正向影响
H3a：创新性对知识转移有正向影响
H3b：风险承担性对知识转移有正向影响
H3c：先动性对知识转移有正向影响
H4：伙伴异质性对知识转移有正向影响
H4a：组织异质性对知识转移有正向影响
H4b：知识异质性对知识转移有正向影响
H5：知识转移对商业模式创新有正向影响
H5a：知识转移对新颖型商业模式创新有正向影响
H5b：知识转移对效率型商业模式创新有正向影响

续表

H6：知识转移在企业家导向与商业模式创新之间起到中介作用
H6a-1：知识转移在创新性与新颖型商业模式创新之间起到中介作用
H6a-2：知识转移在创新性与效率型商业模式创新之间起到中介作用
H6b-1：知识转移在风险承担性与新颖型商业模式创新之间起到中介作用
H6b-2：知识转移在风险承担性与效率型商业模式创新之间起到中介作用
H6c-1：知识转移在先动性与新颖型商业模式创新之间起到中介作用
H6c-2：知识转移在先动性与效率型商业模式创新之间起到中介作用
H7：知识转移在伙伴异质性与商业模式创新之间起到中介作用
H7a-1：知识转移在组织异质性与新颖型商业模式创新之间起到中介作用
H7a-2：知识转移在组织异质性与效率型商业模式创新之间起到中介作用
H7b-1：知识转移在知识异质性与新颖型商业模式创新之间起到中介作用
H7b-2：知识转移在知识异质性与效率型商业模式创新之间起到中介作用

基于此，本书构建企业家导向、伙伴异质性、知识转移以及商业模式创新的分析框架与概念模型，如图 4.7 所示。

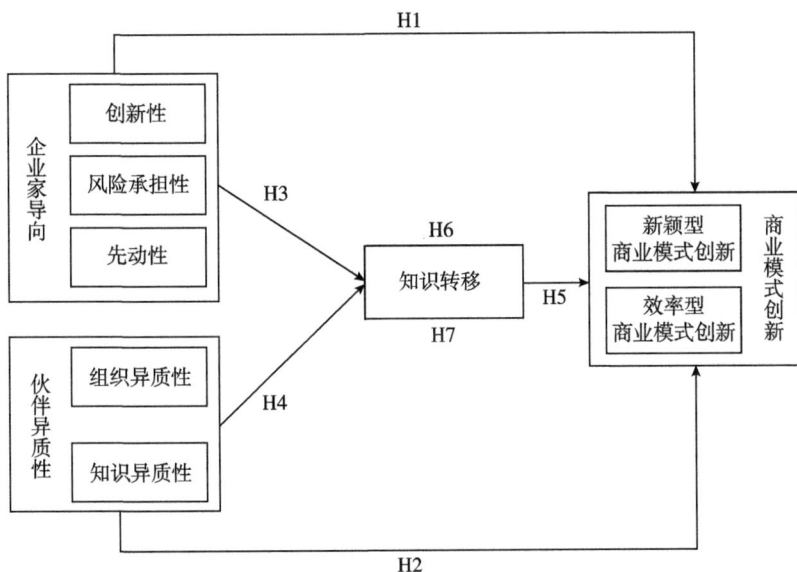

图 4.7　企业家导向、伙伴异质性、知识转移影响商业模式创新的概念模型

4.8　本章小结

　　本章基于探索性案例研究得到的初始命题，结合以往文献与理论，对企业家导向、伙伴异质性、知识转移与商业模式创新之间的研究假设进行了深入的分析与推导，对初始命题进行了细化与补充，形成本书的 7 组假设，并构建本书的概念模型，最后对所有的研究假设进行了汇总。

第5章 研究设计与研究方法

为深入研究企业家导向、伙伴异质性与商业模式创新三者之间的关系以及知识转移的中介作用，本书除采用探索性案例研究及理论推导外，同时运用定量分析的方法对所提出的假设进行验证。因为公开资料中有关各变量的测量数据较难获取，故本书采用调查问卷收集数据。本章拟从问卷设计、变量测量、小样本预测试和主要实证方法四个方面来进行阐述。

5.1 问卷设计

问卷调查法是管理学中的常用方法，问卷设计合理与否是确保数据信度、效度的重要基础，是进行有效的统计分析的重要保证。参照马庆国（2002、2004）和陈晓萍等（2012）学者的有关建议，本书主要从问卷设计原则、问卷设计步骤、问卷结构进行考虑。

5.1.1 问卷设计原则

问卷设计的基本原则在于研究者基于研究的目的，紧紧围绕研究主题，用受访者易于理解的语言，通过简明扼要、直观清晰的题项针对目标群体进行提问，以收集可靠的数据（马庆国，2002；李怀祖，2004；风笑天，2007；曹颖等，2023）。首先，量表的整体设计要与研究目的紧密相关，题项是对研究内容的有效分解；其次，尽量避免晦涩艰深的专业术语，要考虑目标对象和受访人员的实际情况，用通俗易懂的方式提问；再次，要确保题项含义清晰，避免内容模糊或一题多义；最后，设计题项应保持中立，避免诱导性。

基于此，本书通过相关文献回顾，尽量采用国内外成熟的、具备信效度的量表，并且在专家的指正下对其进行必要的调整与修改，尽量使其在言语与修辞习惯上符合中国人的思维逻辑，克服可能因语言、文化等原因产生的理解障碍。同时，为保证问卷效果，对实在不可避免且必须使用的专业术语，问卷中都进行了通俗易懂的注解，甚至进行举例分析，从而提升问卷的质量。

5.1.2 问卷设计步骤

本书的问卷设计主要包括以下四个步骤：第一，文献回顾形成问卷初稿。本书对有关企业家导向、伙伴异质性、知识转移、商业模式创新的国内外经典文献进行了梳理、回顾、分析，充分借鉴国内外权威专家的理论构思，筛选出其中引用率较高、信效度较好的量表与题项，结合我国的语言习惯、发展情况及本书的研究目的，对量表进行了必要的调整、修正与完善，形成初始问卷。第二，征求专家意见。初稿完成后，笔者首先与研究团队的导师和数名博士进行了深入探讨，讨论量表设计的合理性及题项与量表的吻合程度等。其次在团队导师的引荐下，笔者又请教了校内战略领域与创新领域的相关专家，针对问卷的科学性等问题进行了探讨。由此，结合两方面的意见建议，对问卷进行了相应的调整与完善。第三，征求企业高管的建议。对问卷中仍旧难以理解的题项进行了改进，同时再次征求受访者意见，依据其反馈意见进行调整。第四，小样本测试。发放了初始问卷，目的在于检测信度、效度、可靠性。小样本测试主要是在四川大学商务院 MBA 教育中心、EMBA 教育中心和 EDP 培训中心以及成都市经济和信息化委员会规模以上企业现代公司制度建立评审小组的帮助下，对符合条件的企业进行了调查，收集了 122 份有效问卷。

5.1.3 问卷结构

就整体而言，问卷量表包括两个部分：第一部分包括企业的年限、规模、所处行业等基本信息。第二部分是各变量的具体量表。其中除组织异质性外，其他变量都采用 7 分制的李克特量表，其中 1 代表非常不同意，4 代表一般同意（中立态度），7 代表非常同意，其他以此类推。伙伴异质性中的组织异质性采用百分制评分量表，由受访者根据自身情况对题项要求进行估计，对各合作伙伴的占比进行填写，10 代表 10%，100 代表 100%，其他以此类推。

5.2 变量测量

本书所涉及变量为企业家导向（解释变量）、伙伴异质性（解释变量）、商业模式创新（被解释变量）以及知识转移（中介变量），同时包括企业年龄、企业规模等控制变量。本节将具体阐述以上变量的各题项，由于所涉及变量多为潜变量，因此采取多个题项进行测量。

5.2.1 企业家导向的测量

企业家导向是本书的重要解释变量，主要包括创新性、风险承担性和先动性三个维度。Miller 和 Friesen（1982）较早地开发出企业家导向测量表，涉及 8 个题项，信度系数达 0.78，为以后的量表开发工作奠定了较好的基础。Miller 等（1983）基于创新性、风险承担性、先行性三个维度构念进一步开发了三维度测量表。Covin 和 Slevin（1989）基于 Miller 等（1983）同样开发了三维度测量表，涉及 9 个题项，信度系数高达 0.87。Lumpkin 和 Dess（1996）基于创新性、风险承担性、先动性、竞争积极性和自主性五个维度，开发了相应的测量量表。其中许多学者（Wiklund & Shepherd，2005；Tang et al.，2008；Zhi et al.，2009；杨卓尔和高山行，2020）都沿用了 Miller 等（1983）、Covin 和 Slevin（1989）开发的量表对企业家导向进行测量。

基于此，本书在参考 Miller 等（1983）、Covin 和 Slevin（1989）对企业家导向的测量方法的基础上，同时借鉴 Tang 等（2008）关于相关问题的研究，从 9 个题项（EO1~EO9）测量企业家导向中的创新性、风险承担性以及先动性。其中，采用三个题项（EO1~EO3）测量创新性，采用三个题项（EO4~EO6）测量风险承担性，采用三个题项（EO7~EO9）测量先动性，企业家导向初始测量题项如表 5.1 所示。

表 5.1 企业家导向的初始测量题项

变量	测量题项	测量来源
创新性	EO1：管理层高度重视研发、技术领先和创新	
	EO2：管理层乐意尝试新的做事方法并寻求不同的解决方案	
	EO3：管理层鼓励员工积极思考并采用新颖的做事方式	
风险承担性	EO4：所在企业偏好高风险（同时高回报）的项目	Miller 等（1983）、Covin 和 Slevin（1989）、Tang 等（2008）
	EO5：管理层相信大胆的行为是实现组织目标所必需的	
	EO6：管理层鼓励承担适当的业务风险或财务风险	
先动性	EO7：相比竞争者，我们能提前预测市场发展趋势，更具前瞻性	
	EO8：所在企业在行业中率先引入新概念、新业务、新技术、新的管理方式	
	EO9：相比竞争者，所在企业能更快地对市场变化做出反应	

5.2.2 伙伴异质性的测量

伙伴异质性由组织异质性和知识异质性两个维度构成，其中组织异质性不同于被视为潜变量的其他变量，组织异质性通常是作为观察变量直接测量，其测量方式有所不同，计算程序也相对复杂。

5.2.2.1 组织异质性

组织异质性在多数研究中通常被当作观察变量直接研究。组织异质性主要强调合作伙伴在组织类型的差异化与多样性。本书划分了6种类型的外部组织，在问卷中测量不同类型组织占合作伙伴的百分比，其计算过程较为复杂。从现有的研究看，多数学者主要从差异化或者多样性两个角度来测量组织异质性。

（1）差异性。差异性强调企业的合作伙伴中，异质性伙伴所占比重，用公式表达为 $D = 1 - \sum P_j$。其中，D 是差异性指数，P_j 是同性性伙伴所占比重。运用这个公式的前提是要对同质性伙伴和异质性伙伴进行归类与区分。因此，据此测量的 D 值越大，则代表伙伴异质性程度越高，其范围是 0~1。

但是这种方法仅就同质与异质之间进行了粗略的区分，如果异质性伙伴类型较为复杂时，就存在局限性。如图 5.1 所示，根据公式 $D = 1 - \sum P_j$ 计算差异化指数，a 与 b 的异质性指数相同，但 a 只有一种类型的异质性伙伴（科技中介），而 b 有两种类型的异质性伙伴（高等院校与科技中介）。a 与 b 的异质性明显不同。

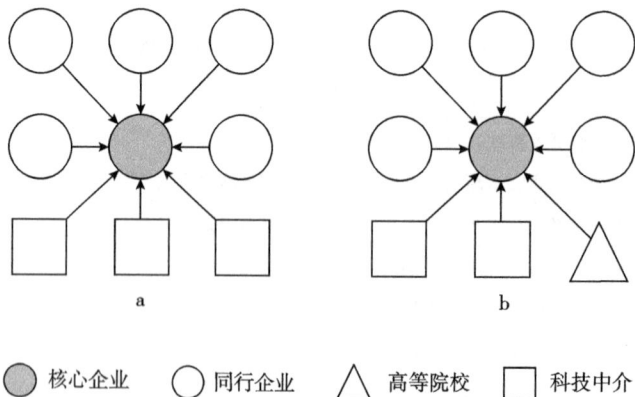

图 5.1 伙伴差异性示意

（2）多样性。差异性指数仅仅是将同质性伙伴与异质性伙伴进行了区分，没有考虑伙伴的类型差异，即合作伙伴的多样化程度。于是，许多学者又提出了多样化的计算方法（Goerzen & Beamish，2005；Duysters & Lokshin，2011；Cui & O'Connor，2012；杨鹏等，2023），但大多数学者仍然采用 Blau（1977）基于赫芬达尔-赫希曼指数（Herfindahl-Hirschman Index，HHI）提出的测量方法，即公式 $H = 1 - \sum P_i^2$。其中，P 表示每一类合作伙伴所占的比重，i 表示不同的合作伙伴类型。Blau 指数取值为 0~1，取值越大，异质性程度越大，0 代表完全同质，1 代表完全异质。但该方法也存在缺陷。如图 5.2 所示，根据公式 $H = 1 - \sum P_i^2$，c 与 d 的差异化指数相同，但 c 的 8 个合作伙伴中有 7 个是同质性的"同行企业"，d 的 8 个合作伙伴中有 7 个是异质性的"高等院校"，显然后者的异质性程度要高于前者。因此在测量组织异质性时，该方法同样存在局限性。

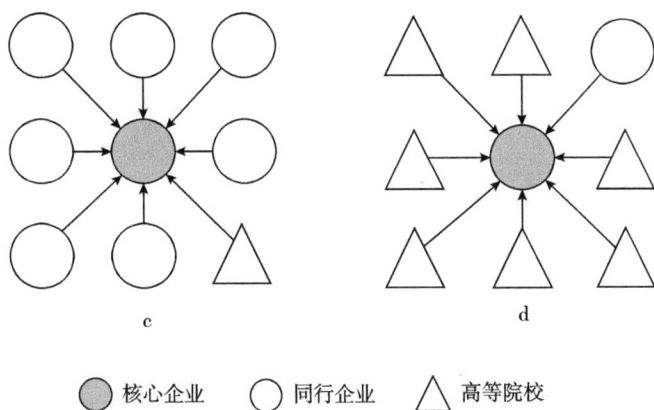

图5.2 伙伴多样性示意

（3）差异性和多样性结合。梁靓（2014）整合前人的研究，将差异性指数公式与多样性指数公式进行有机结合，提出相较而言更合理的公式：$H = 1 - \sum P_j \times P_i^2$。其中，$P_j$ 表示同质性伙伴所占比重，P_i 表示每一类合作伙伴的比重，H 表示伙伴的异质性指数，在 0~1 范围取值，数值越接近 1 代表异质性程度越高。该方法虽然综合考虑了异质性伙伴的比重与伙伴的多样化程度，但首先建立在对同质性伙伴与异质性伙伴的划分基础上。前文已详述梁靓（2014）对合作伙伴的分类，但从划分结果看，过于宽泛。

基于资源基础观，企业是独特资源的集合体（Barney，1991；刘烨等，2024）。因此，任何独立的企业较之于他者，或多或少都具备自己的不同之处，仅根据异质性程度的高低作为判断同质与异质的标准存在某些局限性。其实，无论是用户还是供应商抑或经销商甚至是竞争对手，都与焦点企业在资源、知识、能力、文化等方面各有偏重，许多商业模式创新往往是焦点企业与这些合作伙伴相互作用完成的。例如，私人订制本质是基于信息技术的发展，用户能与企业端口直接对接，在极低的交易成本下，直接输入价值主张编码程序以被企业迅速解码、创造价值的过程。可见，还需要对不同合作伙伴表现出的异质性程度进行分析。再者，即便在异质性企业之间，也存在不同之处。不同的异质性企业可能因为资源禀赋的不同进而对创新的影响和贡献度也不同。如图 5.3 所示，按照 $H = 1 - \sum P_j \times P_i^2$ 公式计算，e 和 f 的异质性指数相同，但政府机构与高等院校虽然都是异质性企业，可是两者对创新的贡献度存在差距，高等院校因其基础知识的优势比政府机构更利于创新。

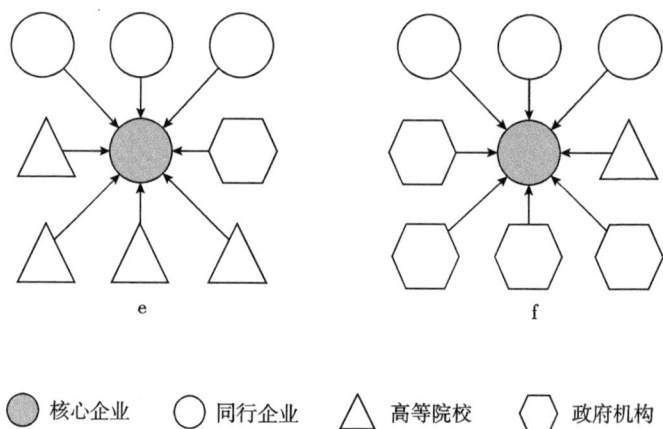

图 5.3　伙伴差异性和多样性结合示意

　　（4）赋权重的方法。王锟（2015）在研究组织异质性时引入了合作伙伴组织异质性权重的概念，分析了不同组织类型合作伙伴相对于核心企业的差异性，用赋权重的方法量化了不同类型合作伙伴的异质程度，权重值越大，则合作伙伴的组织异质性越强。这种方法规避了相关研究中一概而论的问题，有利于组织异质性的深入研究。其公式为 $H = 1 - (1 - \sum P_i \times Q_i) \sum P_i^2$。其中，$Q_i$ 是不同组织类型合作伙伴的组织异质权重指数，其权重指数是在各专家的指导下运用层次分析法和群组决策模型计算得来的，如表 5.2 所示。P_i 依旧代表每一类合作伙伴在总合作伙伴中所占的百分比，所有类型合作伙伴占总合作伙伴百分比的和为 100%，$\sum P_i^2$ 表示合作伙伴的多样化程度，$1 - \sum P_i \times Q_i$ 表示合作伙伴的差异化程度，H 取值范围为 0~1，取值越高表明企业合作伙伴的异质性越高（见表 5.2）。本书认可这种赋权重的思路与方法，采用了其基于层次分析法在专家指导下所确定的组织异质性权重值。

表 5.2　不同合作伙伴的异质性权重

组织类型	权重指数
高校科研机构	0.3833
科技中介	0.2384
用户	0.135
政府机构	0.1314
风险投资企业	0.074
同行企业	0.0378

5.2.2.2　知识异质性

知识异质性主要反映不同主体之间合作所需的知识的差异化与互补性，强调合作双方在知识结构上的互补，Kale 和 Singh（2000）深入研究了公司战略联盟的形成运作机制，讨论了公司之间能够成功组建联盟的各种影响因素，由此把伙伴异质性定义为合作伙伴为合作关系方提供不重叠资源的程度。他们借鉴前人的研究，根据资源能力的互补性（不重叠）开发了成熟的量表。Das 和 Teng（2003）把资源的组合方式分为四种类型，即扩充型、互补型、剩余型和浪费型。其中互补型资源是不同主体之间互为不同又可相互利用的资源，有助于联盟的合作与创新。Lee 等（2010）指出，伙伴之间知识能力的不同有利于创新，并从研发投入、知识基础差异考察了伙伴异质性。其他学者还通过学历背景差异、知识水平差异、专业领域差异、工作经验差异等方面对知识异质性进行了考察。

知识异质性实现了不同主体之间的优势互补，促进了知识转移活动的发生，进一步提高了创新的水平。本书基于前人的研究，同时将知识异质性置于商业模式创新的大背景下，综合考虑，使用 3 个题项（KH1～KH3）对知识异质性进行测量，如表 5.3 所示。

表 5.3　知识异质性的初始测量题项

变量	测量题项	测量来源
知识异质性	KH1：我们与合作方的专业分工有明显差异	Kale 和 Singh（2000）、Lee 等（2010）
	KH2：在合作中，我们与外部合作方所贡献的资源与能力有所差异	
	KH3：外部合作方的投资与能力是对我们自身所拥有的资源与能力的补充	

5.2.3　知识转移的测量

知识转移是本书的中介变量。有关知识转移的测量，不同的学者基于具体的研究情况与研究目的，所使用的量表有所不同。Srećković 和 Windsperger（2011）基于知识特性，将知识分为隐性知识与显性知识，从知识特性的角度研究知识转移。Szulanski（2000）基于知识转移的过程，着重考察知识转移的各阶段的情况。Cummings 和 Teng（2003）对若干行业进行分析，探讨了知识转移的重要影响因素，其中双方基于彼此知识基础的互动尤为重要，并进一步测量了知识转移。其实，对于商业模式而言，任何一种知识都有可能促进其创新，比如消费者的市场知识（Li & Calantone，1998；李金生和柯雯，2024）、消费者对产品的认知（Chang，2017；薛可和鲁晓天，2024）、供应商在技术或产品方面的优势（Cousins et al.，2011；关禹和吕金慧，2024）等，同时，完整的知识转移过程才有利于企业构建新的商业模式。

基于此，本书借助前人的研究，以知识的获取、知识的转移效果及知识的应用情况为逻辑主线，采用 5 个题项（KT1～KT5）对知识转移进行测量，知识转移的初始测量题项如表 5.4 所示。

表 5.4　知识转移的初始测量题项

变量	测量题项	测量来源
知识转移	KT1：我们从合作伙伴那里获得了重要的知识与信息	Kale 等（2000）；Schreiner、Kale 和 Corsten（2009）；Cummings 和 Teng（2003）
	KT2：通过合作，我们从合作伙伴那里获得了与技术、技巧相关的知识	
	KT3：通过合作，我们从合作伙伴那里获得了成熟的管理经验	
	KT4：通过合作，我们的技术、管理等能力得到了提升	
	KT5：我们把从合作伙伴那里学到的技术和能力已经运用到我们的产品和服务中，并将我们的新构念向合作伙伴输出	

5.2.4　商业模式创新的测量

相较于质性研究，有关商业模式创新的定量研究相对较少。作为被解释变量，本书借鉴了 Amit 和 Zott（2001）关于商业模式的设计主题概念，将商业模式创新分为新颖型商业模式创新和效率型商业模式创新。

Zott 和 Amit 从商业模式设计的角度对创新绩效的影响进行了实证研究。此后许多学者基于此展开了相关研究。杨柔坚（2019）从客户价值、资源与能力、盈利方式三个维度构建了商业模式的测量指标体系。胡保亮（2012）对 Zott 和 Amit（2007）的量表题项进行适当删减，用于测量上市中小企业的商业模式创新情况。程愚等（2012）结合中国情境因素，采用演绎法和归纳法在 Zott 和 Amit（2007，2008）开发的量表基础上构建了商业模式的量表，其信度与效度都较为理想。吕鸿江等（2012）基于复杂适应系统（Complex Adaptive System，CAS）理论，从整体层次上构建了包括交易主体多样性、交易关系多重性和交易规则灵活性三个维度和 14 个测量题项的商业模式结构复杂性测量模型。结果显示，该测量模型信度、效度良好，三个维度显著相关。云乐鑫（2014）基于 Zott 和 Amit 的系列研究针对国内企业商业模式创新实践开发了商业模式内容创新量表。张晓玲等（2015）基于商业模式创新的价值共创性、可扩展性、难以模仿性和持续性，构建了商业模式测量表，并实证其对企业绩效的中介作用。总之，Zott 和 Amit 的系列研究为商业模式创新的实证研究奠定了基础。

因此，本书借鉴 Zott 和 Amit 开发的量表，同时以程愚等（2012）、吕鸿江等（2012）和张晓玲等（2015）等学者结合中国情境所做的相关研究为参考，并基于易于国内企业管理者理解的原则，对已有的量表进行了必要的调整、取舍与补充。对于效率型商业模式创新而言，本书采用 8 条题项（EB1～EB8）测量效率型商业模式创新，同时采用 9 条题项（NB1～NB9）测试新颖型商业模式创新，商业模式创新的初始测量题项如表 5.5 所示。

表 5.5 商业模式创新的初始测量题项

变量	测量题项	测量来源
效率型商业模式创新	EB1：我们的商业模式降低了企业或外部合作方的成本（如库存成本、通信成本、信息成本、流程成本、市场和销售成本等中的一项或多项）	Zott 和 Amit（2007）、Velu（2015）、张晓玲等（2015）
	EB2：我们的商业模式使企业与外部合作方的交易变得简单，交易过程变得透明（如信息、服务或产品的交付及使用情况很容易核实）	
	EB3：我们的商业模式不断优化企业的流程、知识与技术	
	EB4：在我们的商业模式中，企业与外部合作方能够在信息充分下做出决策	
	EB5：企业与外部合作方之间能够共享与产品相关的信息和知识，以减少信息不对称	
	EB6：企业在收入分配方式及规则上有增量式改进	
	EB7：企业和外部合作方都能很容易地接触到潜在的其他产品、服务与信息	
	EB8：总体而言，企业的商业模式极大地提高了交易效率	

续表

变量	测量题项	测量来源
新颖型商业模式创新	NB1：我们的商业模式重新整合了产品、信息和服务	Zott 和 Amit（2007）、程愚等（2012）、吕鸿江等（2012）、云乐鑫（2014）
	NB2：我们在商业模式中引入了新的外部合作方	
	NB3：我们的商业模式可以使企业和外部合作方都能接触到大量不同的、新的交易伙伴或产品/服务等	
	NB4：企业能够满足利益相关者的新需求	
	NB5：商业模式能够为客户带来增值产品或服务	
	NB6：企业与外部合作方的交易方式是新颖的	
	NB7：在我们的商业模式中，用来激励外部合作方的措施是新的	
	NB8：企业与合作伙伴建立了新的信任机制	
	NB9：总体而言，我们的商业模式是全新的	

5.2.5 控制变量的测量

商业模式创新需要对各种资源进行优化配置，需要知识作为支撑，并且其本身兼具动态性，是一个不断演进的过程。一般而言，企业规模和企业年龄对商业模式创新有一定的影响。规模越大，企业可能拥有的资源越多，且承担风险的意愿与能力越强，创新行为可能更为频繁，知识转移的动机更强，因此会有更多的选择与伙伴进行合作。但规模过大，也可能产生强烈的组织惯性，反而不利于创新。规模较小的企业正好相反，缺乏资源、厌恶风险，可能导致其创新频率不高，但反过来由于小企业整体的灵活性，可能更利于新概念的产生。企业年龄同样可能影响商业模式创新。年龄越长，企业可能积累较为丰富的商业模式创新的经验，但容易形成路径依赖，可能更倾向于效率型商业模式创新。而对于新创企业而言，并不存在既往经验束缚，可能倾向于新颖型商业模式创新。

因此本书最后选取企业年龄、企业规模作为控制变量探讨其对商业模式创新的影响。企业规模采用企业年销售额和企业的员工人数来进行测量，将其分为50 人以下、50~199 人、200~499 人、500~999 人、1000 人以上五个区间，并用分类变量表示。企业年龄用企业成立的年限表示，分为 1 年以下、1~3 年、4~8年、8 年以上四个区间，用分类变量表示。

5.3 小样本预测试

本书所形成的问卷是基于国内外成熟量表的基础上，广泛征求相关领域专家意见，兼顾企业高管的反馈建议而设计成的，具备理论依据，兼顾实业行情。但为了保证量表的信度、效度，提高问卷的科学性和合理性，本书基于马庆国（2002）的建议，对问卷进行了小样本测试，提高正式问卷的质量，为下一步实证工作夯实基础。在预测试阶段，本书在四川大学商学院 MBA 教育中心、EMBA教育中心及 EDP 培训中心的帮助下，借助校友资源，对问卷进行了发放。同时借助成都市经济和信息化委员会规模以上企业现代公司制度建立评审小组所搭建的平台，对企业中高管进行了调查。在预测试阶段，本书共发放问卷 160 份，回收问卷 135 份，有效问卷 122 份，有效问卷回收率约达 76%。

5.3.1 数据测试方法

在小样本数据预测试阶段，本书采用信度分析和探索性因子分析法（Exploratory Factor Analysis，EFA）检验问卷的可靠性和合理性。信度反映量表结果的稳定性与一致性，信度越高，说明问卷测试结果的内部一致性越好。本书采用Cronbach's α 系数和修正后的项与总体相关性（Corrected Item-Total Correlation，CITC）作为判断信度的依据。其中，Cronbach's α 系数用以检验量表的内部一致性，其阈值通常为 0.7（李怀祖，2004），即大于 0.7 认为可以接受，本书采用此阈值。同时，采用 CITC 检验每个题项与其他所有题项总分之间的相关性，借此判断题项的合格与否。学者多以 0.35 作为 CITC 最低阈值（李怀祖，2004），即大于 0.35 才能被接受，否则应予以删除，本书采用此阈值。

效度反映测量结果的可靠程度（吴明隆，2010；马洁琼和赵海峰，2023），即问卷是否能有效反映所测变量所指内涵。效度分为内容效度和结构效度。本书所设计的问卷主要参考了国内外成熟量表，并依据专家与企业高管的相关建议进行了必要的修正与完善，其内容效度较高。但在预测试阶段，对于结构效度通常需要用探索性因子分析法来进行考察。探索性因子分析法基于降维的思想，从纷杂繁复的各变量中提取几个核心变量以表示多元因子本质结构。一般而言，当各题项因子载荷系数大于 0.5 时，才能将同一变量的题项合并为一个因子。不过，进行探索性因子分析的前提是对样本数据进行 KMO 检验与 Bartlett 球形检验。如果 KMO 值大于 0.7，表示适宜进行探索性因子分析，本书将此设定为最低阈值。

而对于 Bartlett 球形检验，只有其概率值小于显著水平时（$\alpha = 0.05$），才可以进行探索性因子分析。基于此，本书以上述原则为依据，采用主成分分析法，通过最大方差旋转法提出公因子。

5.3.2 小样本数据的信度检验结果

5.3.2.1 企业家导向的信度检验结果

企业家导向分为创新性、风险承担性、先动性三个维度，本书基于上述信度检验方法和原则对其信度进行了检验。其中创新性量表的 Cronbach's α 系数为 0.926，大于 0.7，删除题项后 EO1、EO2、EO3 的 Cronbach's α 值分别为 0.922、0.863、0.896，均小于量表的 Cronbach's α 系数 0.926，EO1、EO2、EO3 的 CITC 分别为 0.816、0.888、0.848，均大于 0.35，说明创新性各题项之间的内部一致性较好，不需要删除题项。企业家导向—创新性的信度检验结果（N = 122）如表 5.6 所示。

表 5.6 企业家导向—创新性的信度检验结果（N = 122）

变量	题号	题项	CITC	删除该题项后的 Cronbach's α 值	Cronbach's α
创新性	EO1	管理层高度重视研发、倡导技术领先和追求创新效益	0.816	0.922	0.926
	EO2	管理层乐意尝试新的做事方法并寻求不同的解决方案	0.888	0.863	
	EO3	管理层鼓励员工积极思考并采用新颖的做事方式	0.848	0.896	

风险承担性量表的 Cronbach's α 系数为 0.828，大于 0.7，删除题项后 EO4、EO5、EO6 的 Cronbach's α 值分别为 0.802、0.780、0.771，均小于量表总的 Cronbach's α 系数 0.828，EO4、EO5、EO6 的 CITC 分别为 0.552、0.694、0.703，均大于 0.35，说明风险承担性各题项之间的内部一致性较好，不需要删除题项。企业家导向—风险承担性的信度检验结果（N = 122）如表 5.7 所示。

如表 5.8 所示，先动性量表的 Cronbach's α 系数为 0.936，大于 0.7，删除题项后 EO7、EO8、EO9 的 Cronbach's α 值分别为 0.924、0.897、0.900，均小于量表总的 Cronbach's α 系数 0.936，EO7、EO8、EO9 的 CITC 分别为 0.847、0.882、0.878，均大于 0.35，说明先动性各题项之间的内部一致性较好，不需要删除题项。

表 5.7　企业家导向—风险承担性的信度检验结果（N = 122）

变量	题号	题项	CITC	删除该题项后的 Cronbach's α 值	Cronbach's α
风险承担性	EO4	所在企业偏好高风险（同时高回报）的项目	0.552	0.802	0.828
	EO5	管理层相信大胆的行为是实现组织目标所必须的	0.694	0.780	
	EO6	管理层鼓励承担适当的业务风险或财务风险	0.703	0.771	

表 5.8　企业家导向—先动性的信度检验结果（N = 122）

变量	题号	题项	CITC	删除该题项后的 Cronbach's α 值	Cronbach's α
先动性	EO7	相比竞争者，我们能提前预测市场发展趋势，更具前瞻性	0.847	0.924	0.936
	EO8	所在企业在行业中率先引入新概念、新业务、新技术、新的管理方式	0.882	0.897	
	EO9	相比竞争者，所在企业能更快地对市场变化做出反应	0.878	0.900	

5.3.2.2　知识异质性的信度检验结果

如表 5.9 所示，知识异质性信度检验的结果显示，知识异质性量表的 Cronbach's α 系数为 0.850，大于 0.7，删除题项后 KH1、KH2、KH3 的 Cronbach's α 值分别为 0.756、0.820、0.792，均小于总的 Cronbach's α 系数 0.850，KH1、KH2、KH3 的 CITC 分别为 0.753、0.687、0.717，均大于 0.35，说明知识异质性各题项之间的内部一致性较好，不需要删除题项。

表 5.9　伙伴异质性—知识异质性的信度检验结果（N = 122）

变量	题号	题项	CITC	删除该题项后的 Cronbach's α 值	Cronbach's α
知识异质性	KH1	我们与合作方的专业分工有明显差异	0.753	0.756	0.850
	KH2	在合作中，我们与外部合作方所贡献的资源与能力有所差异	0.687	0.820	
	KH3	外部合作方的投资与能力是对我们自身所拥有的资源与能力的补充	0.717	0.792	

5.3.2.3　知识转移的信度检验结果

如表 5.10 所示，知识转移信度检验的结果显示，知识转移量表的 Cronbach's α 系数为 0.949，大于 0.7，删除题项后 KT1、KT2、KT3、KT4、KT5 的 Cronbach's α 值分别为 0.939、0.938、0.936、0.935、0.935，均小于总的 Cronbach's α 系数 0.949，KT1、KT2、KT3、KT4、KT5 的 CITC 分别为 0.846、0.854、0.863、0.868、0.867，均大于 0.35，说明知识转移各题项之间的内部一致性较好，不需要删除题项。

表 5.10　知识转移的信度检验结果（N=122）

变量	题号	题项	CITC	删除该题项后的 Cronbach's α 值	Cronbach's α
知识转移	KT1	我们从合作伙伴那里获得了重要的知识与信息	0.846	0.939	0.949
	KT2	通过合作，我们从合作伙伴那里获得了与技术、技巧相关的知识	0.854	0.938	
	KT3	通过合作，我们从合作伙伴那里获得了成熟的管理经验	0.863	0.936	
	KT4	通过合作，我们的技术、管理等能力得到了提升	0.868	0.935	
	KT5	我们把从合作伙伴那里学到的技术和能力已经运用到我们的产品和服务中，并将我们的新构念向合作伙伴输出	0.867	0.935	

5.3.2.4　商业模式创新的信度检验结果

商业模式创新分为新颖型和效率型两类。本书首先对新颖型商业模式创新的信度进行检验，结果如表 5.11 所示，量表的 Cronbach's α 系数为 0.966，大于 0.7，删除题项后 NB1～NB9 的 Cronbach's α 值均在 0.961～0.964，均小于总的 Cronbach's α 系数 0.966，NB1～NB9 的 CITC 均在 0.804～0.888，大于 0.35，说明新颖型商业模式创新各题项之间的内部一致性较好，不需要删除题项。

对效率型商业模式创新的信度进行检验，结果如表 5.12 所示，量表的 Cronbach's α 系数为 0.967，大于 0.7，删除题项后 EB1～EB8 的 Cronbach's α 值在 0.960～0.964，均小于总的 Cronbach's α 系数 0.967，EB1～EB8 的 CITC 在 0.843～0.915，大于 0.35，说明效率型商业模式创新各题项之间的内部一致性较好，不需要删除题项。

表 5.11　新颖型商业模式创新的信度检验结果（N=122）

变量	题号	题项	CITC	删除该题项后的 Cronbach's α 值	Cronbach's α
新颖型商业模式创新	NB1	我们的商业模式重新整合了产品、信息和服务	0.823	0.964	0.966
	NB2	我们在商业模式中引入了新的外部合作方	0.884	0.961	
	NB3	我们的商业模式可以使企业和外部合作方都能接触到大量不同的、新的交易伙伴或产品/服务等	0.875	0.962	
	NB4	企业能够满足利益相关者的新需求	0.874	0.962	
	NB5	商业模式能够为客户带来增值产品或服务	0.835	0.963	
	NB6	企业与外部合作方的交易方式是新颖的	0.880	0.961	
	NB7	在我们的商业模式中，用来激励外部合作方的措施是新的	0.888	0.961	
	NB8	企业与合作伙伴建立了新的信任机制	0.861	0.962	
	NB9	总体而言，我们的商业模式是全新的	0.804	0.962	

表 5.12　效率型商业模式创新的信度检验结果（N=122）

变量	题号	题项	CITC	删除该题项后的 Cronbach's α 值	Cronbach's α
效率型商业模式创新	EB1	我们的商业模式降低了企业或外部合作方的成本（如库存成本、通信成本、信息成本、流程成本、市场和销售成本等中的一项或多项）	0.850	0.964	0.967
	EB2	我们的商业模式使企业与外部合作方的交易变得简单，交易过程变得透明（如信息、服务或产品的交付及使用情况很容易核实）	0.843	0.964	
	EB3	我们的商业模式不断优化企业的流程、知识与技术	0.849	0.964	
	EB4	在我们的商业模式中，企业与外部合作方能够在信息充分下做出决策	0.908	0.961	
	EB5	企业与外部合作方之间能够共享与产品相关的信息与知识，以减少信息不对称	0.884	0.962	
	EB6	企业在收入分配方式及规则上有增量式改进	0.915	0.960	
	EB7	企业和外部合作方都能很容易地接触到潜在的其他产品、服务与信息	0.852	0.964	
	EB8	总体而言，企业的商业模式极大地提高了交易效率	0.866	0.963	

5.3.3 小样本数据的效度检验结果

从变量的信度检验结果来看，本书所设计问卷信度良好，没有需要删除的题项。接下来，本书将继续用探索性因子分析法对问卷量表的结构效度进行检验。

5.3.3.1 企业家导向的探索性因子分析结果

对企业家导向进行探索性因子分析，结果如表5.13所示。企业家导向量表的KMO值为0.854，大于0.7，同时Bartlett球形检验卡方值为883.257，自由度为36，显著性概率为0.000，表明可以对企业家导向量表进行探索性因子分析。通过主成分分析法和最大方差旋转法从企业家导向9个题项中共提取3个因子，累计方差解释率为83.957%，大于50%的最低阈值，因此，认可所提取的3个公因子。其中因子1包括EO9、EO8、EO7，表示先动性，各题项因子载荷分别为0.888、0.843、0.820，均大于0.5；因子2包括EO2、EO3、EO1，表示创新性，各题项因子载荷分别为0.890、0.861、0.799，均大于0.5；因子3包括EO4、EO6、EO5，表示风险承担性，各题项因子载荷分别为0.850、0.785、0.750，均大于0.5，也不存在横跨不同因子的题项，由此判定，企业家导向量表的三个因子，分别代表创新性、风险承担性和先动性，结果符合理论预设。

表5.13　企业家导向探索性因子分析（N=122）

题号	题项	因子载荷		
		1	2	3
EO9	相比竞争者，所在企业能更快地对市场变化做出反应	0.888		
EO8	所在企业在行业中率先引入新概念、新业务、新技术、新的管理方式	0.843		
EO7	相比竞争者，我们能提前预测市场发展趋势，更具前瞻性	0.820		
EO2	管理层乐意尝试新的做事方法并寻求不同的解决方案		0.890	
EO3	管理层鼓励员工积极思考并采用新颖的做事方式		0.861	
EO1	管理层高度重视研发、倡导技术领先和追求创新效益		0.799	
EO4	所在企业偏好高风险（同时高回报）的项目			0.850
EO6	管理层鼓励承担适当的业务风险或财务风险			0.785
EO5	管理层相信大胆的行为是实现组织目标所必需的			0.750

5.3.3.2 知识异质性的探索性因子分析结果

对知识异质性进行探索性因子分析，结果如表5.14所示，知识异质性量表的 KMO 值为 0. 724, 大于 0. 7, 同时 Bartlett 球形检验卡方值为 155. 299, 自由度为 3, 显著性概率为 0. 000, 表明可以对知识异质性量表进行探索性因子分析。通过主成分分析法从知识异质性 3 个题项中提取 1 个因子, 累计方差解释率为 76. 878%, 大于 50% 的最低阈值, 因此, 认可所提取的 1 个公因子。其中, KH1、KH3、KH2 的项因子载荷分别为 0. 896、0. 876、0. 858, 均大于 0. 5, 3 个题项表示知识异质性, 由此判定知识异质性效度较好, 结果符合理论预设。

表 5. 14 知识异质性探索性因子分析 (N = 122)

题号	题项	因子载荷
		1
KH1	我们与合作方的专业分工有明显差异	0. 896
KH3	外部合作方的知识与能力是对我们自身所拥有的资源与能力的补充	0. 876
KH2	在合作中, 我们与外部合作方所贡献的资源与能力有所差异	0. 858

5.3.3.3 知识转移的探索性因子分析结果

对知识转移进行探索性因子分析, 结果如表 5. 15 所示, 知识异质性量表的 KMO 值为 0. 808, 大于 0. 7, 同时 Bartlett 球形检验卡方值为 622. 959, 自由度为 10, 显著性概率为 0. 000, 表明可以对知识转移量表进行探索性因子分析。通过主成分分析法从知识转移 5 个题项中提取 1 个因子, 累计方差解释率为 83. 106%, 大于 50% 的最低阈值, 因此, 认可所提取的 1 个公因子。其中, KT4、KT5、KT3、KT2、KT1 的因子载荷分别为 0. 918、0. 917、0. 915、0. 906、0. 902, 均大于 0. 5, 5 个题项表示知识转移, 由此判定知识转移有很好的效度, 结果符合理论预设。

表 5. 15 知识转移探索性因子分析 (N = 122)

题号	题项	因子载荷
		1
KT4	通过合作, 我们的技术、管理等能力得到了提升	0. 918
KT5	我们把从合作伙伴那里学到的技术和能力已经运用到我们的产品和服务中, 并将我们的新构念向合作伙伴输出	0. 917
KT3	通过合作, 我们从合作伙伴那里获得了成熟的管理经验	0. 915
KT2	通过合作, 我们从合作伙伴那里获得了与技术、技巧相关的知识	0. 906
KT1	我们从合作伙伴那里获得了重要的知识与信息	0. 902

5.3.3.4 商业模式创新的探索性因子分析结果

对商业模式创新进行探索性因子分析，在对所有题项进行检测时，虽然 KMO 值为 0.943，大于 0.7，Bartlett 球形检验卡方值显著性概率为 0.000，适合用探索性因子分析法，但出现了交叉载荷的情况。其中，题项 EB2 "我们的商业模式使企业与外部合作方的交易变得简单，交易过程变得透明（如信息、服务或产品的交付及使用情况很容易核实）" 在因子 1 和因子 2 中的因子载荷分别为 0.620、0.619，题项 EB3 "我们的商业模式不断优化企业的流程、知识与技术" 在因子 1 和因子 2 中的因子载荷分别为 0.556、0.675，题项 NB1 "我们的商业模式重新整合了产品、信息和服务" 在因子 1 和因子 2 中的因子载荷分别为 0.612、0.608，题项 NB5 "商业模式能够为客户带来增值产品或服务" 在因子 1 和因子 2 中的因子载荷分别为 0.697、0.504，因此本书将以上题项删除后再次进行探索性因子分析。

再次分析结果如表 5.16 所示，商业模式创新量表的 KMO 值为 0.936，大于 0.7，同时 Bartlett 球形检验卡方值为 2020.518，自由度为 78，显著性概率为 0.000，表明可以对商业模式创新量表进行探索性因子分析。通过主成分分析法和最大方差旋转法从商业模式创新量表中剩余 13 个题项中共提取 2 个因子，累计方差解释率为 82.888%，大于 50% 的最低阈值，因此，认可所提取的 2 个公因子。其因子 1 包括 NB7、NB2、NB9、NB3、NB6、NB8、NB4，表示新颖型商业模式创新，各题项因子载荷分别为 0.835、0.801、0.799、0.791、0.751、0.750、0.694，均大于 0.5；因子 2 包括 EB5、EB7、EB4、EB8、EB6、EB1，表示效率型商业模式创新，各题项因子载荷分别为 0.848、0.803、0.800、0.789、0.776、0.731，均大于 0.5，不再存在横跨不同因子的题项，由此判定，删除题项后的商业模式创新量表的两个因子分别代表新颖型商业模式创新和效率型商业模式创新，结果符合理论预设。

表 5.16 商业模式创新探索性因子分析（N=122）

题号	题项	因子载荷	
		1	2
NB7	在我们的商业模式中，用来激励外部合作方的措施是新颖的	0.835	
NB2	我们在商业模式中引入了新的外部合作方	0.801	
NB9	总体而言，我们的商业模式是全新的	0.799	
NB3	我们的商业模式可以使企业和外部合作方都能接触到大量不同的、新的交易伙伴或产品/服务等	0.791	

续表

题号	题项	因子载荷	
		1	2
NB6	企业与外部合作方的交易方式是新颖的	0.751	
NB8	企业与合作伙伴建立了新的信任机制	0.750	
NB4	企业能够满足利益相关者的新需求	0.694	
EB5	企业与外部合作之间能够共享与产品相关的信息与知识，以减少信息不对称		0.848
EB7	企业和外部合作方都能很容易地接触到潜在的其他产品、服务与信息		0.803
EB4	在我们的商业模式中，企业与外部合作方能够在信息充分下做出决策		0.800
EB8	总体而言，企业的商业模式极大地提高了交易效率		0.789
EB6	企业在收入分配方式及规则上有增量式改进		0.776
EB1	我们的商业模式降低了企业和外部合作方的成本（如库存成本、通信成本、信息成本、流程成本、市场和销售成本等中的一项或多项）		0.731

5.4 主要实证方法

科学的研究方法可以保证实证结果合理有效。本书在正式的实证研究中将基于大样本数据，采用多种统计分析方法进行分析，包括描述性统计分析、信度分析、探索性因子分析、验证性因子分析（Confirmatory Factor Analysis，CFA）、回归分析和结构方程建模。

5.4.1 描述性统计分析

描述性统计分析主要是对样本企业的特性和构成情况进行描述，包括企业的年龄、规模、行业、地域分布、性质等。同时对研究变量的最大值、最小值、均值等进行整体描述和分析。

5.4.2 信度分析

信度反映量表结果的稳定性与一致性，信度越高，说明问卷测试结果的内部一致性越好。本书采用 Cronbach's α 系数与 CICT 作为判断信度的依据。其中，Cronbach's α 系数用以检验量表的内部一致性，通常认为 Cronbach's α 系数小于 0.35，其信度不可被接受，等于 0.5 是可接受的最低标准，但在学术研究中并未广泛采纳。因此，多数学者将其最低阈值定位为 0.7（李怀祖，2004），即大于 0.7 认为可以接受。同时，本书采用 CITC 检验每个题项与其他题项总分之间的相关性，借此判断题项的合格与否。学者多以 0.35 作为 CITC 最低阈值（李怀祖，2004），即大于 0.35 才能被接受，否则应予以删除。

5.4.3 探索性因子分析

探索性因子分析基于降维的思想，从纷繁复杂的各变量中提取几个核心变量以表示多元因子本质结构。本书在小样本预测试阶段用此方法检验数据的结构效度。一般而言，各题项因子载荷系数大于 0.5 时才能将同一变量的题项合并为一个因子。不过，做探索性因子分析的前提是对样本数据进行 KMO 测度与 Bartlett 球形检验。如果 KMO 值大于 0.7，表示适宜做探索性因子分析，本书将此设定为最低阈值。而对于 Bartlett 球形检验，只有其概率值小于显著水平时（α = 0.05），才可以做探索性因子分析。

5.4.4 验证性因子分析

虽然验证性因子分析（Confirmatory Factor Analysis，CFA）是从探索性因子分析基础上发展起来的，但区别于探索性因子分析的地方在于验证性因子分析并非探索因子数量，而是基于理论去验证潜变量与观察变量之间的假设关系是否合理，是对已有理论模型与数据拟合程度的一种验证。在正式的实证研究中，学者通常采用验证性因子分析去测量样本数据的结构效度，包括聚合效度和区分效度。聚合效度指在同一个潜变量中的各题项之间的相关程度，相关程度的高低代表聚合效度的高低。通常主要以平均方差抽取量（AVE）与组合信度（CR）进行检验。AVE>0.5 表示可接受，CR>0.7 表示可接受。要区分效度检验两个变量之间的区别，通常是对比各变量相关系数与 AVE 的大小。若 AVE 大于横向、纵向的相关系数，则有较好的区分度。

5.4.5 回归分析

回归分析可以解释变量之间的因果关系。本书采用回归分析来检验企业家导向、伙伴异质性与商业模式创新之间的关系。在回归分析中，通常逐步放入自变量（解释变量），进而观察不同变量的变化对模型的解释力度的变化，解释自变量对因变量的贡献程度。

5.4.6 结构方程建模

结构方程模型整合了因素分析和路径分析两种统计方法，可以检验模型中的显变量、潜变量、残差变量之间的关系，进而检验自变量对因变量的影响效果，包括直接效应、间接效应和总效应（吴明隆，2010；苏屹等，2024）。在本书中，企业家导向、伙伴异质性、知识转移与商业模式创新之间关系较为复杂，理论模型中尚包括有关中介作用的假设，非常适合用结构方程建模的方法来进行检测。

需要说明的是，无论是验证性因子分析还是结构方程建模，在进行分析时，都需要先测量模型的拟合程度，其主要指标包括绝对指标和相对指标（温忠麟，2004）。其中，绝对指标包括卡方自由度比（χ^2/df）、渐进残差均方和平方根（RMSEA）、适配度指数（GFI），相对指标包括非规准适配指数（TLI）、规准适配指数（NFI）、增值适配指数（IFI）、比较适配指数（CFI）。根据相关学者的建议（温忠麟等，2004；史江涛等，2006；吴明隆，2010），本书采用以上指标检测模型的拟合程度。

对于绝对指标而言，如果 $\chi^2/df<1$，表明模型过度适配；如果 $1<\chi^2/df<3$，则表明模型拟合度良好；如果 $\chi^2/df>3$，表明模型适配度不佳。RMSEA 通常取值小于 0.08，表示模型拟合度良好；RMSEA 取值小于 0.05，表示模型拟合度优良。而对于 GFI 而言，其取值如果大于 0.8，表明模型拟合合理；GFI 取值大于 0.9，表示模型拟合度良好；GFI 取值越接近于 1，表示模型拟合度越高。

对于相对指标 TLI、NFI、IFI，通常认为其取值大于 0.8 则表示模型构建合理，取值大于 0.9 表示良好，取值越接近于 1，模型拟合度越高。测量模型拟合度检验标准如表 5.17 所示。

表 5.17　测量模型拟合优度指标及其判别标准

统计检验量	数值范围	判别标准
χ^2/df	大于 0	$\chi^2/df<1$，模型过度适配；$1<\chi^2/df<3$，模型拟合度良好；$\chi^2/df>3$，模型适配度不佳
RMSEA	大于 0	RMSEA<0.1，模型拟合度可以接受；RMSEA<0.08，模型拟合度良好；RMSEA<0.05，模型拟合度优良
GFI	0~1	GFI>0.8，模型拟合合理；GFI>0.9，模型拟合良好
TLI	0~1	TLI>0.8，模型拟合合理；TLI>0.9，模型拟合良好
NFI	0~1	NFI>0.8，模型拟合合理；NFI>0.9，模型拟合良好
IFI	0~1	IFI>0.8，模型拟合合理；IFI>0.9，模型拟合良好
CFI	0~1	CFI>0.8，模型拟合合理；CFI>0.9，模型拟合良好

资料来源：笔者根据侯杰泰等（2004）、史江涛等（2006）、吴明隆（2010）相关研究整理而得。

5.5 本章小结

本章详细讨论了本书的问卷设计、变量测量、小样本数据预测试和实证方法，首先，基于科学的问卷编制原则与步骤，在梳理和总结前人成熟的量表的基础上，兼顾学界与实业界的反馈建议意见，经过反复修正补充，形成了初始问卷量表。其次，通过小样本预测试验证了问卷量表的信度与效度，删除了不符合研究要求的题项，形成了正式问卷。最后，对本书的主要实证方法进行了介绍，在接下来的实证中，本书将按照上述方法的原则与程序，对取得的大样本数据进行测量检验。

第6章　实证研究

本书通过问卷调查的形式收集数据。本章将通过对数据的整理和分析，探讨企业家导向、伙伴异质性、知识转移和商业模式创新之间的关系，并对本书提出的理论假设进行验证。本章主要包括五个部分：一是介绍问卷的发放与回收情况，并对数据样本进行描述性统计分析；二是对问卷的信度和效度进行分析与验证；三是对变量之间的关系进行回归分析；四是构建结构方程，验证理论模型；五是分析检验结果。

6.1　问卷统计与样本描述

6.1.1　问卷发放与回收

研究团队历时两个多月对我国四川、重庆、浙江、上海、北京、广东等地的企业的中高层管理者或创始人进行了问卷调查。主要通过以下六种途径发放和回收纸质版或电子版两种类型问卷：①借助四川大学商学院 MBA 中心教育、EMBA 教育中心两大平台向在企业任职中层职位以上的学员发放和回收问卷；②通过四川大学商学院 EDP 培训中心和校友会，向总裁班和高级管理培训班的学员发放和回收问卷；③依托导师的课题或项目，现场走访企业进行问卷发放和回收；④在导师的协调下，参加相关企业论坛，现场发放和回收问卷；⑤委托在企业任职的朋友和同学（仅针对已在企业任职中层的人或任职基层但认识中层以上管理者的人）发放和回收问卷；⑥借助政府渠道发放和回收一定数量的问卷。通过以上 6 个渠道，共发放 655 份问卷，回收 443 份问卷，总回收率约为 67.63%。然后，根据对问卷作答情况进行评估，删除不完整或不符合规范的问卷，最终得到有效问卷 386 份，有效回收率约为 58.93%。问卷发放与回收的具体情况如表 6.1 所示。

表6.1　问卷发放与回收的具体情况

问卷发放渠道	发放数量 （份）	回收数量 （份）	回收率 （%）	有效数量 （份）	有效回收率 （%）
MBA 教育中心、EMBA 教育中心	170	106	62.35	95	55.88
EDP 培训中心、校友会发放	105	68	64.76	56	53.33
企业现场发放	56	52	92.86	46	82.14
企业家论坛现场发放	89	73	82.02	66	74.16
委托朋友、同学发放	155	107	69.03	98	63.23
委托政府机构发放	80	37	46.25	25	31.25
合计	655	443	67.63	386	58.93

6.1.2　数据的一致性分析

本书采用多种渠道收集数据，各渠道收回的数据是否能够保持一致性需要进行必要的分析。因此，本书采用评分者间信度分析法（Inter-Rater Reliability）对回收的数据进行分析。采用评分者间信度分析法对数据的一致性进行评价可以利用肯德尔协同系数来进行分析。当多人对一个评价对象或多人对多个评价对象进行评价时，考察其数据的一致性一般采用肯德尔协同系数进行考量。如果显著性低于 0.05，就能够证明数据之间具备良好的一致性。

基于此，本书对所有数据进行分析，结果如表6.2所示，显著性为 0.000，低于 0.05，说明数据之间所呈现的一致性状态显著，其中肯德尔协同系数为 0.907，接近 1，说明所有数据的一致性非常好。因此，本书所收集数据可以进行进一步分析。

表6.2　肯德尔协同系数

个案数	386
肯德尔协同系数	0.907
卡方	2450.534
自由度	7
渐进显著性	0.000

6.1.3　样本描述性统计分析

本书从企业年龄、企业人数、企业销售额、企业性质和企业所属行业五个方面对样本企业的基本情况进行描述，具体情况如表6.3所示。

表6.3 样本数据特征分布

项目	分类	样本量	总样本量	所占百分比（%）
企业年龄	1年以下	16	386	4.15
	1~3年	60		15.54
	4~8年	110		28.50
	8年以上	200		51.81
企业人数	50人以下	95	386	24.61
	50~199人	92		23.83
	200~499人	84		21.76
	500~999人	35		9.07
	1000人及以上	80		20.73
企业销售额	100万元以下	33	386	8.55
	100万元≤销售额≤500万元	66		17.10
	500万元<销售额≤1000万元	47		12.18
	1000万元<销售额≤5000万元	73		18.91
	5000万元以上	167		43.26
企业性质	国有企业	88	386	22.80
	外商投资企业	56		14.51
	民营企业	230		59.59
	其他	12		3.11
企业所属行业	农、林、牧、渔业	20	386	5.18
	采矿业	15		3.89
	制造业	97		25.13
	公共管理和社会组织	5		1.30
	交通运输、仓储和邮政业	18		4.66
	建筑业	26		6.74
	金融业	28		7.25
	居民服务和其他服务业	35		9.07
	信息传输、计算机服务和软件业	47		12.18
	批发和零售业	24		6.22
	租赁/商务服务业	13		3.37
	科学研究、技术服务和地质勘查业	9		2.33

项目	分类	样本量	总样本量	所占百分比（%）
企业所属行业	房地产业	18	386	4.66
	住宿和餐饮业	13		3.37
	电力、燃气及水的生产和供应业	13		3.37
	水利、环境和公共设施管理业	5		1.30

从表 6-3 中可以看出，样本企业按如下特征分布：①在企业年龄中，51.81% 的企业超过 8 年，其次为 4～8 年，占 28.50%，成立不满 1 年的企业最少，仅占 4.15%；②从企业人数看，500～999 人这个区间的样本量较少，仅占 9.07%，员工规模在不同区间的分布较为平均，在 20.73%～24.61% 分布；③从企业销售额来看，43.26% 的企业年销售额在 5000 万元以上，18.91% 的企业销售额高于 1000 万元，小于等于 5000 万元；④从企业性质来看，民营企业占比最高，占 59.59%，国有企业次之，占 22.80%；⑤从所属行业来看，不同行业都有涉及，但制造业占比最高，占 25.13%，信息传输、计算机服务和软件业占 12.18%，居民服务和其他服务业占 9.07%，水利、环境和公共设施管理业与公共管理和社会组织占比较低，都仅为 1.30%。基于对以上数据的描述，本书认为样本企业的分布特征基本符合实际情况，因此，可以认为样本数据具备较好的代表性。

6.1.4 数据正态性检验

秦诗涵等（2024）指出，样本数据呈正态分布是统计分析的前提条件。本书用偏度、峰度系数检验数据正态分布情况。一般而言，所测变量的每一题项的偏度绝对值小于 3、峰度绝对值小于 10，就可以认为数据基本呈正态分布。

基于此，本书对样本数据进行检验，包括对样本数据的均值、标准差、偏度和峰度进行分析，如表 6.4 所示，所有测量题项的偏度绝对值均远小于 3，其峰度的绝对值均远小于 10，因此可以认为样本数据基本符合正态分布。

表 6.4　样本数据正态分布检验

题项	均值	标准差	偏度		峰度	
			统计	标准误	统计	标准误
EO1	5.36	1.420	-0.901	0.124	0.714	0.248
EO2	5.42	1.286	-1.090	0.124	1.692	0.248
EO3	5.41	1.309	-0.898	0.124	0.983	0.248

续表

题项	均值	标准差	偏度		峰度	
			统计	标准误	统计	标准误
EO4	3.95	1.524	0.008	0.124	−0.613	0.248
EO5	4.45	1.469	−0.159	0.124	−0.372	0.248
EO6	4.35	1.537	−0.230	0.124	−0.524	0.248
EO7	5.13	1.269	−0.744	0.124	0.829	0.248
EO8	5.19	1.358	−0.815	0.124	0.601	0.248
EO9	5.21	1.292	−0.837	0.124	0.970	0.248
KH1	5.29	1.222	−0.744	0.124	0.942	0.248
KH2	5.16	1.211	−0.581	0.124	0.506	0.248
KH3	5.34	1.230	−0.700	0.124	0.647	0.248
KT1	5.28	1.258	−0.834	0.124	1.026	0.248
KT2	5.18	1.299	−0.760	0.124	0.679	0.248
KT3	5.10	1.277	−0.659	0.124	0.494	0.248
KT4	5.22	1.217	−0.646	0.124	0.597	0.248
KT5	5.24	1.244	−0.704	0.124	0.697	0.248
EB1	5.20	1.268	−0.843	0.124	0.956	0.248
EB4	5.02	1.384	−0.569	0.124	0.074	0.248
EB5	5.02	1.333	−0.651	0.124	0.347	0.248
EB6	5.10	1.242	−0.786	0.124	1.162	0.248
EB7	5.01	1.309	−0.696	0.124	0.640	0.248
EB8	5.22	1.263	−0.833	0.124	1.055	0.248
NB2	5.21	1.327	−0.752	0.124	0.488	0.248
NB3	5.15	1.307	−0.758	0.124	0.653	0.248
NB4	5.28	1.277	−0.769	0.124	0.671	0.248
NB6	4.97	1.336	−0.580	0.124	0.257	0.248
NB7	4.85	1.414	−0.553	0.124	0.023	0.248
NB8	5.20	1.296	−0.680	0.124	0.326	0.248
NB9	4.91	1.435	−0.822	0.124	0.487	0.248
zyz	0.65	0.164	−1.704	0.124	3.374	0.248

6.1.5 共同方法偏差检验

考虑到本书的每一份调查问卷所收集的数据都来自同一名调查对象的回答，

可能存在共同方法偏差（Common Method Variance，CMV），因此，需要对变量之间的关系是否由共同方法偏差所致进行检验。一般而言，想要减少共同方法偏差就需要进行程序控制和统计控制（郭润萍等，2023）。就程序控制而言，本书在问卷设计和测量时已采取相应措施。例如，匿名填写问卷，减少受试者动机猜忌；增加测量题项的精准性，减少模糊性等，因此从源头上开始对共同方法偏差进行了必要的控制。

就统计控制而言，本书采用 Harman 单因素检验法对共同方法偏差进行检验，即对本书所有测量题项进行探索性因子分析。根据所获取的未旋转因子分析结果所示，本书共提取了 6 个特征值大于 1 的因子，总方差解释率为 71.95%，6 个因子中特征值最大的因子的方差解释率为 35.41%，不达 40%，更未超 50% 的临界值，说明不存在某个解释大部分方差的因子。因此不存在严重的共同方法偏差。

6.2 量表的信度和效度检验

6.2.1 样本信度分析

在第五章中，本书已详细介绍了信度测量的方法，并对小样本数据中不符合标准的题项进行了删除，形成正式问卷量表。因此，本书仍旧采用相同的方法对大样本数据的信度进行检测，以 Cronbach's α 系数大于 0.7、CITC 系数大于 0.35 为信度最低接受值。

6.2.1.1 企业家导向的信度检验结果

企业家导向分为创新性、风险承担性、先动性三个维度，创新性量表的信度检验结果如表 6.5 所示，其中 Cronbach's α 系数为 0.846，大于 0.7，删除题项后 EO1、EO2、EO3 的 Cronbach's α 值分别为 0.812、0.748、0.796，均小于量表的 Cronbach's α 系数 0.846，EO1、EO2、EO3 的 CITC 分别为 0.688、0.754、0.701，均大于 0.35，说明创新性各题项之间的内部一致性较好，符合信度要求。

风险承担性量表的信度检验结果如表 6.6 所示，Cronbach's α 系数为 0.797，大于 0.7，删除题项后 EO4、EO5、EO6 的 Cronbach's α 系数分别为 0.747、0.702、0.720，均小于量表总的 Cronbach's α 系数 0.797，EO4、EO5、EO6 的 CITC 分别为 0.617、0.661、0.643，均大于 0.35，说明风险承担性各题项之间的内部一致性较好，符合信度要求。

表 6.5　企业家导向—创新性的信度检验结果（N=386）

变量	题号	题项	CITC	删除该题项后的 Cronbach's α 值	Cronbach's α
创新性	EO1	管理层高度重视研发、倡导技术领先和追求创新效益	0.688	0.812	0.846
	EO2	管理层乐意尝试新的做事方法并寻求不同的解决方案	0.754	0.748	
	EO3	管理层鼓励员工积极思考并采用新颖的做事方式	0.701	0.796	

表 6.6　企业家导向—风险承担性的信度检验结果（N=386）

变量	题号	题项	CITC	删除该题项后的 Cronbach's α 值	Cronbach's α
风险承担性	EO4	所在企业偏好高风险（同时高回报）的项目	0.617	0.747	0.797
	EO5	管理层相信大胆的行为是实现组织目标所必需的	0.661	0.702	
	EO6	管理层鼓励承担适当的业务风险或财务风险	0.643	0.720	

先动性量表的信度检验结果如表 6.7 所示，其中 Cronbach's α 系数为 0.870，大于 0.7，删除题项后 EO7、EO8、EO9 的 Cronbach's α 值分别为 0.831、0.801、0.817，均小于量表总的 Cronbach's α 系数 0.870，EO7、EO8、EO9 的 CITC 分别为 0.736、0.769、0.750，均大于 0.35，说明先动性各题项之间的内部一致性较好，符合信度要求。

表 6.7　企业家导向—先动性的信度检验结果（N=386）

变量	题号	题项	CITC	删除该题项后的 Cronbach's α 值	Cronbach's α
先动性	EO7	相比竞争者，我们能提前预测市场发展趋势，更具前瞻性	0.736	0.831	0.870
	EO8	所在企业在行业中率先引入新概念、新业务、新技术、新的管理方式	0.769	0.801	
	EO9	相比竞争者，所在企业能更快地对市场变化做出反应	0.750	0.817	

6.2.1.2 知识异质性的信度检验结果

知识异质性信度检验的结果如表 6.8 所示，其 Cronbach's α 系数为 0.782，大于 0.7，删除题项后 KH1、KH2、KH3 的 Cronbach's α 值分别为 0.753、0.726、0.733，均小于总的 Cronbach's α 系数 0.782，KH1、KH2、KH3 的 CITC 分别为 0.667、0.600、0.594，均大于 0.35，说明知识异质性各题项之间的内部一致性较好，符合信度要求。

表 6.8 知识异质性的信度检验结果（N=386）

变量	题号	题项	CITC	删除该题项后的 Cronbach's α 值	Cronbach's α
知识异质性	KH1	我们与合作方的专业分工有明显差异	0.667	0.753	0.782
	KH2	在合作中，我们与外部合作方所贡献的资源与能力有所差异	0.600	0.726	
	KH3	外部合作方的知识与能力是对我们自身所拥有的资源与能力的补充	0.594	0.733	

6.2.1.3 知识转移的信度检验结果

知识转移信度检验的结果如表 6.9 所示，知识转移量表的 Cronbach's α 系数为 0.900，大于 0.7，删除题项后 KT1、KT2、KT3、KT4、KT5 的 Cronbach's α 值分别为 0.871、0.876、0.893、0.872、0.878，均小于总的 Cronbach's α 系数 0.900，KT1、KT2、KT3、KT4、KT5 的 CITC 分别为 0.786、0.760、0.682、0.781、0.753，均大于 0.35，说明知识转移各题项之间的内部一致性较好，符合信度要求。

表 6.9 知识转移的信度检验结果（N=386）

变量	题号	题项	CITC	删除该题项后的 Cronbach's α 值	Cronbach's α
知识转移	KT1	我们从合作伙伴那里获得了重要的知识与信息	0.786	0.871	0.900
	KT2	通过合作，我们从合作伙伴那里获得了与技术、技巧相关的知识	0.760	0.876	
	KT3	通过合作，我们从合作伙伴那里获得了成熟的管理经验	0.682	0.893	

续表

变量	题号	题项	CITC	删除该题项后的 Cronbach's α 值	Cronbach's α
知识转移	KT4	通过合作，我们的技术、管理等能力得到了提升	0.781	0.872	0.900
	KT5	我们把从合作伙伴那里学到的技术和能力已经运用到我们的产品和服务中，并将我们的新构念向合作伙伴输出	0.753	0.878	

6.2.1.4 商业模式创新的信度检验结果

商业模式创新分为新颖型和效率型两类。本书首先对新颖型商业模式创新的信度进行检验，结果如表 6.10 所示，量表的 Cronbach's α 系数为 0.919，大于 0.7，删除题项后 NB2~NB4、NB6~NB9 的 Cronbach's α 值均小于总的 Cronbach's α 系数 0.919，NB2~NB4、NB6~NB9 的 CITC 均在 0.716~0.794，大于 0.35，说明新颖型商业模式创新各题项之间的内部一致性较好，符合信度要求。

表 6.10 新颖型商业模式创新的信度检验结果（N=386）

变量	题号	题项	CITC	删除该题项后的 Cronbach's α 值	Cronbach's α
新颖型商业模式创新	NB2	我们在商业模式中引入了新的外部合作方	0.741	0.907	0.919
	NB3	我们的商业模式可以使企业和外部合作方都能接触到大量不同的、新的交易伙伴或产品/服务等	0.765	0.905	
	NB4	企业能够满足利益相关者的新需求	0.725	0.909	
	NB6	企业与外部合作方的交易方式是新颖的	0.794	0.902	
	NB7	在我们的商业模式中，用来激励外部合作方的措施是新颖的	0.762	0.905	
	NB8	企业与合作伙伴建立了新的信任机制	0.716	0.910	
	NB9	总体而言，我们的商业模式是全新的	0.741	0.908	

对效率型商业模式创新的信度进行检验，结果如表 6.11 所示，量表的 Cronbach's α 系数为 0.912，大于 0.7，删除题项后 EB1、EB4~EB8 的 Cronbach's α 值均小于总的 Cronbach's α 系数 0.912，EB1、EB4~EB8 的 CITC 在 0.726~0.789，大于 0.35，说明效率型商业模式创新各题项之间的内部一致性较好，符

合信度要求。

表 6.11　效率型商业模式创新的信度检验结果（N=386）

变量	题号	题项	CITC	删除该题项后的 Cronbach's α 值	Cronbach's α
效率型商业模式创新	EB1	我们的商业模式降低了企业或外部合作方的成本（如库存成本、通信成本、信息成本、流程成本、市场和销售成本等中的一项或多项）	0.754	0.896	0.912
	EB4	在我们的商业模式中，企业与外部合作方能够在信息充分下做出决策	0.754	0.896	
	EB5	企业与外部合作方之间能够共享与产品相关的信息与知识，以减少信息不对称	0.736	0.899	
	EB6	企业在收入分配方式及规则上有增量式改进	0.765	0.895	
	EB7	企业和外部合作方都能很容易地接触到潜在的其他产品、服务与信息	0.726	0.900	
	EB8	总体而言，企业的商业模式极大地提高了交易效率	0.789	0.891	

6.2.2　样本效度分析

6.2.2.1　聚合效度

本书运用验证性因素分析考察大样本数据的聚合效度，具体从两个指标考察。一是潜变量与显变量的路径系数；二是模型的拟合程度。本书使用 AMOS 软件进行测评，评估大样本数据的效度水平。

本书采用量表形式对自变量（创新性、风险承担性、先动性、知识异质性）、中介变量（知识转移）、因变量（新颖型商业模式创新和效率型商业模式创新）进行测量，因此，将上述所有变量全部放入拟合模型进行全路径模型拟合检验，从拟合结果看，$\chi^2/df = 2.036$，小于 3；RMSEA = 0.052，小于 0.08；GFI = 0.875，大于 0.8 但小于 0.9；TLI = 0.943，大于 0.9；NFI = 0.906，大于 0.9；IFI = 0.950，大于 0.9；CFI = 0.950，大于 0.9。由此可以推断模型拟合效果比较理想。但 GFI 大于 0.8 而小于 0.9，从这个指标来看，模型拟合属于合理范畴，尚未达到良好。

因此，为了探索最佳模型，考虑对模型进行修正，模型修正主要根据两个标准：其一是删除不显著的路径，也就是删除 t 值小于 1.96 的路径；其二是根据结构方程拟合指标 MI 值，在 MI 值较大的两个变量之间增加共变性，本模型中，路径都达到了显著性水平，因此考虑在 MI 值较大的几个变量之间增加共变性。

修正后的结果，$\chi^2/df = 1.854$，小于 3；RMSEA = 0.047，小于 0.08，同时小于 0.05；GFI = 0.888，大于 0.8 但依然小于 0.9；TLI = 0.953，大于 0.9；NFI = 0.916，大于 0.9；IFI = 0.959，大于 0.9；CFI = 0.959，大于 0.9。从以上描述看，虽然修正后 GFI 仍小于 0.9，但已经非常接近 0.9，且其他指标都显著提升，尤其 RMSEA 小于 0.05，达到其模型拟合优良的指标。因此，在对模型进行修正，增加了误差项之间的共变性后，所有指标拟合度均有所提高，总体而言模型得到了进一步优化。同时，各路径系数均在 P<0.001 水平上显著（见表 6.12），各题项因子载荷均大于 0.6，由此可见，模型拟合效果很好。因此，本书接受修正后的模型。

在模型拟合度理想的前提下，进一步考察模型的平均方差抽取量（AVE）和组合信度（CR）。Fornell 等（1981）指出，可以通过 AVE 来评估聚合效度和区分效度。若 AVE 值越大，表示随机测量误差越小，测量指标越能代表潜变量，聚合效度也就越高，一般情况下，AVE 值至少要大于 0.5 才达标。同时，CR 也是检验效度的指标，通常认为 CR>0.7 可接受。从表 6.12 可知，各潜变量的 AVE 值分别为 0.629（EB1、EB4~EB8）、0.651（EO1~EO3）、0.566（EO4~EO6）、0.691（EO7~EO9）、0.558（KH1~KH3）、0.636（KT1~KT5）、0.614（NB2~NB4、NB6~NB9），均大于 0.5，而对应的 CR 的值分别为 0.910、0.848、0.796、0.870、0.791、0.897、0.917，均大于 0.7，因此可以判定模型整体有较好的聚合效度。

表 6.12　验证性因子分析拟合结果

题号	变量	Estimate	P 值	AVE	CR
EB1	效率型商业模式创新	0.821	***		
EB4	效率型商业模式创新	0.772	***		
EB5	效率型商业模式创新	0.756	***	0.629	0.910
EB6	效率型商业模式创新	0.813	***		
EB7	效率型商业模式创新	0.777	***		
EB8	效率型商业模式创新	0.820	***		
EO1	创新性	0.798	***		
EO2	创新性	0.842	***	0.651	0.848
EO3	创新性	0.780	***		

题号	变量	Estimate	P 值	AVE	CR
EO4	风险承担性	0.681	***		
EO5	风险承担性	0.813	***	0.566	0.796
EO6	风险承担性	0.758	***		
EO7	先动性	0.813	***		
EO8	先动性	0.861	***	0.691	0.870
EO9	先动性	0.819	***		
KH1	知识异质性	0.735	***		
KH2	知识异质性	0.705	***	0.558	0.791
KH3	知识异质性	0.769	***		
KT1	知识转移	0.828	***		
KT2	知识转移	0.773	***		
KT3	知识转移	0.733	***	0.636	0.897
KT4	知识转移	0.849	***		
KT5	知识转移	0.800	***		
NB2	新颖型商业模式创新	0.781	***		
NB3	新颖型商业模式创新	0.812	***		
NB4	新颖型商业模式创新	0.795	***		
NB6	新颖型商业模式创新	0.789	***	0.614	0.917
NB7	新颖型商业模式创新	0.780	***		
NB8	新颖型商业模式创新	0.772	***		
NB9	新颖型商业模式创新	0.756	***		

注：*** 表示 $P<0.001$。

6.2.2.2 区分效度

测量区分效度在于检验潜变量 AVE 值的平方根是否大于其自身与其他变量之间的相关系数，换句话说，考察 AVE 值是否大于其自身与其他变量之间的相关系数的平方。本书的整体测量模型包括创新性、风险承担性、先动性、知识异质性、知识转移、新颖型商业模式创新和效率型商业模式创新 7 个潜变量。对其区分效度检验结果如表 6.13 所示，7 个潜变量的 AVE 值（对角线标黑数值）都大于其自身与其他变量相关系数的平方，说明其具有较好的区分效度。

表6.13　测量模型的区分效度

	创新性	风险性	先动性	知识异质性	知识转移	效率型商业模式创新	新颖型商业模式创新
创新性	**0.651**						
风险承担性	0.331**	**0.566**					
先动性	0.549**	0.309**	**0.691**				
知识异质性	0.414**	0.171**	0.380**	**0.558**			
知识转移	0.442**	0.210**	0.362**	0.529**	**0.636**		
效率型商业模式创新	0.562**	0.288**	0.595**	0.544**	0.559**	**0.629**	
新颖性商业模式创新	0.485**	0.290**	0.565**	0.525**	0.568**	0.602**	**0.614**

注：**代表P<0.01，对角线标黑的数值为AVE的值。

6.3　回归分析

本书采用回归分析检验法，检验企业年龄、企业员工人数、企业年销售额对商业模式创新的影响，同时检验企业家导向（创新性、风险承担性、先动性）和伙伴异质性（组织异质性和知识异质性）对商业模式创新的影响。由于本书的因变量商业模式创新是基于新颖型和效率型进行划分的，因此分别将新颖型商业模式创新和效率型商业模式创新作为因变量，进行验证分析。

6.3.1　企业家导向、伙伴异质性与新颖型、效率型商业模式创新

本书采用层次回归分析检验企业家导向、伙伴异质性与新颖型商业模式创新、效率型商业模式创新之间的关系，涉及验证10个假设：

H1a：创新性对新颖型商业模式创新有正向影响。

H1c：风险承担性对新颖型商业模式创新有正向影响。

H1e：先动性对新颖型商业模式创新有正向影响。

H2a：组织异质性对新颖型商业模式创新有正向影响。

H2c：知识异质性对新颖型商业模式创新有正向影响。

H1b：创新性对效率型商业模式创新有正向影响。

H1d：风险承担性对效率型商业模式创新有正向影响。

H1f：先动性对效率型商业模式创新有正向影响。

H2b：组织异质性对效率型商业模式创新有正向影响。

H2d：知识异质性对效率型商业模式创新有正向影响。

回归分析的全部结果如表 6.14 所示。由表 6.14 可以看出，从模型 1 到模型 4，VIF（方差膨胀因子指数）值均小于 10，可以认为变量之间并不存在多重共线问题。但模型 1 的 F 值不显著，R^2 反映出模型效果欠佳，只能解释总体方差的 0.7%，且企业年龄、企业规模、企业销售额虽然对因变量有负向影响，但并不显著，由此判断三个控制变量对新颖型商业模式创新无显著影响。这可能是因为在中国这样的市场经济较为活跃的新兴经济体中，商业模式创新可能发生在各种规模的企业中，同时也可能发生在新创企业或者成立年限较长的企业中，因此弱化了其对商业模式创新的影响。朱培忠（2015）指出，市场中过大竞争压力与企业对商业模式创新收益过高预期也可能弱化了企业规模与企业年龄对新颖型商业模式创新的不利影响。

表 6.14　回归分析结果

变量名称	新颖型商业模式创新		效率型商业模式创新	
	模型 1	模型 2	模型 3	模型 4
企业年龄	−0.017	−0.034	0.007	−0.006
企业规模	−0.060	−0.054	0.008	0.014
企业销售额	−0.061	0.055	−0.152 *	−0.052
先动性		0.336 ***		0.221 ***
创新性		0.270 ***		0.228 ***
风险承担性		0.239 ***		0.292 ***
组织异质性		0.306 ***		0.249 ***
知识异质性		0.240 ***		0.158 ***
R^2	0.007	0.713	0.013	0.505
F 值	1.943	120.615 ***	2.629	50.172 ***
VIF 最大值	2.045	2.092	2.045	2.092

注：*** 表示 P<0.001，* 表示 P<0.05。

从模型 2 可以看出，把 5 个变量同时纳入模型中，F 值非常显著（P<0.001），且模型的 R^2 显著增加，共解释总体方差的 71.3%，模型的解释力增强，其中先动性、创新性、风险承担性、组织异质性、知识异质性对新颖型商业模式创新有正向显著影响（β 值分别为 0.336、0.270、0.239、0.306、0.240，P<0.001），

H1a、H1c、H1e、H2a 和 H2c 在模型 2 都得到了验证。同时可以看到先动性（β = 0.336，P < 0.001）、创新性（β = 0.270，P < 0.001）、组织异质性（β = 0.306，P < 0.001）对新颖型商业模式创新较为重要。

模型 3 的 F 值不显著，R^2 反映出模型效果欠佳，只能解释总体方差的 1.3%，其中企业年龄、企业规模对效率型商业模式创新并无显著影响，企业销售额对效率型商业模式创新有负向的显著影响（P < 0.05），企业销售额可能对效率型商业模式创新存在影响关系。企业销售额代表企业规模，由于企业规模过大，其组织构架复杂，流程烦琐，因此不利于提升效率，这与理论预设相符。

把 5 个变量同时纳入模型 4 中可以看到，F 值均非常显著（P < 0.001），且模型的 R^2 显著增加，模型的解释力增强。其中先动性、创新性、风险承担性、组织异质性、知识异质性对效率型商业模式创新有正向显著影响（β 值分别为 0.221、0.228、0.292、0.249、0.158，P < 0.001），说明 H1f、H1b、H1d、H2b、H2d 得到验证。同时可以看到风险承担性（β = 0.292，P < 0.001）、创新性（β = 0.228，P < 0.001）和组织异质性（β = 0.249，P < 0.001）对效率型商业模式创新较为重要。

6.3.2　企业家导向、伙伴异质性、知识转移与商业模式创新的关系

验证企业家导向、伙伴异质性与知识转移的关系，仍然采用层次回归分析，模型中先放控制变量，再放自变量。结果如表 6.15 中模型 2 和模型 3 所示，企业家导向的先动性和创新性以及伙伴异质性的知识异质性对知识转移的影响显著（β 值分别为 0.254、0.366、0.582，P < 0.001），H3c、H3a、H4b 成立，风险承担性和组织异质性对知识转移的影响不显著（β 值分别为 0.089、0.118，P > 0.05），H3b、H4a 不成立。进一步验证知识转移与商业模式创新的关系，结果如模型 6 和模型 7 所示，知识转移对新颖型商业模式创新与效率型商业模式创新都存在显著的正向影响（β 值分别为 0.740、0.676，P < 0.001）。

表 6.15　回归分析结果

变量名称	知识转移			新颖型商业模式创新		效率型商业模式创新	
	模型 1	模型 2	模型 3	模型 4	模型 5	模型 6	模型 7
企业年龄	0.153*	0.163**	0.114*	−0.017	−0.206***	0.007	−0.166**
企业规模	0.145*	0.116*	0.129*	−0.06	0.041	0.008	0.080
企业销售额	−0.111	−0.161	−0.106	−0.061	0.073	−0.152*	0.019
先动性		0.254***					

续表

变量名称	知识转移			新颖型商业模式创新		效率型商业模式创新	
	模型 1	模型 2	模型 3	模型 4	模型 5	模型 6	模型 7
创新性		0.366***					
风险承担性		0.089					
组织异质性			0.118				
知识异质性			0.582***				
知识转移					0.740***		0.676***
R^2	0.041	0.403	0.392	0.007	0.533	0.013	0.454
F 值	5.440***	15.530***	50.570***	1.943	111.033***	2.629	79.24***
VIF 最大值	2.045	2.096	17.786	2.045	2.058	2.045	2.045

注：***表示 $P<0.001$，**表示 $P<0.01$，*表示 $P<0.05$。

6.3.3 中介效应分析

本书采用 Bootstrap 方法进行中介效应检验，使用 Hays（2015）开发的 Process Model 6，进行 5000 次重复抽样，计算 95%的置信区间。这种方法较传统的三步法更为可靠，能够更准确地估计中介效应（江艇，2022）。分析结果如表 6.16 所示，研究将详细讨论各个中介路径的效应。

表 6.16　中介效应

中介路径	Effect	BootSE	BootLLCI	BootULCI	效用占比
Process1	0.2597	0.041	0.0410	0.3436	40.08%
Process2	0.3058	0.0425	0.2239	0.3896	53.28%
Process3	0.0148	0.0366	−0.1444	0.2874	
Process4	0.2148	0.0383	0.1373	0.2878	32.18%
Process5	0.2295	0.0432	0.1484	0.3174	37.87%
Process6	0.0897	0.0354	−0.1209	0.2600	
Process7	0.0620	0.0752	−0.0418	0.1892	
Process8	0.3684	0.0497	0.2701	0.4663	56.32%
Process9	0.1036	0.0708	−0.0567	0.3447	
Process10	0.2754	0.0442	0.1901	0.3645	41.98%

6.3.3.1　知识转移在企业家导向与商业模式创新之间的中介效应

（1）知识转移在创新性与商业模式创新之间的中介效应。结果显示，知识转移在创新性与新颖型商业模式创新之间存在显著的中介效应（Effect = 0.3058，95% CI［0.2239，0.3896］），占总效应的53.28%。同样，知识转移在创新性与效率型商业模式创新之间也存在显著的中介效应（Effect = 0.2295，95% CI［0.1484，0.3174］），占总效应的37.87%。这表明知识转移在创新性与两种类型的商业模式创新之间起到了重要的中介作用，验证了假设 H6a-1 和 H6a-2。值得注意的是，创新性通过知识转移对新颖型商业模式创新的间接效应比对效率型商业模式创新的间接效应更强。这一发现暗示，提倡创新性的企业更倾向于通过知识转移来促进新颖型商业模式创新。

（2）知识转移在先动性与商业模式创新之间的中介效应。分析结果表明，知识转移在先动性与新颖型商业模式创新之间存在显著的中介效应（Effect = 0.2597，95% CI［0.0410，0.3436］），占总效应的40.08%。同时，知识转移在先动性与效率型商业模式创新之间也存在显著的中介效应（Effect = 0.2148，95% CI［0.1373，0.2878］），占总效应的32.18%。这些结果支持了假设 H6c-1 和 H6c-2，表明知识转移在先动性与两种类型的商业模式创新之间起到了部分中介作用。值得关注的是，先动性通过知识转移对新颖型商业模式创新的间接效应略高于对效率型商业模式创新的间接效应。这一发现表明，具有先动性的企业更可能通过知识转移来推动新颖型商业模式创新。

（3）知识转移在风险承担性与商业模式创新之间的中介效应。研究结果显示，知识转移在风险承担性与新颖型商业模式创新之间的中介效应不显著（Effect = 0.0148，95% CI［-0.1444，0.2874］）。同样，知识转移在风险承担性与效率型商业模式创新之间的中介效应也不显著（Effect = 0.0897，95% CI［-0.1209，0.2600］）。这些结果表明，H6b-1 和 H6b-2 没有得到支持。这一发现暗示，风险承担性可能通过其他机制而非知识转移来影响商业模式创新。这为未来探索风险承担性影响商业模式创新的其他可能路径提供了方向。

6.3.3.2　知识转移在伙伴异质性与商业模式创新之间的中介效应

（1）知识转移在组织异质性与商业模式创新之间的中介效应。分析结果表明，知识转移在组织异质性与新颖型商业模式创新之间的中介效应不显著（Effect = 0.0620，95% CI［-0.0418，0.1892］）。同样，知识转移在组织异质性与效率型商业模式创新之间的中介效应也不显著（Effect = 0.1036，95% CI［-0.0567，0.3447］）。这些结果表明，H7a-1 和 H7a-2 没有得到支持。可见，组织异质性可能通过其他途径而非知识转移来影响商业模式创新。未来研究可以探索组织异质性影响商业模式创新的其他可能机制。

（2）知识转移在知识异质性与商业模式创新之间的中介效应。研究结果显示，知识转移在知识异质性与新颖型商业模式创新之间存在显著的中介效应（Effect = 0.3684，95% CI [0.2701，0.4663]），占总效应的 56.32%。同时，知识转移在知识异质性与效率型商业模式创新之间也存在显著的中介效应（Effect = 0.2754，95% CI [0.1901，0.3645]），占总效应的 41.98%。这些结果支持了 H7b-1 和 H7b-2，表明知识转移在知识异质性与两种类型的商业模式创新之间起到了重要的中介作用。值得注意的是，知识异质性通过知识转移对新颖型商业模式创新的间接效应强于对效率型商业模式创新的间接效应。这一发现暗示，知识异质性更有利于通过知识转移促进新颖型商业模式创新。

综上所述，本书的中介效应分析结果揭示了知识转移在企业家导向（创新性、先动性）、知识异质性与商业模式创新（新颖型和效率型）之间的重要中介作用。然而，风险承担性和组织异质性通过知识转移对商业模式创新的影响并不显著。这些发现为理解企业家导向、伙伴异质性与商业模式创新之间的关系机制提供了重要的实证支持，同时也突出了知识转移作为关键中介变量的重要性。

6.4　研究结果分析与讨论

6.4.1　假设验证结果

根据实证结果，本书提出的大部分假设得到了验证。具体而言：H1（企业家导向对商业模式创新有正向影响）完全成立，包括 H1a ~ H1f；H2（伙伴异质性对商业模式创新有正向影响）完全成立，包括 H2a ~ H2d；H3（企业家导向对知识转移有正向影响）部分成立，其中 H3a 和 H3c 成立，但 H3b（风险承担性对知识转移有正向影响）不成立；H4（伙伴异质性对知识转移有正向影响）部分成立，其中 H4b 成立，但 H4a（组织异质性对知识转移有正向影响）不成立；H5（知识转移对商业模式创新有正向影响）完全成立，包括 H5a 和 H5b；H6（知识转移在企业家导向与商业模式创新之间起到中介作用）部分成立，除 H6b-1 和 H6b-2 之外，其余均成立；H7（知识转移在伙伴异质性与商业模式创新之间起到中介作用）部分成立，除 H7a-1 和 H7a-2 之外，其余均成立。

6.4.2　结果讨论

6.4.2.1　企业家导向、伙伴异质性对商业模式创新的影响

本书通过大样本数据，采用回归分析法验证了企业家导向（创新性、风险承

担性、先动性）和伙伴异质性（组织异质性和知识异质性）对商业模式创新的促进作用。总体而言，企业家导向和伙伴异质性都对商业模式创新有显著的正向影响，但具体效果有所差异，各变量维度所起作用大小不一。

首先，从新颖型商业模式创新的角度来说，在进行商业模式创新时，焦点企业的企业家导向与伙伴异质性确实对创新有重要的促进作用。就焦点企业而言，企业家导向代表了企业不断开展创新活动、承担相应风险的战略意愿，描述的是企业以创新的理念与方式拓展新市场、新领域的倾向，规定了企业发展的战略方向。因此，企业家导向对企业获取更优质的智力资本进而实现更高层级的创新有着关键作用（Wu et al.，2008；林春培等，2024）。这一实证结果与田庆锋等（2018）的研究结果一致。他们基于202份有效样本数据，运用回归分析验证了企业家导向对商业模式创新有显著的正向影响，企业家导向是价值活动开展的重要渠道，能有效带动商业模式创新。

其次，就伙伴异质性而言，由于企业家导向是一种消耗型战略导向，具有强烈的扩张性，因此企业家导向型的焦点企业在商业模式创新时需要大量的资源、知识作为支撑，而企业不可能具备所有的资源、知识，因此必须有相应的合作伙伴与之匹配，而从知识的角度出发，互补的知识是最有利于联合创新的（Spender et al.，2007；徐伟，2022）。商业模式创新是典型的开放式创新，是焦点企业与合作伙伴共同完成的，因此企业家导向型企业需要与异质性的伙伴开展合作，伙伴异质性是驱动商业模式创新的重要因素，对商业模式创新有正向影响。

再次，基于对回归系数的比较分析可以发现，企业家导向与伙伴异质性各维度对新颖型商业模式创新的作用强度并不完全相同，先动性（$\beta = 0.336$，$P < 0.001$）、组织异质性（$\beta = 0.306$，$P < 0.001$）对新颖型商业模式创新较为重要。这表明，在我国商业模式创新的具体情境下，由于同质竞争严重，企业应该基于对数据、信息的分析对潜在市场和未来趋势提前预判，寻找机遇，并先于竞争者研发新的技术、实践新的管理方法或构建新的组织结构，始终保持先行者优势（Lumpkin & Dess，1996；Dess & Lumpkin，2005；梁昊光和秦清华，2024）。本质上，商业模式创新都是企业对用户需求变化的迅速感知，也是企业对市场环境的快速反应，并据此重新配置内外部资源构建新商业的交易系统的过程（Amit & Zott，2014；宋薇等，2023）。这与"先发制人，后发制于人"的传统军事战略思想不谋而合。

同时，组织类型的多样化是企业商业模式创新的基础。大量研究已经证明异质性对于开放式创新的重要作用。商业模式因其开放性的特点，导致其创新过程需要类型迥异的外部伙伴为企业提供不同的信息源和知识源，为企业的创新提供源源不断的创意与机会。这符合资源依赖理论的解释，即组织异质性为解决商业模式创新所面临的资源短缺问题提供了可能。但值得注意的是，其他维度同样是驱动商业模式创新的重要因素，不能忽视不同维度之间相辅相成的作用。换言之，如果企业的先动性强，而其在创新性或风险承担性较弱时，则新颖型商业模式创新的效果未必很好。

最后，从效率型商业模式创新来看，其创新旨在减少交易的不确定性，避免双方因信息不对称性而导致效率低下。基于交易视角，企业家导向作为一种偏向于创新的战略导向，其特点在于强烈的扩张性，需要企业跨组织边界、跨产业边界乃至跨地域边界向外搜索资源、知识。因此，企业家导向型企业总是与合作伙伴保持频繁且良好的交流和互动。焦点企业一旦与异质性伙伴建立长久的关系，一是有利于降低双方的机会主义，双方在彼此互信的基础上可以减少大量的沟通成本和交易成本（Parkhe，1991），提升合作创新的效率。二是彼此基于长期互信的关系，将处于较为稳定的合作状态，而这种稳定的关系有利于发挥专用性资产对交易效率的促进作用。一旦双方可以相互利用对方的专用型资产，如知识、技术、理念，知识产权等（Gambardella & Mcgahan，2010；秦涛等，2024），就能有效提升商业模式创新成功的可能性。三是双方的重复交易可以统一于一个合同契约区间内，进而减少重订契约的交易成本，实现高频次经济交易活动内部化。

同时，根据回归系数，企业家导向与伙伴异质性各维度对效率型商业模式创新的作用强度并不完全相同，风险承担性（$\beta = 0.292$，$P < 0.001$）和组织异质性（$\beta = 0.249$，$P < 0.001$）对效率型商业模式创新较为重要。这表明，虽然创新总是伴有失败的风险，但不具备风险承担性的企业会因为过于保守而丧失良机，并逐渐失去竞争优势。当企业为了提升效率不断与异质性伙伴进行接触时，就可能面临其核心资产泄露或专有资产被过度使用的风险。这种风险强烈冲击商业模式创新的价值维护机制。因此，较强的风险承担性是促进效率型商业模式创新的重要因素。这一实证结论验证了陈果（2016）关于在开放式的商业模式创新情境中主体基于风险偏好的不同而进行不同的决策的假设。他基于博弈论的分析，研究不同风险偏好的商业模式创新主体对彼此知识转移风险的不同应对措施，为持不同风险偏好的核心企业应选择何种商业模式创新的知识转移对象，以及应如何促进创新主体间的真诚合作提供参考。

6.4.2.2 企业家导向、伙伴异质性对知识转移的影响

整体而言，企业家导向对知识转移有正向影响，但从企业家导向的具体维度来看，创新性对知识转移有正向影响（$\beta = 0.366$，$P < 0.001$），先动性对知识转

移有正向影响（β = 0.254，P < 0.001），而风险承担性对知识转移无显著影响（β = 0.089，P > 0.05）。在影响知识转移的各种因素中，知识主体的特征是驱动知识转移活动发生的重要因素。具备创新性的市场主体，对研发新技术、使用新理念、获取新知识的意愿尤为强烈，因此，强烈的创新性促使企业不断优化学习机制，开展高水平的组织学习（Hult et al.，2003；张吉昌等，2022），增强吸收知识的能力，促进知识转移活动的完成。进一步而言，当外部知识被企业内部化后，企业可以据此产生新的知识，从而成为网络中知识的输出方。

对于先动性而言，当企业致力于成为行业领袖时，首要在于企业是否能够迅速整合零散的市场信息，对未来产生洞见与预判。然而，洞见与预判来源于知识的不断更新，因为环境变化迅速，常常颠覆企业的既有观念，企业不得不提前储备知识、寻找知识、吸收知识，乃至创造知识，对行业趋势进行预知式地前瞻（Daft & Weick，1984；李金生和柯雯，2024）。

风险承担性不显著影响知识转移可能是因为企业对风险的认识主要限于财务风险、营销风险、管理风险等，对知识转移中存在的风险并没有引起足够的重视。这一发现提示我们，在进行知识转移时，企业可能需要更加关注潜在的风险，如知识泄露、核心技术被模仿等，以确保知识转移的安全性和有效性。

实证结果还显示，整体而言，伙伴异质性对知识转移有正向影响，但主要是由知识异质性对知识转移产生作用（β = 0.582，P < 0.001），而组织异质性对知识转移影响不显著（β = 0.118，P > 0.05）。异质性的知识是驱动知识转移的关键因素。企业之间的合作主要在于优势互补。企业之所以愿意吸收、整合合作伙伴的知识，主要在于异质性伙伴的存量知识往往是"创新木桶"上的短板。因此，处于存量状态的知识因为差异化才可能成为双方之间的流量知识。

组织异质性之所以对知识转移影响不显著，可能是因为企业之间在进行知识转移时更多的是直接考虑对方的互补性知识，并非先通过判断合作伙伴的组织类型差异，再间接判断对方所拥有知识、资源的差异，因此组织类型不是主要的判断依据。这一发现为企业在选择合作伙伴时提供了重要启示：在寻求知识转移合作时，应更多地关注潜在伙伴的知识结构和内容，而非仅关注其组织形式或类型。

6.4.2.3 知识转移对商业模式创新的影响

实证结果表明，知识转移对新颖型商业模式创新和效率型商业模式创新都有显著的影响（β = 0.740，P < 0.001；β = 0.676，P < 0.001）。在知识经济时代，知识是创新的基础，但只有通过知识转移才能有效激活处于静态的存量知识。知识转移是知识源与知识受体的互动过程，具有动态性。因此，在知识与组织之间不

断循环的过程中，知识源与知识受体始终处于动态变化的状态，进而在双方之间形成知识流动的闭环，由此企业才能吸收、整合、应用外部的互补知识，提高创新程度。

其实，无论是哪种类型的商业模式创新，资源、知识的短缺都是创新活动的瓶颈之一。因此通过知识转移，获取外部信息、掌握新的理念和技术、学习新的管理经验、吸收新的知识显得尤为重要。这一实证结论验证了 Mustafa 和 Werthner（2009）提出的假设。他们以知识密集型产业为研究对象，采用探索性案例研究方法，讨论了商业模式、知识转移与组织之间开展合作的关系。研究表明，知识转移是组织构建具备可操作性的商业模式的重要因素，知识转移使商业模式变得更加清晰，具备可操作性。同时也印证了齐二石和陈果（2016）、Chang（2017）以及云乐鑫（2014）等的观点。

值得注意的是，知识转移对新颖型商业模式创新的影响（$\beta = 0.740$）比对效率型商业模式创新的影响（$\beta = 0.676$）更强。这可能是因为新颖型商业模式创新通常需要更多的新知识和创新性思维，而这些往往来自于外部知识的吸收和整合。相比之下，效率型商业模式创新可能更多地依赖于对现有流程和系统的优化，虽然也需要外部知识的输入，但对知识转移的依赖程度可能相对较低。

此外，知识转移对商业模式创新的影响可能还体现在以下几个方面：

知识多样性：通过知识转移，企业可以获得多样化的知识，这有助于企业从不同角度审视自身的商业模式，发现创新机会。

知识重组：知识转移不仅包括知识的简单移动，还包括知识的重组和再创造。这种重组过程可能会激发新的商业模式创意。

学习效应：在知识转移过程中，企业不仅获得了具体的知识内容，还可能学习到合作伙伴的思维方式和创新方法，这对商业模式创新具有潜在的长期影响。

网络效应：知识转移通常发生在企业网络中，这种网络关系本身可能成为新商业模式的一部分，或者为新商业模式的实施提供支持。

6.4.2.4 知识转移的中介作用

以往研究多关注于商业模式创新与绩效之间的关系，但鲜有商业模式创新路径研究的文献，其中间机理并不清楚。本书鉴于此，整合开放式创新理论的三个视角，并结合知识管理理论，从知识转移的视角审视不同主体合作开展商业模式创新时所采取的合作方式，即将知识转移作为中介变量分析商业模式创新的机制机理与作用路径。实证结果表明，知识转移在创新性与商业模式创新之间、先动性与商业模式之间、知识异质性与商业模式创新之间起到了显著的中介作用。

　　具体而言，知识转移在创新性与新颖型商业模式创新之间起完全中介作用（Effect＝0.3058，95% CI［0.2239，0.3896］），占总效应的 53.28%。可能是因为创新代表企业的一种强烈意愿，而意愿作用于结果总是离不开某一活动的支撑。知识转移是支撑企业实现创新意愿的最有效的知识管理行为，促进企业吸收、应用更多的外部知识，从而驱动商业模式创新。同时，新颖型商业模式创新是一个复杂的系统工程，是对现有商业规则与逻辑的背离。因此，迫切需要那些积极开展创新实践的企业基于开放式创新理念在网络中输出其关于商业模式创新的构念，以便不同类型的伙伴加以理解，从而更好地完成协同创新。所以，创新性可以完全通过知识转移驱动新颖型商业模式创新。

　　知识转移在创新性与效率型商业模式创新之间起部分中介作用（Effect＝0.2295，95% CI［0.1484，0.3174］），占总效应的 37.87%。从效应值看，其间接效应（0.2295）小于直接效应，其原因可能在于创新性意愿强烈的企业其知识存量足够提升部分效率，但仍需要知识转移活动实现知识结构的优化。

　　知识转移在先动性与新颖型商业模式创新之间起部分中介作用（Effect＝0.2597，95% CI［0.0410，0.3436］），占总效应的 40.08%。对此，本书认为可能是因为先动性往往驱动企业采取先手策略，企业总是希望最快占领市场，最先赚取利润，最早撤离衰退行业，因此，比竞争对手保持一定程度的领先态势是这类企业的典型特征。在机会转瞬即逝、竞争日趋激烈的市场中，先动性强的企业可能因为发掘到了潜在机会而率先采取行动，因此未必会按部就班地通过寻找合作伙伴开展知识转移活动后再进一步实施创新策略。但预判与洞见又无法离开知识的支撑，与合作方开展合作是创新的必要条件。

　　知识转移在先动性与效率型商业模式创新之间也起部分中介作用（Effect＝0.2148，95% CI［0.1373，0.2878］），占总效应的 32.18%。这说明先动性不仅对新颖型商业模式创新重要，对效率型商业模式创新也有显著影响。先动企业可能更容易识别效率提升的机会，并通过知识转移获取必要的知识和技能来实现这些效率的提高。

　　知识转移在知识异质性与新颖型商业模式创新之间起部分中介作用（Effect＝0.3684，95% CI［0.2701，0.4663］），占总效应的 56.32%。这可能是因为在某些情况下异质性伙伴可以脱离与焦点企业的合作开展商业模式创新。在知识转移活动中，双方主体都存在机会主义行为。异质伙伴在与焦点企业合作中一旦完全了解商业模式创新的构念，明晰互补知识对商业模式创新的作用后，再评估自身整体实力，进而就可能脱离对焦点企业的依赖。但现有研究表明，商业模式创新是焦点企业协同合作伙伴共同开展的。焦点企业可能在规模、能力各方面总体优于合作伙伴，因此总体而言，焦点企业在创新中占主导地位。

知识转移在知识异质性与效率型商业模式创新之间也起部分中介作用（Effect = 0.2754，95% CI [0.1901，0.3645]），占总效应的41.98%。这表明知识异质性不仅对新颖型商业模式创新具有重要性，对效率型商业模式创新也有显著影响。异质的知识可能为企业提供了新的效率提升方法和思路，通过知识转移，这些新方法和思路被吸收和应用，从而推动了效率型商业模式创新。

值得注意的是，知识转移在风险承担性与商业模式创新（无论是新颖型还是效率型）之间的中介作用都不显著。这一发现似乎与我们的直觉相悖，因为人们通常认为风险承担性会促进知识转移和创新。这可能暗示了风险承担性对商业模式创新的影响可能通过其他途径实现，而非通过知识转移。例如，风险承担性可能直接影响企业的决策过程，使其更愿意尝试新的商业模式，而不一定需要通过知识转移这一中介过程。

同样，知识转移在组织异质性与商业模式创新之间的中介作用也不显著。这可能表明，组织异质性对商业模式创新的影响可能更多是直接的，而不是通过知识转移来实现。例如，不同类型的组织可能直接为商业模式创新提供多样化的视角和资源，而不需要通过知识转移这一过程。

这些发现为理解企业家导向、伙伴异质性与商业模式创新之间的关系机制提供了重要的实证支持，同时也突出了知识转移作为关键中介变量的重要性。它们表明，在促进商业模式创新时，企业不仅要关注自身的创新性和先动性，还要重视与异质性知识伙伴的合作，并通过有效的知识转移来实现这种合作的价值。同时，这些发现也提示我们，商业模式创新是一个复杂的过程，可能涉及多种路径和机制，需要我们进行更深入的研究和探索。

6.5　本章小结

首先，本章介绍了大样本数据的收集渠道和收集过程，并对386份样本数据进行了描述性统计分析。其次，本章利用SPSS23.0软件和AMOS软件对问卷的信度和效度进行了检验，结果表明，问卷的信度和效度符合研究要求。再次，采取回归分析法和结构方程建模法对本书的理论假设进行了验证，结果表明，本书的7组假设中，大部分假设都已成立，但有6个子假设没有得到验证。最后，本书对验证结果进行了分析说明与讨论。

第7章　研究结论与未来展望

本书基于开放式创新理论，将其三个研究视角整合于统一的研究框架对商业模式创新进行分析，对企业家导向、伙伴异质性、知识转移与商业模式创新之间的关系做了系统的梳理，对企业家导向、伙伴异质性与知识转移对商业模式创新的影响机理进行了深入研究，本章将基于前文的分析与论证，对本书的主要结论进行总结，阐释本书的理论贡献和实践启示，针对本书存在的局限提出未来的研究方向。

7.1　主要研究结论

开放式创新是当今创新实践领域的主要方式，商业模式创新作为一种重要的开放式创新，已经成为企业保持竞争优势的重要手段，当今企业之间的竞争本质上是商业模式之间的竞争。本书基于对商业模式本质的深刻把握，整合开放式创新的三个研究视角，并以战略导向发展定位观、资源依赖理论和知识管理理论为基础，构建综合内外创新驱动因素、整合协同创新知识管理活动、探索开放式创新结果的"企业家导向/伙伴异质性—知识转移—商业模式创新"理论模型，从企业家导向、伙伴异质性的视角切入，以知识转移作为中间路径，以商业模式创新为研究归宿，深入探讨了企业家导向、伙伴异质性、知识转移与商业模式创新之间的关系，并基于386份样本数据对所提出的假设进行了验证。据此得出以下结论：

7.1.1　企业家导向对商业模式创新有正向影响

本书案例研究和实证研究的结果显示，企业家导向对商业模式创新有正向影响。从开放式创新理论战略视角与战略导向发展定位观来看，企业家导向作为一种重要的战略导向，具有极强的开放色彩，是一种审视内外具有前瞻性的战略导向，因而对商业模式创新有重要影响。进一步分析发现，企业家导向的创新性、风险承担性、先动性都对两类商业模式创新有显著的正向影响。因此，就企业内部而言，确立积极的创新姿态、敢于承担相应的风险、保持敏锐的市场嗅觉对商业模式创新而言尤为重要。但从影响的程度来看，先动性（β=0.336，P<0.001）对新颖型商业模式创新的影响最大，风险承担性（β=0.292，P<0.001）对效率型商业模式创新的影响最大。这表明企业在进行商业模式创新时，应该选择先手策略，迅速捕捉商机，快速高效决策，要充分考虑到市场的潜在需求，要深刻理解商业模式创新的最终归宿在于创造客户价值。因此，可以把先动性类比成新颖型商业模式创新的导航仪，确保商业模式创新始终在市场、价值的轨道上运行。同时，商业模式创新必然具有风险，既有创新失败的风险，也有核心知识泄密的风险，具备风险意识与风险把控能力对效率型商业模式创新而言尤为重要。不仅如此，就整体而言，企业家导向对新颖型商业模式创新的影响更大，由此说明，企业家导向型企业可能追求更为激烈的变革。然而，这一结论并非否认企业家导向其他维度的重要性。事实上，只有让创新性、风险承担性、先动性三者有机结合，相辅相成，三者都表现出较高的水平，商业模式创新的最终效果才会更好。

7.1.2　伙伴异质性对商业模式创新有正向影响

商业模式创新是一种典型的开放式创新，需要焦点企业与合作伙伴开展协同合作。基于开放式创新理论的组织视角以及资源依赖理论，可以看到，伙伴异质性指出企业在选择合作伙伴时主要是以异质性作为主要依据，既包括组织的异质性，也包括知识的异质性。本书的案例分析与实证结果显示，伙伴异质性对商业模式创新存在正向影响，其中组织异质性和知识异质性都显著影响商业模式创新。可见，异质性的伙伴是驱动商业模式创新的重要因素。因此，企业在商业模式创新实践中，要与异质性合作伙伴进行紧密合作，形成双方的互补优势，弥补知识短板，产生创新的协同效应。但需要说明的是，组织异质性和知识异质性对于不同类型的商业模式创新的贡献程度并不一样，组织异质性（β=0.306，P<0.001；β=0.249，P<0.001）对于两类商业模式创新而言，都显得更为重要。由此说明，焦点企业应该尝试与不同组织类型的企业进行合作，无论是供应链的上下游企业，还是产业内与产业外的各种企业，又或者是大学、政府等，都应该成为焦点企业进行商业模式创新的知识源。同时，从整体而言，伙伴异质性中的组织异质性（β=0.306，P<0.001）和知识异质性（β=0.240，P<0.001）对新颖型商业模式创新的影响更为显著。因此，焦点企业一旦选择异质性伙伴进行合作，可以尝试创新程度更高的新颖型商业模式创新。同样地，组织异质性与知识

异质性应该是相互匹配，只有两者都表现出较高的水平，才更有利于商业模式创新。

7.1.3 企业家导向和伙伴异质性对知识转移均有正向影响，但具体影响效果存在差异

基于考虑影响知识管理活动的战略因素及组织因素，并且整合开放式创新理论的三个视角，本书认为企业家导向、伙伴异质性对知识转移有正向影响。研究结果显示，企业家导向对知识转移有正向影响，伙伴异质性对知识转移同样有正向影响。作为一种重要的战略导向，企业家导向从战略层面规定了企业向外扩张的倾向，是一种消耗型战略导向，因此，这一类型企业热衷于与市场主体开展各种知识管理活动，以实现知识的耦合。伙伴异质性赋予了组织互补性的特征，不同企业开展知识转移的主要原因之一是双方能形成知识势差，能够取长补短，因此组织常常会与互补性伙伴开展知识管理活动。

本书实证表明，虽然从整体上看，企业家导向与伙伴异质性都对商业模式创新有正向影响，但在企业家导向中只有创新性（$\beta = 0.366$，$P < 0.001$）与先动性（$\beta = 0.254$，$P < 0.001$）对知识转移有正向影响，而风险承担性（$\beta = 0.067$，$P > 0.05$）对知识转移没有显著影响。而在伙伴异质性与知识转移的关系方面，本书的实证研究只验证通过了"知识异质性（$\beta = 0.582$，$P < 0.001$）对知识转移有正向影响"的假设，而"组织异质性（$\beta = 0.118$，$P > 0.05$）对知识转移有正向影响"的假设并未通过检验。由此说明，焦点企业在与合作伙伴开展知识转移活动时，首先要树立强烈创新意识。企业的创新意愿越强，其越容易构建良好的学习机制，进一步吸收外部知识，并传播企业自身的商业模式构念。其次，对于试图尝试商业模式创新的企业而言，应该要提前吸收、储备相关知识，并迅速整合市场中零散的信息并与合作方积极地展开交流。最后，焦点企业需要与有着异质性知识的伙伴开展合作。知识的异质互补是企业选择与合作伙伴开展知识转移活动的关键因素，异质性知识成为知识转移主体之间共享知识的必要条件。同时可以看到，风险承担性与组织异质性对知识转移的影响并不显著，可见两者并没有通过知识转移间接影响商业模式创新，而是直接影响商业模式创新。从前述企业家导向和伙伴异质性对商业模式创新影响的结论中可以看出，风险承担性和组织异质性对商业模式创新的影响程度较大，在效率型商业模式创新中，企业家导向中的风险承担性影响最大，而组织异质性对于两类商业模式创新的影响都是伙伴异质性各维度中最大的，由此可以看出，由于其自身对商业模式创新的影响程度很大，所以两者不需要通过知识转移这条中间路径而完全直接作用于商业

模式创新。

7.1.4　知识转移对商业模式创新有正向影响

基于开放式创新理论的活动视角与知识管理理论的相关观点，本书探索了知识转移对商业模式创新的影响机制。现有研究笼统地讨论了知识转移对商业模式创新的影响，但本书认为知识转移对新颖型商业模式创新的影响和对效率型商业模式创新的影响需要进一步探讨。因此，本书基于文献回顾、案例研究及理论建模的方式，提出了相关假设并实证，结果显示，知识转移（β = 0.740，P < 0.001）对新颖型商业模式创新有显著的正向影响，同时，知识转移（β = 0.676，P<0.001）对效率型商业模式创新也有正向影响。可见，在知识经济时代，知识转移是促进商业模式创新的关键因素，商业模式虽然是企业设计出来的，由内容、结构、治理构成的价值系统，但支撑系统运转的最基础的动能是知识。根据活动视角下开放式创新理论的定义来看，开放式创新本质上是由创新主体之间通过开展知识管理活动而实现的，知识转移作为一种重要的动态知识管理活动，能够有效促进商业模式创新。通过知识转移，存量知识才能从静止状态转化为动态性的流量知识，企业与合作伙伴之间才能形成知识流转、共享的闭环。企业吸收新知识，输出新知识，弥补彼此短板，进一步促进创新。

7.1.5　知识转移的中介作用主要通过企业家导向的创新性、先动性及伙伴异质性的知识异质性发挥作用

现有研究集中于商业模式创新与绩效，鲜有关于商业模式创新的合作方式和过程的研究。本书基于此，将开放式创新的三个视角进行整合，结合相关理论，认为知识转移是开放式商业模式创新中创新主体的重要的合作方式，是输出创新结果的重要过程，因此，将知识转移作为中介变量，探讨其在商业模式创新中的中介作用。实证结果表明，知识转移在企业家导向、伙伴异质性与商业模式创新之间起到中介作用，但主要表现为在创新性、先动性、知识异质性与新颖型商业模式创新和效率型商业模式创新之间起到中介作用。可见，创新性和先动性作为一种战略意愿，强调的是焦点企业进行商业模式创新的态度与意图，因此还需要通过知识转移作为行为路径来作用于商业模式创新这个结果。而知识异质性满足了企业商业模式创新的必要条件，表现出企业所需合作伙伴的组织特征，但异质性的知识本身处于静止状态，需要借助知识转移将互补性的知识传输给焦点企业，再据此进行商业模式创新。然而，需要说明的是，知识转移在三者之间的中介效应并不完全一致。对于创新性而言，知识转移在新颖型商业模式创新中起到

完全中介的作用，而在效率型商业模式创新中起到部分中介作用。也就是说，在不存在知识转移这个中介变量时，创新性对两类商业模式创新的影响都非常显著，但将中介变量纳入模型中时，创新性对新颖型商业模式创新的影响变得不显著。可见，当企业家导向型企业的创新性水平很高时，如果企业想尝试创新程度更高的新颖型商业模式创新，那么企业就需要注意与异质性伙伴开展周密的合作，即通过知识转移，更好地进行商业模式创新。如果企业旨在对当前商业模式的效率进行改进，企业既可以通过自身的努力对其改进，也可以与伙伴合作，开展知识转移进行改进。对于先动性与知识异质性，知识转移在两类商业模式创新中都只起到部分中介作用。可见，无论有无中介变量加入，先动性和知识异质性都会影响商业模式创新，因此，当企业家导向的先动性较强时，企业为了迅速抓准商机可以率先开展创新活动，当在商业模式创新中遇到知识瓶颈时，再寻找合作方进行合作。而当合作伙伴知识异质性很强时，既可能通过知识转移影响商业模式创新，也可能直接作用商业模式创新。

7.2　理论贡献与实践启示

7.2.1　理论贡献

（1）本书基于开放式创新理论的三个视角，深入研究商业模式创新的影响因素，推进商业模式创新理论的发展。商业模式创新作为一种重要的开放式创新，是焦点企业与外部的异质性合作伙伴共同完成的。因此，研究商业模式创新的驱动因素应该构建多层次的整合视角（Spieth et al.，2014；Foss et al.，2017）。然而，如何将众多因素进行合理整合而非进行无序的排列，即了解构建的逻辑是什么，是需要深入考虑的，需要找到构型的依据。因此，本书在借鉴前人研究的基础上，以创新主体与创新合作方式为逻辑线条，将开放式创新理论现有研究中的战略视角、组织视角、活动视角结合起来，并通过对战略导向发展定位观、资源依赖理论、知识管理理论的梳理，推导出综合内外创新驱动因素、整合协同创新知识管理活动、探索开放式创新结果的"企业家导向/伙伴异质性—知识转移—商业模式创新"的理论模型。战略视角和组织视角的本质是探讨在开放式创新中不同的创新主体所起到的作用。战略视角描述了焦点企业的战略选择，不同的战略选择对开放式创新的促进作用不一样。组织视角描述了合作伙伴的组织特性，异质性伙伴是指在开放式创新中焦点企业首先需要选择的战略伙伴。活动视角本质上探讨了不同创新主体之间的合作方式与创新过程，焦点企业与异质性伙伴是通过知识管理活动开展合作的。当知识在不同创新主体之间进行流转和耦合时，就能输出商业模式创新这一结果。本书通过探索性案例研究和实证研究，证实了这些商业模式创新的重要驱动因素，其中企业家导向和伙伴异质性都对商业模式创新有重要影响，知识转移对商业模式创新也存在显著影响，并厘清了企业家导向、伙伴异质性与知识转移之间的关系。因此，本书从开放式创新理论的整合视角出发，丰富了商业模式创新理论的研究，突出了商业模式创新的整体性，本书是将战略导向理论、资源依赖理论以及知识管理理论合理拓展到商业模式创新情境中的全新应用，为以后战略与创新等相关研究领域提供了一个崭新的分析框架和一种整合性的研究思路，为商业模式创新管理提供了有益的启发。

（2）本书进一步丰富了关于商业模式创新理论的内涵与创新过程的研究成果。本书基于开放式创新理论系统探讨了商业模式的基本概念与构成要素，总结出了商业模式的三大特性，并基于商业模式的特性探讨了商业模式创新的过程，进一步丰富了商业模式创新理论的内涵，深化了商业模式创新理论的研究，是对商业模式创新理论的有益补充和拓展。以往研究中，对于商业模式的定义和构成要素的讨论过于烦琐，缺乏对商业模式特性的深入讨论，更缺乏基于此而进行的有关创新的推论。本书在总结前人研究的基础上，将商业模式定义为焦点企业与合作伙伴在开放的网络中共同构建的由交易内容、交易结构、交易治理三要素组成的价值系统，并以增量价值为导向而运动发展。这样定义商业模式包括两种逻辑：一是本书总结出商业模式构成要素的最主要特征，即价值导向与交易逻辑。价值既是商业模式的起点，也是商业模式的归宿，商业模式的所有活动都是紧紧围绕价值而开展的交易活动。二是本书通过文献梳理，推导出商业模式的三大特性，即系统性、动态性、开放性。这是本书对商业模式创新理论的有益补充，明晰了商业模式的重要特性，为创新过程的研究铺垫了理论基础。其中，系统性描述了商业模式存在的物质形式，交易的内容、结构与治理是构成商业模式最重要的要素；动态性基于时序关系，描述了商业模式的演化路径，从时间的角度解构商业模式；开放性强调了商业模式的空间状态，是焦点企业与合作伙伴以网络形式连接而成的开放体系。本书基于商业模式的定义与特性，详述描绘了商业模式创新的过程。商业模式创新首先从设计出发，企业设计一套行之有效的价值交易系统，并随着时间的推移和环境变化，以调适或重构的方式变革已有价值系统的构成要素（内容、结构和治理方式），甚至是整个系统，从而实现创新。由此，商业模式创新形成了一个很好的闭环，闭环的运行过程就是商业模式的演进过程。当然，这一运行过程并非焦点企业独自可以完成，而是需要在开放的环境中与不同的伙伴合作实施。

（3）本书深化了企业家导向对商业模式创新影响机制的研究，促进战略导向相关理论与创新理论的有益结合。以往研究多集中于探讨企业家导向与技术创新或创新绩效之间的关系（Alegre & Chiva，2013），讨论企业家导向影响商业模式创新的机制机理的研究并不多见，创新性、风险承担性、先动性三者与商业模式创新之间的关系并不清楚，三者更有利于效率型商业模式创新还是新颖型商业模式创新，需要进一步做实证研究。因此，本书回顾现有文献，结合战略导向发展定位观的基本观点和研究现状，紧扣开放式创新理论的战略视角，通过实证方法验证了企业家导向对商业模式创新的促进作用，其中创新性、风险承担性和先动性都分别对新颖型商业模式创新和效率型商业模式创新有显著的正向影响，但对于新颖型商业模式创新而言，先动性的影响程度最大，而对于效率型商业模式创新而言，风险承担性的影响程度最大，对于不同类型的商业模式创新，企业家导向中各维度的影响程度正好相反。因此，本书有助于我们更清楚地认识到企业家导向影响商业模式创新的机制以及企业家导向中各维度对创新的贡献程度，不仅丰富了创新领域的研究成果，还增加了战略导向领域的理论发现，促进两种理论的相互融合与应用，同时也丰富了开放式创新理论战略视角下商业模式创新的理论成果。

（4）本书填补了伙伴异质性与商业模式创新的关系方面的研究空白。大量研究探索了伙伴异质性与创新绩效之间的关系，也有不少文献是从战略联盟、团队合作和创新网络等角度对伙伴异质性展开讨论的，本质上都强调通过向外搜寻获取异质性的资源、知识，从而实现创新，但较少有文献研究伙伴异质性与商业模式创新之间的关系。作为一种典型的开放式创新，商业模式创新当然需要外部异质性伙伴的支撑，事实上，从商业模式的定义可以看出，商业模式是焦点企业与合作伙伴在开放的网络中共同构建的交易系统，因此，伙伴异质性对商业模式创新非常重要，但较少有研究涉及。因此，本书紧扣开放式创新理论的组织视角，结合资源依赖理论的基本观点，探讨伙伴异质性对商业模式创新的影响机制。本书在前人的基础上对伙伴异质性进行了维度划分，将其划分为组织异质性和知识异质性，证实了伙伴异质性对商业模式创新的影响。结果表明，组织异质性和知识异质性对两类商业模式创新都呈现出正向影响关系，其中，组织异质性的影响程度更大。本书通过研究伙伴异质性与商业模式创新的关系，不仅弥补了相关空白，还丰富了开放式创新理论的组织视角与资源依赖理论下商业模式创新的理论成果。

（5）本书丰富了知识转移与商业模式创新的相关研究。在开放式商业模式创新的范畴内，知识转移是商业模式创新的重要基础。通过知识转移，焦点企业与合作伙伴完成了互补性知识的吸收与整合，进一步产生新的商业模式构念。以往研究知识转移的文献中，主要从知识特性（Birkinshaw et al.，2002；蒋永康和梅强，2023）、知识主体（Lane et al.，2001；Mowery et al.，2015）与知识情境（Raymond et al.，2008；吴玉浩和姜红，2021）的角度切入，鲜有讨论企业家导向与伙伴异质性对知识转移的影响，这是因为缺乏一个整合的框架模型。本书基于理论梳理，构建出综合内外创新驱动因素、整合协同创新知识管理活动、探索开放式创新结果的"企业家导向/伙伴异质性—知识转移—商业模式创新"的理论模型，实证结果支持知识转移的中介作用，其中创新性与先动性对知识转移的促进作用明显，同时支持知识异质性对知识转移的促进作用，这些都深化了商业模式创新中知识管理活动的作用的研究，拓展了知识管理理论在商业模式创新中的运用，对知识管理理论和商业模式创新理论的相关研究做了有益的补充。事实上，就目前研究来看，商业模式创新的中间机理并不明晰。创新的合作模式究竟是什么，需要研究者加以考虑。因此，本书基于开放式创新理论的活动视角以及知识管理理论的相关构念，将知识转移作为创新主体之间的一种合作方式，本质上是双方通过知识转移的互动与耦合来实现创新。商业模式创新需要知识的不断更新与优化，焦点企业在网络中搜索并定位能与自己相互补的异质性伙伴后，再通过知识转移这一活动实现知识的吸收与整合，从而促使商业模式创新的发生。本书认为，知识转移是知识主体之间合作实现商业模式创新的有效路径，知识转移在知识主体与商业模式创新之间起到中介桥梁的作用。实证结果表明，知识转移确实起到中介作用。因此，本书探析了商业模式创新的机理，对本书所提出的模型进行了实证，拓展了商业模式创新理论中的过程研究，为未来的研究提供了新的分析思路。

7.2.2 实践启示

本书遵循从实践到理论的研究范式，从中国企业商业模式创新的实际情况出发，基于质性研究与定量研究的方法，从多案例研究开始探索企业家导向、伙伴异质性、知识转移与商业模式创新之间的关系，并运用回归分析和结构方程模型验证了其相互之间的关系假设。结果表明，企业家导向、伙伴异质性通过知识转移能够有效促进商业模式创新。因此，对于中国企业开展商业模式创新的策略以及企业间的合作方式具有一定的指导意义。

（1）焦点企业需要重视企业家导向对于商业模式创新的重要作用。研究表明，企业家导向是促进商业模式创新的重要因素，创新性让企业始终保持强烈的创新意愿与动机，风险承担性使企业敢于承担创新的试错成本，先动性能让企业迅速找到创新的价值洼地。从创新的角度出发，企业家导向是一种重要的战略导向。对于焦点企业而言，首先，应在组织层面构建良好的创新文化，鼓励员工不断积极思考，充分发挥员工的主观能动性，提倡其采取新颖的做事方式提升工作效率；其次，企业要承担适当的创新成本，甚至是试错代价，由于商业模式创新带有浓重的试错色彩，企业应建立好合理的风险管控机制，适当提高各类风险的最低阈值，承担必要的创新成本；最后，企业要采取先手策略，更主动地针对市场变化迅速做出反应，在组织结构上应适当扁平化，减少管理的层级，使信息的传播更快捷，决策机制更灵活。

（2）焦点企业在商业模式创新实践中需要异质性伙伴的有力支撑。研究表明，伙伴异质性能够有效促进商业模式创新。从开放式创新的角度出发，伙伴异质性能够有效促进知识转移，解决商业模式创新的资源、知识瓶颈问题，有利于降低企业与合作伙伴因商业模式创新所负担的成本。商业模式创新离不开必要的资源与能力，任何一个商业模式的设计过程都是资源不断匹配、协同、优化的过程，两者之间保持统一的运行路径。但对于大多数中国企业而言，没有任何企业可以确保在商业模式演进、创新的过程中及时匹配所需资源与能力，焦点企业在尝试设计商业活动系统时，总会受到内外部可获资源的限制。因此，伙伴异质性一方面促进了双方的知识转移，弥补了知识短板，使企业能够获得技术、市场、管理等方面的知识，为企业的可持续发展提供支撑；另一方面则直接作用于商业模式创新，驱动商业模式不断演化。可见，企业在开展商业模式创新实践时，要匹配到合适的伙伴，扩大商业网络，构建伙伴生态圈，与各种组织类型的伙伴开展合作，提高企业间的协同效应。

（3）创新主体之间应重视合作方式，发挥知识转移在商业模式创新中的纽带功能。知识转移是知识在主体之间的动态流动过程，但其目标不在于知识在主体之间的简单流动，更重要的是知识如何能够被应用、整合、重构，产生出新的价值。本书认为知识转移是指知识在不同主体之间的传递、吸收、共享、应用并最终嵌入组织内部情境之中的过程，知识转移的目的在于提高合作绩效，促进合作创新。可见，知识转移是企业家导向型企业与异质性伙伴协同创新的合作方式，通过合作有效解决知识的流动问题，进一步促进商业模式创新。本书的研究结果表明，知识转移在企业家导向、伙伴异质性与商业模式创新之间发挥中介桥梁的作用，因此，企业应该建立良好的组织学习机制，提高组织吸收知识的能力，知识的转化本身依赖于组织层面的学习能力。同时，企业要构建开放的网络体系，促进企业与合作伙伴之间的知识转移顺利完成。

7.3 研究局限与未来展望

商业模式创新既是学术界的研究热点又是实业界一直以来专注的焦点。本书对企业家导向、伙伴异质性、知识转移与商业模式创新之间的关系进行了深入探索，其研究结果具备一定的理论意义和实践意义。但由于本书所研究的对象的复杂性以及研究团队能力与经验的限制，本书仍存在一些局限：

（1）样本数据的代表性问题。首先，本书通过多种渠道与多种方式发放并回收问卷，耗费了大量的时间与精力，虽然样本数据达到实证分析的基本要求，但由于回收问卷主要来自西部地区，这可能造成区域经济特性与地方文化对样本数据的影响。因此，未来研究中，本书所构建的模型与假设应在更广泛的范围里进行验证。其次，商业模式创新是一个动态过程，呈一种时序状态，是不断适配企业发展阶段并随环境变化而演化的持续性过程，但本书所收集的数据属于横截面数据，并非是时间序列数据，因此对研究结果可能会产生某些影响，未必能反映商业模式创新的全貌。故在以后的研究中，需考虑对样本企业进行长期跟踪观察和调研以获取面板数据，从而进行进一步的分析。

（2）问卷量表测试的局限性。首先，本书的量表基本源于国内外的成熟量表，根据研究需要在专家的指导下进行了必要的修正，并征求了企业高管的建议进行了适当补充，因此可能存在为了使语言习惯与题项表述更符合国内管理者的认知方式而使量表产生一定程度歧义的情况，因此或多或少影响到问卷的质量。其次，由于所研究的对象难以获得公开数据，采用问卷调查法获取的数据难以避免被调查对象的主观性所干扰，加之本书中问卷大部分采用李克特7级量表，进一步增强了主观性可能带来的干扰。同时，本书所构建的组织异质性的量表有一定的难度，需要测试者在充分理解后认真填写，因此可能会因为理解的模糊性而对量表的准确性造成一定的影响。未来研究中，需要进一步细化量表，提高量表的科学性和准确性。

（3）企业发展阶段与环境变化的影响。首先，本书出于时间的紧迫性与研究对象的复杂性，并未将企业发展阶段与环境变化纳入研究范围，但实际上商业模式创新也受企业发展阶段与环境的影响。基于生命周期理论，企业所处发展阶段的不同，其在资源、能力、组织构架、战略目标上都呈现出明显差异，因此不同阶段企业的商业模式创新侧重点并不一样。其次，外部环境是企业得以生存的客观条件，总体来看，环境总是在不断变化，本质特征表现为不确定性，但企业必须持续关注环境动荡传递的信号才能生存与发展。因此，商业模式同样随环境的变化而演进。下一步研究中，可以考虑将企业的发展阶段或环境的动态性以调节变量的形式纳入研究框架中，进一步揭示商业模式创新的本质。

参考文献

［1］ Adam Dudek, J Patalasmaliszewska. A Model of a Tacit Knowledge Transformation for the Service Department in a Manufacturing Company: A Case Study ［J］. Foundations of Management, 2016 (8): 175-188.

［2］ Adler P S, Kwon S W. Social Capital: Prospects for a New Concept ［J］. Academy of Management Review, 2002, 27 (1): 17-40.

［3］ Afuah A. Business Models: A Strategic Management Approach ［M］. New York: McGraw-Hill Inc. , 2003.

［4］ Afuah A. Redefining Firm Boundaries in the Face of the Internet: Are Firms Really Shrinking ［J］. Academy of Management Review, 2003, 28 (1): 34-53.

［5］ Afuah A, Tucci C L. Internet Business Models and Strategies: Text and Cases ［M］. New York: McGraw-Hill, 2001.

［6］ Agrawal A K L. University-to-industry Knowledge Transfer: Literature Review and Unanswered Questions ［J］. International Journal of Management Reviews, 2001, 3 (4): 285-302.

［7］ Alegre J, Chiva R. Linking Entrepreneurial Orientation and Firm Performance: The Role of Organizational Learning Capability and Innovation Performance ［J］. Journal of Small Business Management, 2013, 51 (4): 491-507.

［8］ Allee Verna. Value Network Analysis and Value Conversion of Tangible and Intangible Assets ［J］. Journal of Intellectual Capital, 2008, 9 (1): 5-24.

［9］ Aloulou W, Fayolle A. A Conceptual Approach of Entrepreneurial Orientation within Small Business Context ［J］. Journal of Enterprising Culture, 2008, 13 (1): 21-45.

［10］ Alvarez S A, Busenitz L W. The Entrepreneurship of Resource-Based Theory ［J］. Journal of Management, 2001, 27 (6): 755-775.

［11］ Amabile T M, Conti R, Coon H, et al. Assessing the Work Environment for Creativity ［J］. Academy of Management Journal, 1996, 39 (5): 1154-1184.

［12］ Amit R, Zott C. Business Model Innovation: Creating Value in Times of

Change [J]. Social Science Electronic Publishing, 2010, 23 (23): 108-121.

[13] Amit R, Zott C. Crafting Business Architecture: The Antecedents of Business Model Design [J]. Strategic Entrepreneurship Journal, 2016, 9 (4): 331-350.

[14] Amit R, Zott C. Creating Value through Business Model Innovation [J]. Mit Sloan Management Review, 2012, 53 (5): 102-124.

[15] Amit R, Zott C. Value Creation in E-business [J]. Strategic Management Journal, 2001, 22 (6/7): 493-520.

[16] Anderson A R. Conceptualising Entrepreneurship as Economic "Explanation" and the Consequent Loss of "Understanding" [J]. International Journal of Business & Globalisation, 2015, 14 (2): 145.

[17] Ankrah S, Al-Tabbaa O. Universities-Industry Collaboration: A Systematic Review [J]. Scandinavian Journal of Management, 2015, 31 (3): 387-408.

[18] Antoncic B, Hisrich R D. Entrepreneurship: Construct Refinement and Cross-Cultural Validation [J]. Journal of Business Venturing, 2001, 16 (5): 495-527.

[19] Applegate L M, Monteiro L F, Collura M. Submarino. Com (A) [EB/OL]. Harvard Business School, https://store. hbr. org/product/Submarino-com-a/801350? sku=801350-PDF_ENG, 2001-05-17.

[20] Arend R J. Ethics-Focused Dynamic Capabilities: A Small Business Perspective [J]. Small Business Economics, 2013, 41 (1): 1-24.

[21] Argyres, Newman, Sundaram, et al. A Comprehenstve Risk Factor Analysis to Focus Community-based Lead Poisoning Intervention Programs [J]. Epidemiology, 1995, 6 (2): 141-148.

[22] Atuahene-Gima K, Ko A. An Empirical Investigation of the Effect of Market Orientation and Entrepreneurship Orientation Alignment on Product Innovation [J]. Organization Science, 2001, 12 (1): 54-74.

[23] Baden-Fuller C, Morgan M S. Business Models as Models [J]. Long Range Planning, 2010, 43 (2-3): 156-171.

[24] Barlow J, Bayer S, Curry R. Implementing Complex Innovations in Fluid Multi-stakeholder Environments: Experiences of "Telecare" [J]. Technovation, 2006, 26 (3): 396-400.

[25] Barney J, Wright M, Ketchen D J. The Resource-based View of the Firm: Ten Years after 1991 [J]. Journal of Management, 2001, 27 (6): 625-641.

[26] Barney J. Firm Resources and Sustained Competitive Advantage [J]. Journal of Management, 1991 (17): 99-120.

[27] Beckman C M, Haunschild P R. Network Learning: The Effects of Heterogeneity of Partners' Experience on Corporate Acquisitions [J]. Administrative Science Quarterly, 2002, 47 (1): 92-124.

[28] Bigliardi B, Galati F. Models of Adoption of Open Innovation within the Food Industry [J]. Trends in Food Science & Technology, 2013, 30 (1): 16-26.

[29] Birkinshaw J, Nobel R, Ridderstråle J. Knowledge as a Contingency Variable: Do the Characteristics of Knowledge Predict Organization Structure? [J]. Organization Science, 2002 (13): 274-289.

[30] Blake A, Taylor M, Cox A. Grasping Visual Symmetry [C]. International Conference on Computer Vision, 1993.

[31] Blau P M. Inequality and Heterogeneity: A Primitive Theory of Social Structure [J]. New York: Free Press, 1977.

[32] Bonner J M, Kim D, Cavusgil S T. Self-Perceived Strategic Network Identity and Its Effects on Market Performance in Alliance Relationships [J]. Journal of Business Research, 2005, 58 (10): 1371-1380.

[33] Borgatti S P, Cross R. A Relational View of Information Seeking and Learning in Social Networks [J]. Management Science, 2003, 49 (4): 432-445.

[34] Bouncken R B, Clau T, Fredrich V. Product Innovation through Coopetition in Alliances: Singular or Plural Governance [J]. Industrial Marketing Management, 2016 (53): 77-90.

[35] Bouncken R B. Innovation by Operating Practices in Project Alliances - When Size Matters [J]. British Journal of Management, 2011, 22 (4): 586-608.

[36] Bowers C A, Pharmer J A, Salas E. When Member Homogeneity is Needed in Work Teams: A Meta - Analysis [J]. Small Group Research, 2000, 31 (3): 305-327.

[37] Boyd D E, Spekman R E. The Market Value Impact of Indirect Ties within Technology Alliances [J]. Journal of the Academy of Marketing Science, 2008, 36 (4): 488.

[38] Branzei R, Moretti S, Norde H, et al. The P-value for Cost Sharing in Minimum Cost Spanning Tree Situations [J]. Theory & Decision, 2004, 56 (1-2): 47-61.

[39] Broadbent M. The Phenomenon of Knowledge Management: What Does It Mean to the Information Profession? [J]. Journal of Evolutionary Biology, 1995, 8 (1): 43-52.

[40] Bruyaka O P. Alliance Partner Diversity and Biotech Firms' Exit: Differing Effects on Dissolution vs. Divestment [J/OL]. Academy of Management Proceedings,

DOI：10. 5465/ambpp. 2008. 33622325.

［41］Burt R S. Structual Holes：The Social Structure of Competition ［M］. Cambidge, MA：Harvard University Press, 1992.

［42］Calabrese T, Baum J A, Silverman B S. Canadian Biotechnology Start－Ups, 1991-1997：The Role of Incumbents' Patents and Strategic Alliances in Controlling Competition ［J］. Social Science Research, 2000, 29（4）：503-534.

［43］Carlos Bou－Llusar Juan, Segarra－Ciprés Mercedes. Strategic Knowledge Transfer and Its Implications for Competitive Advantage：An Integrative Conceptual Framework ［J］. Journal of Knowledge Management, 2006, 10（4）：100-112.

［44］Casadesus－Masanell R, Gastón Llanes. Mixed Source ［J］. Working Papers, 2009（57）：1212-1230.

［45］Casadesus－Masanell R, Ricart J E. From Strategy to Business Models and onto Tactics ［J］. Long Range Planning, 2010, 43（2-3）：195-215.

［46］Chanal V, Caron－Fasan M L. The Difficulties Involved in Developing Business Models Open to Innovation Communities：The Case of a Crowdsourcing Platform ［J］. Post－Print, 2010, 13（4）：318-340.

［47］Chang J. The Effects of Buyer－Supplier's Collaboration on Knowledge and Product Innovation ［J］. Industrial Marketing Management, 2017（65）：129-143.

［48］Chang T Y. Co－creative Value for Cultural and Creative Economic Growth－Designing a Cultural Merchandise and Constructing a Marketing Model ［C］//International Conference on Human－Computer Interaction, 2014.

［49］Chesbrough H, Appleyard M M. Open Innovation and Strategy ［J］. California Management Review, 2007, 50（1）：57-76.

［50］Chesbrough H, Rosenbloom R S. The Role of the Business Model in Capturing Value from Innovation：Evidence from Xerox Corporation's Technology Spin－off Companies ［J］. Social Science Electronic Publishing, 2002, 11（3）：529-555.

［51］Chesbrough H, Vanhaverbeke W, West J, et al. Open Innovation：Researching a New Paradigm ［J］. Wim Vanhaverbeke, 2006（84）：1259.

［52］Chesbrough H. Open Innovation：The New Imperative for Creating and Profiting from Technology ［M］. Cambridge, MA：Harvard Business School Press, 2003.

［53］Choi C J, Lee S H. A Knowledge－Based View of Cooperative Interorganizational Relationships ［A］//Beamish P, Killing J（Eds.）. Cooperative Strategies：European Perspectives ［M］. San Francisco, CA：New Lexington Press, 1997：33-58.

［54］Christensen C M, Horn M B, Johnson C W. Disrupting Class：How Disruptive Innovation Will Change the Way We Learn ［M］. New York：McGraw－Hill Inc. ,

2008.

[55] Conner K R, Prahalad C K. A Resource-Based Theory of the Firm: Knowledge Versus Opportunism [J]. Organization Science, 1996, 7 (5): 477-501.

[56] Conner K R. A Historical Comparison of Resource-Based Theory and Five Schools of Thought within Industrial Organization Economics: Do We Have a New Theory of Firms [J]. Journal of Management, 1991, 17 (1): 121-154.

[57] Corsaro D, Cantù C, Tunisini A. Actors' Heterogeneity in Innovation Networks [J]. Industrial Marketing Management, 2012, 41 (5): 780-789.

[58] Corsaro D, Cantù C. Actors' Heterogeneity and the Context of Interaction in Affecting Innovation Networks [J]. Journal of Business & Industrial Marketing, 2015, 30 (3/4): 246-258.

[59] Corsaro D, Ramos C, Henneberg S C, et al. The Impact of Network Configurations on Value Constellations in Business Markets—The Case of an Innovation Network [J]. Industrial Marketing Management, 2012, 41 (1): 54-67.

[60] Cousins P D, Lawson B, Petersen K J, Handfield R B. Breakthrough Scanning, Supplier Knowledge Exchange, and New Product Development Performance [J]. Journal of Product Innovation Management, 2011, 28 (6): 930-942.

[61] Covin J G, Slevin D P. A Conceptual Model of Entrepreneurship as Firm Behavior [J]. Entrepreneurship Theory and Practice, 1991 (16): 7-25.

[62] Covin J G, Slevin D P. Strategic Management of Small Firms in Hostile and Benign Environments [J]. Strategic Management Journal, 1989, 10 (1): 75-87.

[63] Cui A S, O'Connor G. Alliance Portfolio Resource Diversity and Firm Innovation [J]. Social Science Electronic Publishing, 2012, 32 (4): 83-93.

[64] Cui A S, Wu F. The Impact of Customer Involvement on New Product Development: Contingent and Substitutive Effects [J]. Journal of Product Innovation Management, 2017, 34 (1): 60-80.

[65] Cummings J L, Teng B S. Transferring R&D Knowledge: The Key Factors Affecting Knowledge Transfer Success [J]. Journal of Engineering & Technology Management, 2003, 20 (1): 39-68.

[66] Daft R L, Weick K E. Toward a Model of Organizations as Interpretation Systems [J]. Academy of Management Review, 1984, 9 (2): 284-295.

[67] Das T K, Teng B S. Partner Analysis and Alliance Performance [J]. Scandinavian Journal of Management, 2003, 19 (3): 279-308.

[68] Davenport T H, Prusak L. Working Knowledge: How Organizations Manage What They Know [M]. Cambridge, MA: Harvard Business School Press, 1998.

［69］Demil B, Lecocq X. Business Model Evolution: In Search of Dynamic Consistency［J］. Long Range Planning, 2010, 43（2–3）: 227–246.

［70］Dess G G, Ireland R D, Zahara S A, et al. Emerging Issues in Corporate Entrepreneurship［J］. Journal of Management, 2009, 29（3）: 351–378.

［71］Dess G G, Lumpkin G T. Research Edge: The Role of Entrepreneurial Orientation in Stimulating Effective Corporate Entrepreneurship［J］. The Academy of Management Executive（1993–2005）, 2005, 19（1）: 147–156.

［72］Doloreux D. Regional Innovation Systems in Canada: A Comparative Study ［J］. Regional Studies, 2004, 38（5）: 481–494.

［73］Doz Y L, Hamel G. Alliance Advantage［M］. Boston, MA: Harvard Business School Press, 1998.

［74］Drucker D, Shandling M. Variable Adrenocortical Function in Acute Medical Illness［J］. Critical Care Medicine, 1985, 13（6）: 477–479.

［75］Drucker P F. The Theory of the Business（Cover Story）［J］. Harvard Business Review, 1994, 72（5）: 95–104.

［76］Duysters G, Heimeriks K H, Lokshin B, et al. Do Firms Learn to Manage Alliance Portfolio Diversity? The Diversity–Performance Relationship and the Moderating Effects of Experience and Capability［J］. European Management Review, 2012, 9（3）: 139–152.

［77］Duysters G, Lokshin B. Determinants of Alliance Portfolio Complexity and Its Effect on Innovative Performance of Companies［J］. Journal of Product Innovation Management, 2011, 28（4）: 570–585.

［78］Dyer J H, Singh H. The Relational View: Cooperative Strategy and Sources of Interorganizational Competitive Advantage［J］. Academy of Management Review, 1998, 23（4）: 660–679.

［79］Easterby–Smith M, Graca M, Antonacopoulou E, et al. Absorptive Capacity: A Process Perspective［J］. Management Learning, 2008, 39（5）: 483–501.

［80］Eisenhardt K M, Graebner M E. Theory Building from Cases: Opportunities and Challen–Ges［J］. Academy of Management Journal, 2007, 50（1）: 25–32.

［81］Fischer E, Reuber A R. Targeting Export Support to SMEs: Owners' International Experience as a Segmentation Basis［J］. Small Business Economics, 2003, 20（1）: 69–82.

［82］Fornell C, Larcker D F. Evaluating Structural Equation Models with Unobservable Variables and Measurement Error［J］. Journal of Marketing Research, 1981, 18（1）: 39–50.

[83] Foss N J, Saebi T. Fifteen Years of Research on Business Model Innovation: How Far Have We Come, and Where Should We Go [J]. Journal of Management, 2017, 43 (1): 200-227.

[84] Frenken K. A Complexity Approach to Innovation Networks: The Case of the Aircraft Industry (1909-1997) [J]. Research Policy, 2000, 29 (2): 257-272.

[85] Gambardella A, Mcgahan A M. Business-Model Innovation: General Purpose Technologies and Their Implications for Industry Structure [J]. Long Range Planning, 2010, 43 (2): 262-271.

[86] Garavelli A C, Gorgoglione M, Scozzi B. Managing Knowledge Transfer by Knowledge Technologies [J]. Technovation, 2002, 22 (5): 269-279.

[87] Gassmann O, Enkel E. Towards a Theory of Open Innovation: Three Core Process Archetypes [C]//Lisbon: Proceedings of the R&D Management Conference, 2004: 6-9.

[88] Gatignon H, Xuereb J M. Strategic Orientation of the Firm and New Product Performance [J]. Journal of Marketing Research, 1997, 34 (1): 77-90.

[89] Gawer A, Cusumano M A. Industry Platforms and Ecosystem Innovation [J]. Journal of Product Innovation Management, 2013, 31 (3): 417-433.

[90] George G, Bock A J. The Business Model in Practice and Its Implications for Entrepreneurship Research [J]. Entrepreneurship Theory & Practice, 2011, 35 (1): 83-111.

[91] George G, Zahra S A, Jr D R W. The Effects of Business-University Alliances on Innovative Output and Financial Performance: A Study of Publicly Traded Biotechnology Companies [J]. Journal of Business Venturing, 2002, 17 (6): 577-609.

[92] Giesen E, Berman S J, Bell R, et al. Three Ways to Successfully Innovate Your Business Model [J]. Strategy & Leadership, 2007, 35 (6): 27-33.

[93] Gilbert M, Cordey-Hayes M. Understanding the Process of Knowledge Transfer to Achieve Successful Technological Innovation [J]. Technovation, 1996, 16 (6): 301-312.

[94] Goerzen A, Beamish P W. The Effect of Alliance Network Diversity on Multinational Enterprise Performance [J]. Strategic Management Journal, 2005, 26 (4): 333-354.

[95] Gong Q, Yang Y, Wang S. Information and Decision-Making Delays in MRP, KANBAN, and CONWIP [J]. International Journal of Production Economics, 2014, 156 (5): 208-213.

[96] Granstrand O. Towards a Theory of the Technology-Based Firm [J]. Re-

search Policy, 2004, 27 (5): 465-489.

[97] Grinstein A. The Relationships between Market Orientation and Alternative Strategic Orientations [J]. European Journal of Marketing, 2008 (1/2): 466-471.

[98] Gulati R. Network Location and Learning: The Influence of Network Resources and Firm Capabilities on Alliance Formation [J]. Strategic Management Journal, 1999, 20 (5): 397-420.

[99] Gulati R. Alliances and Networks [J]. Strategic Management Journal, 1998 (19): 293-317.

[100] Hage J T. Organizational Innovation and Organizational Change [J]. Annual Review of Sociology, 1999, 25 (1): 597-622.

[101] Hagedoorn J. Inter-Firm R&D Partnerships: An Overview of Major Trends and Patterns since 1960 [J]. Research Policy, 2002, 31 (4): 477-492.

[102] Hagedoorn J. Understanding the Rationale of Strategic Technology Partnering: Interorganizational Models of Cooperation and Sectoral Differences [J]. Strategic Management Journal, 1993, 14 (5): 371-385.

[103] Hakala H. Strategic Orientations in Management Literature: Three Approaches to Understanding the Interaction between Market, Technology, Entrepreneurial and Learning Orientations [J]. International Journal of Management Reviews, 2011, 13 (2): 199-217.

[104] Hakansson H, Olsen P I. Innovation in Networks [R]. Naples Service Forum, 2011.

[105] Hakansson H. Industrial Technological Development (Routledge Revivals): A Network Approach [M]. London: Routledge, 2016.

[106] Hamel G, Ruben P. Leading the Revolution [M]. Boston, MA: Harvard Business School Press, 2000.

[107] Hao J, Wang M, Zhu L, et al. Corporate Social Capital and Business Model Innovation: The Mediating Role of Organizational Learning [J]. Frontiers of Business Research in China, 2014, 8 (4): 500-528.

[108] Hemmert M, Bstieler L, Okamuro H. Bridging the Cultural Divide: Trust Formation in University-Industry Research Collaborations in the US, Japan, and South Korea [J]. Technovation, 2014, 34 (10): 605-616.

[109] Hendriks P. Why Share Knowledge? The Influence of ICT on the Motivation for Knowledge Sharing [J]. Knowledge Process Management, 1999, 6 (2): 91-100.

[110] Hitt M A, Dacin M T, Levitas E, et al. Partner Selection in Emerging and

Developed Market Contexts: Resource-Based and Organizational Learning Perspectives [J]. The Academy of Management Journal, 2000, 43 (3): 449-467.

[111] Holmen E, Forbord M, Gressetvold E, Pedersen A C, Tovatn T. A Paradox? Homogeneity in the IMP Perspective [R]. IMP Conference Lugano, 2003.

[112] Hu B. Linking Business Models with Technological Innovation Performance through Organizational Learning [J]. European Management Journal, 2014, 32 (4): 587-595.

[113] Hughes M, Morgan R E. Deconstructing the Relationship between Entrepreneurial Orientation and Business Performance at the Embryonic Stage of Firm Growth [J]. Industrial Marketing Management, 2007, 36 (5): 651-661.

[114] Hult G T M, Snow C C, Kandemir D. The Role of Entrepreneurship in Building Cultural Competitiveness in Different Organizational Types [J]. Journal of Management, 2003, 29 (3): 401-426.

[115] Human S E, Provan K G. An Emergent Theory of Structure and Outcomes in Small-firm Strategic Manufacturing Networks [J]. Academy of Management Journal, 1997, 40 (2): 368-403.

[116] Hung K P, Chou C. The Impact of Open Innovation on Firm Performance: The Moderating Effects of Internal R&D and Environmental Turbulence [J]. Technovation, 2013, 33 (10-11): 368-380.

[117] Inkpen A C, Tsang E W K. Social Capital, Networks, and Knowledge Transfer [J]. Academy of Management Review, 2005, 30 (1): 146-165.

[118] Inkpen A C. Learning Through Joint Ventures: A Framework of Knowledge Acquisition [J]. Journal of Management Studies, 2000, 37 (7): 1019-1044.

[119] Ipek Koçoğlua, Salih Zeki, Akgün, Ali Ekber, et al. Exploring the Unseen: A Collective Emotional Framework in Entrepreneurial Orientation and Business Model Innovation [J]. Procedia-Social and Behavioral Sciences, 2015 (207): 729-738.

[120] Jacobides M G, Knudsen T, Augier M. Benefiting from Innovation: Value Creation, Value Appropriation and the Role of Industry Architectures [J]. Research Policy, 2006, 35 (8): 1200-1221.

[121] Jasimuddin S M, Naqshbandi M M. Knowledge-Oriented Leadership and Open Innovation: Role of Knowledge Management Capability in France-Based Multinationals [J]. International Business Review, 2018, 27 (3): 701-713.

[122] Jaworski B J, Kohli A K. Market Orientation: Antecedents and Consequences [J]. Journal of Marketing, 1993, 57 (3): 53-71.

［123］Jiang R J, Tao Q T, Santoro M D. Alliance Portfolio Diversity and Firm Performance ［J］. Strategic Management Journal, 2010, 31 (10): 1136-1144.

［124］Joanna Ejdys. Entrepreneurial Orientation vs. Innovativeness of Small and Medium Size Enterprises ［J］. Journal of Engineering, Project, and Production Management, 2016, 6 (1): 13-24.

［125］Jones O. Entrepreneurial Orientation ［J］. International Journal of Entrepreneurial Behavior & Research, 2009, 15 (6): 579-582.

［126］Kale P, Singh H, Perlmutter H. Learning and Protection of Proprietary Assets in Strategic Alliances: Building Relational Capital ［J］. Strategic Management Journal, 2000, 21 (3): 217-237.

［127］Kaufman A, Wood C H, Theyel G. Collaboration and Technology Linkages: A Supplier Typology ［J］. Strategic Management Journal, 2000, 21 (6): 649-663.

［128］Knight G A, Cavusgil S T. Innovation, Organizational Capabilities, and the Born – Global Firm ［J］. Journal of International Business Studies, 2004, 35 (2): 124-141.

［129］Knoben J, Oerlemans L A G, Rutten R P J H. Radical Changes in Inter-Organizational Network Structures: The Longitudinal Gap ［J］. Technological Forecasting & Social Change, 2006, 73 (4): 390-404.

［130］Ko D G, Kirsch L J, King W R. Antecedents of Knowledge Transfer from Consultants to Clients in Enterprise System Implementations ［J］. MIS Quarterly, 2005, 29 (1): 59-85.

［131］Kogut B, Zander U. Knowledge of the Firm and the Evolutionary Theory of the Multinational Corporation ［J］. Journal of International Business Studies, 1993, 24 (4): 625-643.

［132］Kreiser, Patrick M. Entrepreneurial Orientation and Organizational Learning: The Impact of Network Range and Network Closure ［J］. Entrepreneurship Theory & Practice, 2011, 35 (5): 1025-1050.

［133］Lane P J, Salk J E, Lyles M A. Absorptive Capacity, Learning and Performance in International Joint Ventures ［J］. Strategic Management Journal, 2010, 22 (12): 1139-1161.

［134］Laursen K, Salter A. Open for Innovation: The Role of Openness in Explaining Innovation Performance among UK Manufacturing Firms ［J］. Strategic Management Journal, 2006, 27 (2): 131-150.

［135］Lavie D. The Interconnected Firm: Evolution, Strategy and Performance

[J]. Academy of Management Annual Meeting Proceedings, 2004 (1): E1-E6.

[136] Lee L T, Sukoco B M. The Effects of Entrepreneurial Orientation and Knowledge Management Capability on Organizational Effectiveness in Taiwan: The Moderating Role of Social Capital [J]. International Journal of Management, 2007, 24 (3): 549.

[137] Lee S, Park G, Yoon B, et al. Open Innovation in SMEs—An Intermediated Network Model [J]. Research Policy, 2010, 39 (2): 290-300.

[138] Leeuw T D, Lokshin B, Duysters G. Returns to Alliance Portfolio Diversity: The Relative Effects of Partner Diversity on Firm's Innovative Performance and Productivity [J]. Journal of Business Research, 2014, 67 (9): 1839-1849.

[139] Leih S, Linden G, Teece D J. Business Model Innovation and Organizational Design: A Dynamic Capabilities Perspective [J/OL]. Social Science Electronic Publishing, 2015. DOI: 10. 1093/ACPROF: OSO/9780198701873. 003. 0002.

[140] Leonard-Barton D. Core Capabilities and Core Rigidities: A Paradox in Managing New Product Development [J]. Strategic Management Journal, 1992 (13): 111-125.

[141] Li J, Poppo L, Zhou K Z. Relational Mechanisms, Formal Contracts, and Local Knowledge Acquisition by International Subsidiaries [J]. Strategic Management Journal, 2010, 31 (4): 349-370.

[142] Li T, Calantone R J. The Impact of Market Knowledge Competence on New Product Advantage: Conceptualization and Empirical Examination [J]. Journal of Marketing, 1998, 62 (4): 13-29.

[143] Lichtenthaler U. Outbound Open Innovation and Its Effect on Firm Performance: Examining Environmental Influences [J]. R&D Management, 2009, 39 (4): 317-330.

[144] Lichtenthaler U. Relative Capacity: Retaining Knowledge Outside a Firm's Boundaries [J]. Journal of Engineering & Technology Management, 2008, 25 (3): 200-212.

[145] Linder J, Cantrell S. Changing Business Models: Surveying the Landscape [R]. Working Paper, Accenture Institute for Strategic Change, Boston, MA, 2000.

[146] Lumpkin G T, Dess G G. Clarifying the Entrepreneurial Orientation Construct and Linking It to Performance [J]. Academy of Management Review, 1996, 21 (1): 135-172.

[147] Lumpkin G T, Dess G G. Enriching the Entrepreneurial Orientation Construct—A Reply to "Entrepreneurial Orientation or Pioneer Advantage" [J]. Academy

of Management Review, 1996, 21 (3): 605-607.

[148] Lumpkin G T, Dess G G. Linking Two Dimensions of Entrepreneurial Orientation to Firm Performance: The Moderating Role of Environment and Industry Life Cycle [J]. Journal of Business Venturing, 2001, 16 (5): 429-451.

[149] Luo X, Sivakumar K, Liu S S. Globalization, Marketing Resources, and Performance: Evidence from China [J]. Journal of the Academy of Marketing Science, 2005, 33 (1): 50.

[150] Macinnes I, Hu L. Business Models and Operational Issues in the Chinese Online Game Industry [J]. Telematics and Informatics, 2007, 24 (2): 130-144.

[151] Magali Dubosson-Torbay, Osterwalder A, Pigneur Y. E-business Model Design, Classification, and Measurements [J]. Thunderbird International Business Review, 2002, 44 (1): 19.

[152] Mahadevan B. Business Models for Internet-Based E-Commerce: An Anatomy [J]. California Management Review, 2000, 42 (4): 55-69.

[153] Mahrer P, Miles C. Memorial and Strategic Determinants of Tactile Recency [J]. Journal of Experimental Psychology Learning Memory & Cognition, 1999, 25 (3): 630-643.

[154] Mangematin V, Lemarié S, Boissin J P, et al. Development of SMEs and Heterogeneity of Trajectories: The Case of Biotechnology in France [J]. Research Policy, 2009, 32 (4): 621-638.

[155] Mar Cobeña, Ángeles Gallego, Cristóbal Casanueva. Heterogeneity, Diversity and Complementarity in Alliance Portfolios [J]. European Management Journal, 2017, 35 (4): 464-476.

[156] Marc Sosna, Rosa Nelly, Trevinyo-Rodríguez, S Ramakrishna Velamuri. Business Model Innovation through Trial-and-Error Learning: The Naturhouse Case [J]. Long Range Planning, 2010, 43 (2): 383-407.

[157] Martens C D P, Lacerda F M, Belfort A C, et al. Research on Entrepreneurial Orientation: Current Status and Future Agenda [J]. International Journal of Entrepreneurial Behavior & Research, 2016, 22 (4): 556-583.

[158] Martinez-Noya A, Garcia-Canal E, Guillen M F. R&D Outsourcing and the Effectiveness of Intangible Investments: Is Proprietary Core Knowledge Walking out of the Door [J]. Journal of Management Studies, 2013, 50 (1): 67-91.

[159] Martins L L, Rindova V P, Greenbaum B E. Unlocking the Hidden Value of Concepts: A Cognitive Approach to Business Model Innovation [J]. Strategic Entrepreneurship Journal, 2015, 9 (1): 99-117.

[160] Mason K, Spring M. The Sites and Practices of Business Models [J]. Industrial Marketing Management, 2011, 40 (6): 1032-1041.

[161] Mcadam R, Mccreedy S. A Critical Review of Knowledge Management Models [J]. The Learning Organization, 1999, 6 (3): 91-101.

[162] Miles R E, Snow C C, Meyer A D, et al. Organizational Strategy, Structure, and Process [J]. The Academy of Management Review, 1978, 3 (3): 546-562.

[163] Miller C C, Burke L M, William H. Cognitive Diversity among Upper-echelon Executives: Implications for Strategic Decision Processes [J]. Strategic Management Journal, 1998, 19 (1): 39-58.

[164] Miller D, Friesen P H. Structural Change and Performance: Quantum versus Piecemeal-Incremental Approaches [J]. Academy of Management Journal, 1982, 25 (4): 867-892.

[165] Miller D, Friesen P H. Successful and Unsuccessful Phases of the Corporate Life Cycle [J]. Organization Studies, 1983, 4 (4): 339-356.

[166] Mina A, Bascavusoglu-Moreau E, Hughes A. Open Service Innovation and the Firm's Search for External Knowledge [J]. Research Policy, 2004, 43 (5): 853-866.

[167] Mintzberg H. The Nature of Managerial Work [M]. New York: Harper & Row, 1973.

[168] Mitchell D, Coles C. The Ultimate Competitive Advantage of Continuing Business Model Innovation [J]. Journal of Business Strategy, 2003, 24 (5): 15-21.

[169] Moreno A M, Casillas J C. Entrepreneurial Orientation and Growth of SMEs: A Causal Model [J]. Entrepreneurship Theory & Practice, 2010, 32 (3): 507-528.

[170] Morris L. Business Model Innovation the Strategy of Business Breakthroughs [J]. International Journal of Innovation Science, 2009, 1 (4): 191-204.

[171] Morris M H, Lewis P S. The Determinants of Entrepreneurial Activity [J]. European Journal of Marketing, 1995, 29 (7): 31-48.

[172] Morris M, Schindehutte M, Allen J. The Entrepreneur's Business Model: Toward a Unified Perspective [J]. Journal of Business Research, 2005, 58 (6): 726-735.

[173] Mowery D, Oxley J, Silverman B. Strategic Alliances and Interfirm Knowledge Transfer [J]. Strategic Management Journal, 2015, 17 (S2): 77-91.

[174] Mustafa R, Werthner H. A Knowledge Management Perspective on Busi-

ness Models [J]. Social Science Electronic Publishing, 2014, 6 (5): 7-16.

[175] Mustafa R, Werthner H. Business Model and Inter-Organizational Knowledge Transfer: Impact on Innovation in Networked Enterprises [C]. Emergent Drivers of Shared Business Models in Globalizing Ecosystems, 2009.

[176] Nielsen B B. Strategic Fit, Contractual, and Procedural Governance in Alliances [J]. Journal of Business Research, 2010, 63 (7): 682-689.

[177] Nieto M J, Santamaría L. The Importance of Diverse Collaborative Networks for the Novelty of Product Innovation [J]. Technovation, 2007, 27 (6): 367-377.

[178] Noble C H, Sinha R K, Kumar A. Market Orientation and Alternative Strategic Orientations: A Longitudinal Assessment of Performance Implications [J]. Journal of Marketing, 2002 (66): 25-39.

[179] Nonaka I, Takeuchi H. The Knowledge-Creating Companies: How Japanese Company Create the Dynamics of Innovation [M]. New York: Oxford University Press, 1995.

[180] Nonaka I. A Dynamic Theory of Organizational Knowledge Creation [J]. Organization Science, 1994, 5 (1): 14-37.

[181] Norman P M. Protecting Knowledge in Strategic Alliances: Resource and Relational Characteristics [J]. The Journal of High Technology Management Research, 2002, 13 (2): 177-202.

[182] Ocasio W. Towards an Attention-Based View of the Firm [J]. Strategic Management Journal, 1997, 18 (S1): 187-206.

[183] Oerlemans L A G, Knoben J, Pretorius M W. Alliances Portfolio Diversity, Radical and Incremental Innovation: The Moderating Role of Technology Management [J]. Technovation, 2013, 33 (6-7): 234-246.

[184] Okhuysen G A, Eisenhardt K M. Integrating Knowledge in Groups: How Formal Interventions Enable Flexibility [J]. Organizational Science, 2002, 13 (4): 370-386.

[185] Osterwalder A, Pigneur Y, Tucci C L. Clarifying Business Models: Origins, Present, and Future of the Concept [J]. Communications of the Association for Information Systems, 2005 (16): 1-25.

[186] Owen-Smith J, Powell W W. Knowledge Networks as Channels and Conduits: The Effects of Formal Structure in the Boston Biotechnology Community [J]. Organization Science, 2004, 15 (1): 5-21.

[187] Parida V, Patel P C, Wincent J, et al. Network Partner Diversity, Net-

work Capability, and Sales Growth in Small Firms [J]. Journal of Business Research, 2016, 69 (6): 2113-2117.

[188] Park L S H. Strategic Alignment and Performance of Market – Seeking MNCs in China [J]. Strategic Management Journal, 2001, 22 (2): 141-155.

[189] Parkhe A. Interfirm Diversity, Organizational Learning, and Longevity in Global Strategic Alliances [J]. Journal of International Business Studies, 1991, 22 (4): 579-601.

[190] Peng M W, Luo Y. Managerial Ties and Firm Performance in a Transition Economy: The Nature of a Micro–Macro Link [J]. Academy of Management Journal, 2000, 43 (3): 486-501.

[191] Peng S, Song M, Ju X. Entrepreneurial Orientation and Performance: Is Innovation Speed a Missing Link [J]. Journal of Business Research, 2016, 69 (2): 683-690.

[192] Penrose E T. The Theory of the Growth of the Firm [M]. New York: Oxford University Press, 1989.

[193] Pérez-Luño A, Wiklund J, Cabrera R V. The Dual Nature of Innovative Activity: How Entrepreneurial Orientation Influences Innovation Generation and Adoption [J]. Journal of Business Venturing, 2011, 26 (5): 555-571.

[194] Pfeffer J, Leong A. Resource Allocations in United Funds: Examination of Power and Dependence [J]. Social Forces, 1977, 55 (3): 775.

[195] Phelps C C. A Longitudinal Study of the Influence of Alliance Network Structure and Composition on Firm Exploratory Innovation [J]. Academy of Management Journal, 2010, 53 (4): 890-913.

[196] Phillips N, Lawrence T B, Hardy C. Inter–Organizational Collaboration and the Dynamics of Institutional Fields [J]. Journal of Management Studies, 2000, 37 (1): 23-44.

[197] Porter M E. Competitive Advantage: Creating and Sustaining Superior Performance [M]. New York: The Free Press, 1985.

[198] Powell W W, Smith–Doerr K L. Interorganizational Collaboration and the Locus of Innovation: Networks of Learning in Biotechnology [J]. Administrative Science Quarterly, 1996, 41 (1): 116-145.

[199] Quintas P, Lefrere P, Jones G. Knowledge Management: A Strategic Agenda [J]. Long Range Planning, 1997, 30 (3): 385-391.

[200] Raesfeld A V, Geurts P, Jansen M, et al. Influence of Partner Diversity on Collaborative Public R&D Project Outcomes: A Study of Application and Commercializa-

tion of Nanotechnologies in the Netherlands [J]. Technovation, 2012, 32 (3-4): 227-233.

[201] Rampersad G, Quester P, Troshani I. Managing Innovation Networks: Exploratory Evidence from ICT, Biotechnology and Nanotechnology Networks [J]. Industrial Marketing Management, 2010, 39 (5): 793-805.

[202] Ravasi D, Turati C. Exploring Entrepreneurial Learning: A Comparative Study of Technology Development Projects [J]. Journal of Business Venturing, 2005, 20 (1): 137-164.

[203] Raymond van Wijk, Justin J P, Jansen Marjorie A. Inter-and Intra-Organizational Knowledge Transfer: A Meta-Analytic Review and Assessment of Its Antecedents and Consequences [J]. Journal of Management Studies, 2008, 45 (4): 830-853.

[204] Reed R, DeFilippi R J. Causal Ambiguity Barriers to Imitation and Sustainable Competitive Advantage [J]. Academy of Management Review, 1990 (15): 88-102.

[205] Reuver M D, Bouwman H, Macinnes I. What Drives Business Model Dynamics? A Case Survey [C]. World Congress of the Management of E-business, IEEE Computer Society, 2007.

[206] Rodan S, Galunic C. More than Network Structure: How Knowledge Heterogeneity Influences Managerial Performance and Innovativeness [J]. Strategic Management Journal, 2004, 25 (6): 541-562.

[207] Roper S, Crone A M. Knowledge Complementarity and Coordination in the Local Supply Chain: Some Empirical Evidence [J]. British Journal of Management, 2003, 14 (4): 339-355.

[208] Ruvio A, Rosenblatt Z, Hertz-Lazarowitz R. Entrepreneurial Leadership Vision in Nonprofit Vs. For-Profit Organizations [J]. Leadership Quarterly, 2010, 21 (1): 144-158.

[209] Rycroft R. Does Cooperation Absorb Complexity? Innovation Networks and the Speed and Spread of Complex Technological Innovation [J]. Technological Forecasting and Social Change, 2007 (74): 565-578.

[210] Sampson R C. R&D Alliances and Firm Performance: The Impact of Technological Diversity and Alliance Organization on Innovation [J]. Academy of Management Journal, 2007, 50 (2): 364-386.

[211] Sammarra A, Biggiero L. Heterogeneity and Specificity of Interfirm Knowledge Flows in Innovation Networks [J]. Journal of Management Studies, 2008, 45

(4): 800-829.

[212] Sanders P. Phenomenology: A New Way of Viewing Organizational Research [J]. Academy of Management Review, 1982, 7 (3): 353-360.

[213] Schramm W. Notes on Case Studies of Instructional Media Projects [R]. Working Paper for the Academy for Educational Development, Washington, DC, USA, 1971.

[214] Schreiner M, Kale P, Corsten D. What Really Is Alliance Management Capability and How Does It Impact Alliance Outcomes and Success? [J]. Strategic Management Journal, 2009, 30 (13): 1395-1419.

[215] Semrau T, Ambos T, Kraus S. Entrepreneurial Orientation and SME Performance across Societal Cultures: An International Study [J]. Journal of Business Research, 2016, 69 (5): 1928-1932.

[216] Shafer S M, Smith H J, Linder J C. The Power of Business Models [J]. Business Horizons, 2005, 48 (3): 199-207.

[217] Sharma A K, Talwar B. Evolution of "Universal Business Excellence Model" Incorporating Vedic Philosophy [J]. Measuring Business Excellence, 2007, 11 (3): 4-20.

[218] Singley M K, Anderson J R. The Transfer of Cognitive Skill [M]. Cambridge, MA: Harvard University Press, 1989.

[219] Slater S F, Narver J C. Market Orientation and the Learning Organization [J]. Journal of Marketing, 1995, 59 (3): 63-74.

[220] Spender J C, Scherer A G. The Philosophical Foundations of Knowledge Management: Editors' Introduction [J]. Organization the Critical Journal of Organization Theory & Society, 2007, 14 (1): 5-28.

[221] Spieth P, Schneckenberg D, Ricart J E. Business Model Innovation-State of the Art and Future Challenges for the Field [J]. R&D Management, 2014, 44 (3): 237-247.

[222] Spieth P, Schneider S. Business Model Innovativeness: Designing a Formative Measure for Business Model Innovation [J]. Journal of Business Economics, 2015, 86 (6): 671-696.

[223] Srećković M, Windsperger J. Organization of Knowledge Transfer in Clusters: A Knowledge - Based View [J/OL]. New Developments in the Theory of Networks, 2011. DOI: 10. 1007/978-3-7908-2615-9, 299-315.

[224] Stewart D W, Zhao Q. Internet Marketing, Business Models, and Public Policy [J]. Journal of Public Policy and Marketing, 2000, 19 (3): 287-296.

［225］Stuart T E. Network Positions and Propensities to Collaborate: An Investigation of Strategic Alliance Formation in a High-technology Industry ［J］. Administrative Science Quarterly, 1998: 668-698.

［226］Subramaniam M, Youndt M A. The Influence of Intellectual Capital on the Types of Innovative Capabilities ［J］. Academy of Management Journal, 2005, 48 (3): 450-463.

［227］Swaminathan V, Moorman C. Marketing Alliances, Firm Networks, and Firm Value Creation ［J］. Journal of Marketing, 2009, 73 (5): 52-69.

［228］Szulanski G, Capetta R, Jensen R J. When and How Trust Worthiness Matters: Knowledge Transfer and the Moderating Effect of Causal Ambiguity ［J］. Organization Science, 2004 (15): 6-13.

［229］Szulanski G. Exploring Internal Stickiness: Impediments to the Transfer of Best Practice within the Firm ［J］. Strategic Management Journal, 1996 (17): 27-43.

［230］Szulanski G. The Process of Knowledge Transfer: A Diachronic Analysis of Stickiness ［J］. Organizational Behavior and Human Decision Processes, 2000, 82 (1): 9-27.

［231］Tang J, Tang Z, Marino L D, et al. Exploring an Inverted U-Shape Relationship between Entrepreneurial Orientation and Performance in Chinese Ventures ［J］. Entrepreneurship Theory & Practice, 2008, 32 (1): 219-239.

［232］Tauscher K, Abdelkafi N. Visual Tools for Business Model Innovation: Recommendations from a Cognitive Perspective ［J］. Creativity and Innovation Management, 2017, 26 (2): 160-174.

［233］Teece D J. Capturing Value from Knowledge Assets: The New Economy, Markets for Know-How, and Intangible Assets ［J］. California Management Review, 1998, 40 (3): 55-79.

［234］Teece D J, Pisano G, Shuen A. Dynamic Capabilities and Strategic Management ［J］. Strategic Management Journal, 1997, 18 (7): 25.

［235］Teece D J. Business Models, Business Strategy and Innovation ［J］. Long Range Planning, 2010, 43 (2): 172-194.

［236］Terjesen S, Patel P C, Covin J G. Alliance Diversity, Environmental Context and the Value of Manufacturing Capabilities among New High Technology Ventures ［J］. Journal of Operations Management, 2011, 29 (1): 105-115.

［237］Thomas E. Supplier Integration in New Product Development: Computer Mediated Communication, Knowledge Exchange and Buyer Performance ［J］. Industrial Marketing Management, 2013, 42 (6): 890-899.

［238］Tijssen J G, Simoons M L, van Everdingen J J. National Guidelines for Clinical Decisions: A Methodological View ［J］. Nederlands Tijdschrift Voor Geneeskunde, 1998, 142 (38): 2078.

［239］Trimi S, Berbegal-Mirabent J. Business Model Innovation in Entrepreneurship ［J］. International Entrepreneurship and Management Journal, 2012, 8 (4): 449-465.

［240］Velu C. Business Model Innovation and Third-Party Alliance on the Survival of New Firms ［J］. Technovation, 2015 (35): 1-11.

［241］Velu C. Knowledge Management Capabilities of Lead Firms in Innovation Ecosystems ［J］. AMS Review, 2015, 5 (3-4): 123-141.

［242］Vickery S, Cornelia Dröge, Germain R. The Relationship between Product Customization and Organizational Structure ［J］. Journal of Operations Management, 1999, 17 (4): 377-391.

［243］Webber S S, Donahue L M. Impact of Highly and Less Job-Related Diversity on Work Group Cohesion and Performance: A Meta-Analysis ［J］. Journal of Management, 2001, 27 (2): 141-162.

［244］Weill P D, Vitale M. Place to Space: Migrating to E-Business Models ［M］. Boston: Harvard Business School Press, 2001.

［245］Wernerfelt B. The Resource-Based View of the Firm ［J］. Strategic Management Journal, 1984, 12 (5): 171-180.

［246］West J, Gallagher. Challenges of Open Innovation: The Paradox of Firm Investment in Open-Source Software ［J］. R&D Management, 2006, 36 (3): 319-331.

［247］Wiklund J. The Sustainability of the Entrepreneurial Orientation-Performance Relationship ［J］. Entrepreneurship Theory and Practice, 1999, 24 (1): 37-48.

［248］Wiklund J, Shepherd D. Knowledge-Based Resources, Entrepreneurial Orientation, and the Performance of Small and Medium-Sized Businesses ［J］. Strategic Management Journal, 2005, 24 (13): 8.

［249］Woerter M. Industry Diversity and Its Impact on the Innovation Performance of Firms: An Empirical Analysis Based on Panel Data ［J］. Journal Evolutionary Economics, 2009 (19): 675-700.

［250］Wu W Y, Chang M L, Chen C W. Promoting Innovation through the Accumulation of Intellectual Capital, Social Capital, and Entrepreneurial Orientation ［J］. R&D Management, 2008, 38 (3): 265-277.

[251] Wynarczyk P. Open Innovation in SMEs: A Dynamic Approach to Modern Entrepreneurship in the Twenty-First Century [J]. Journal of Small Business and Enterprise Development, 2013, 20 (2): 258-278.

[252] Yh-Renko H, Autio E, Sapienza H J. Social Capital Knowledge Acquisition, and Knowledge Exploitation in Young Technology-Based Firms [J]. Strategic Management Journal, 2001, 22 (6-7): 557-613.

[253] Yin R K. Case Study Research: Design and Methods [M]. Thousand Oaks: SAGE Publications, 2009.

[254] Yip G S. Using Strategy to Change Your Business Model [J]. Business Strategy Review, 2004, 15 (2): 17-24.

[255] Yuan L, Zhou L, Bruton G, et al. Capabilities as a Mediator Linking Resources and the International Performance of Entrepreneurial Firms in an Emerging Economy [J]. Journal of International Business Studies, 2010, 41 (3): 419-436.

[256] Zahra S A, Garvis D M. International Corporate Entrepreneurship and Firm Performance: The Moderating Effect of International Environmental Hostility [J]. Journal of Business Venturing, 2000, 15 (5): 469-492.

[257] Zahra S A, Neubaum D O, Huse M. Entrepreneurship in Medium-Size Companies: Exploring the Effects of Ownership and Governance Systems [J]. Journal of Management, 2000, 26 (5): 947-976.

[258] Zahra S A. Environment, Corporate Entrepreneurship, and Financial Performance: A Taxonomic Approach [J]. Journal of Business Venturing, 1995, 8 (4): 319-340.

[259] Zhao J, Wang M, Zhu L, et al. Corporate Social Capital and Business Model Innovation: The Mediating Role of Organizational Learning [J]. Frontiers of Business Research in China, 2014, 8 (4): 500-528.

[260] Zhi Tang, Patrick M Kreiser, Louis, et al. A Hierarchical Perspective of the Dimensions of Entrepreneurial Orientation [J]. International Entrepreneurship and Management Journal, 2009, 5 (2): 181-201.

[261] Zhou K Z, Li C B. How Does Strategic Orientation Matter in Chinese Firms? [J]. Asia Pacific Journal of Management, 2007, 24 (4): 447-466.

[262] Zhou K Z, Tse Y D K. The Effects of Strategic Orientations on Technology-and Market-Based Breakthrough Innovations [J]. Journal of Marketing, 2005, 69 (2): 42-60.

[263] Zott C, Amit R, Massa L. The Business Model: Recent Developments and Future Research [J]. Social Science Electronic Publishing, 2011, 37 (4): 1019-

1042.

［264］Zott C, Amit R. Business Model Design and the Performance of Entrepreneurial Firms ［J］. Organization Science, 2007, 18 (2)：181-199.

［265］Zott C, Amit R. Business Model Design：An Activity System Perspective ［J］. Long Range Planning, 2010, 43 (2-3)：216-226.

［266］Zott C, Amit R. The Fit between Product Market Strategy and Business Model：Implications for Firm Performance ［J］. Strategic Management Journal, 2008, 29 (1)：1-26.

［267］Zott C, Amit R. Business Model Innovation：How to Create Value in a Digital World ［J］. NIM Marketing Intelligence Review, 2017, 9 (1)：18-23.

［268］Spio-Kwofie A. 创业导向对加纳小型酒店商业绩效的影响研究 ［D］. 南京：江苏大学, 2019.

［269］白胜. Christensen 颠覆性创新理论新进展：反常问题视角 ［J］. 中国科技论坛, 2021 (12)：118-124, 133.

［270］白文琳. 基于协同创新理论的政府大数据治理框架的构建——基于 G 省的案例研究 ［J］. 信息资源管理学报, 2022, 12 (2)：52-64.

［271］蔡湘杰, 潘红玉, 贺正楚. 半导体产业与科技创新体系的协同互促：国际对比与启示 ［J］. 科学决策, 2024 (2)：105-121.

［272］曹朋军, 傅哲. 面向 AI 芯片的轻量级目标检测算法研究 ［J］. 现代电子技术, 2023, 46 (6)：169-174.

［273］曹霞, 付向梅, 杨园芳. 产学研合作创新知识整合影响因素研究 ［J］. 科技进步与对策, 2012, 29 (22)：1-6.

［274］曹壹帆, 肖亚成. 从军经历对农户创业的影响——基于中国家庭追踪调查（CFPS）的实证考察 ［J］. 中国农村观察, 2024 (2)：69-93.

［275］曹颖, 孙钰涵, 尚晓雯. 应用型人才绿色创业能力评估模型构建研究 ［J］. 职业技术教育, 2023, 44 (11)：66-72.

［276］曹勇, 孙合林, 蒋振宇, 等. 异质性知识对企业创新绩效的影响：理论述评与展望 ［J］. 科技管理研究, 2016, 36 (2)：168-171, 178.

［277］曾萍, 肖静, 郭心瑶. 创业导向、效果推理与企业数字化转型——界面管理的调节作用 ［J/OL］. 软科学：1-9 ［2024-04-20］. http：//kns. cnki. net/kcms/detail/51. 1268. G3. 20231102. 1542. 002. html.

［278］曾粤亮, 高顺. WSR 系统方法论视角下大学生创新创业团队跨学科知识整合效果影响因素研究 ［J/OL］. 现代情报：1-21 ［2024-04-20］. http：// kns. cnki. net/kcms/detail/22. 1182. G3. 20240314. 1805. 010. html.

［279］陈冲, 杨自伟. 张彩玉. 动态股权：共同富裕在企业中实现的制度逻

辑与路径探索［J］.河南大学学报（社会科学版），2024，64（1）：26-31，153.

［280］陈果.基于风险偏好的"互联网＋"商业模式创新知识转移研究［D］.天津：天津大学，2016.

［281］陈家淳，王京安，杨奇星.组织冗余与创新的关系研究综述［J］.财会月刊，2020（7）：122-129.

［282］陈劲，景劲松，吴沧澜，等.我国企业技术创新国际化的模式及其动态演化［J］.科学学研究，2003（3）：315-320.

［283］陈劲，梁靓，吴航.开放式创新背景下产业集聚与创新绩效关系研究——以中国高技术产业为例［J］.科学学研究，2013，31（4）：623-629，577.

［284］陈劲.全球化背景下的开放式创新：理论构建和实证研究［M］.北京：科学出版社，2013.

［285］陈凯华，赵彬彬，张超.全球科研人员百年跨国流动规律、格局与势差效应——基于 Scopus 科学文献数据的实证研究［J］.管理世界，2024，40（2）：1-27，100，28-31.

［286］陈小梅，吴小节，汪秀琼，等.中国企业逆向跨国并购整合过程的质性元分析研究［J］.管理世界，2021，37（11）：159-183，11-15.

［287］陈晓萍，徐淑英，樊景立.组织与管理研究的实证方法［M］.北京：北京大学出版社，2012：173-174.

［288］陈旭，纪展鹏，邢孝兵.城市价值链功能分工与企业创新：来自企业专利的证据［J］.世界经济，2024（3）：94-123.

［289］陈衍泰，吕祖庆，胡旭辉，等.大数据分析能力、动态能力与制造企业商业模式创新——来自资源编排视角［J/OL］.科技进步与对策：1-11［2024-05-31］.http：//kns.cnki.net/kcms/detail/42.1224.G3.20240306.0000.002.html.

［290］陈钰芬，陈劲.开放度对企业技术创新绩效的影响［J］.科学学研究，2008（2）：419-426.

［291］陈志.战略性新兴产业发展中的商业模式创新研究［J］.经济体制改革，2012（1）：112-116.

［292］成璐璐，谢恩，高雪浩.数字化转型与企业内共同富裕——基于价值创造—价值占有框架的分析［J/OL］.研究与发展管理：1-13［2024-05-31］.https：//doi.org/10.13581/j.cnki.rdm.20221619.

［293］程松松，赵芳，刘鸿宇.企业共生导向与战略性新兴产业集聚圈价值共创［J］.企业经济，2023，42（2）：100-107.

［294］程愚，孙建国，宋文文，等.商业模式、营运效应与企业绩效——对生产技术创新和经营方法创新有效性的实证研究［J］.中国工业经济，2012

（7）：83-95.

[295] 储节旺，罗怡帆，莫玲．行动者网络理论下企业创新生态系统知识转移机制研究 [J]．情报理论与实践，2023，46（11）：27-36.

[296] 党兴华，李莉．技术创新合作中基于知识位势的知识创造模型研究 [J]．中国软科学，2005（11）：143-148.

[297] 邓洲，吴海军，杨登宇．加速工业领域新质生产力发展：历史、特征和路径 [J/OL]．北京工业大学学报（社会科学版）：1-11 [2024-05-31]．http：//kns.cnki.net/kcms/detail/11.4558.G.20240417.1444.004.html.

[298] 刁丽琳，朱桂龙，许治．R&D 合作中知识窃取和知识保护的博弈分析 [J]．科学学与科学技术管理，2012，33（4）：80-88.

[299] 丁家友，陈昱彤，张照余．档案数据保全产学研用协同发展模型与策略探析 [J]．档案学通讯，2024（2）：32-39.

[300] 董昌其，彭康珺，刘纪达，等．基于适应度景观的国防科技产业联盟创新资源共享提升路径研究 [J/OL]．科技进步与对策：1-11 [2024-04-20]．http：//kns.cnki.net/kcms/detail/42.1224.G3.20240402.1347.008.html.

[301] 方刚，刘羽．协同创新中知识距离对知识融合过程的门槛效应研究——以新能源行业为例 [J]．科技进步与对策，2024，41（5）：99-108.

[302] 方炜，孙泽华，唐路路．军民融合创新研究综述与展望 [J]．科研管理，2020，41（3）：61-71.

[303] 风笑天．社会学研究方法 [M]．北京：中国人民大学出版社，2007.

[304] 付晔，欧阳国桢．基于知识链的产学研合作中知识产权问题研究 [J]．科技管理研究，2014，34（11）：126-131.

[305] 甘元玲．流通现代化对区域市场整合的影响机制分析——以成渝地区双城经济圈为例 [J]．商业经济研究，2024（3）：189-192.

[306] 高洪玮．新阶段打造开放创新生态：发展进程、时代要求与战略应对 [J]．经济学家，2024（3）：77-86.

[307] 高强，杨淳，吉畅．数字化背景下创业环境与区域商业模式创新研究——基于新兴区位要素、创业代群及政策支持作用机制的分析 [J]．价格理论与实践，2024（1）：169-173，215.

[308] 高展军，江旭．企业家导向对企业间知识获取的影响研究——基于企业间社会资本的调节效应分析 [J]．科学学研究，2011，29（2）：257-267.

[309] 葛宝山，王照锐．创业团队行为整合与关系学习——创业团队行为复杂性的调节效应 [J]．税务与经济，2020（2）：21-27.

[310] 顾丽敏．创新链驱动战略性新兴产业融合发展：理论逻辑与机制设计 [J]．现代经济探讨，2024（3）：80-86.

［311］关禹，吕金慧．客户数字化转型能否促进供应商绿色创新——基于供应链关联视角［J］．金融与经济，2024（3）：62-74.

［312］郭润萍，龚蓉，陆鹏．战略学习、组织敏捷性与机会迭代——基于数字化新创企业的实证研究［J/OL］．外国经济与管理：1-17［2024-05-31］. https：//doi. org/10. 16538/j. cnki. fem. 20231007. 401.

［313］郭韬，曹路苹，李盼盼．数字经济背景下资源交互能力对平台型企业商业模式创新影响机制的系统动力学分析［J/OL］．系统工程：1-16［2024-05-31］. http：//kns. cnki. net/kcms/detail/43. 1115. N. 20240111. 1017. 002. html.

［314］郭韬，薛玉，卢叶．数字经济背景下高管认知对商业模式创新的影响研究［J/OL］．广西师范大学学报（哲学社会科学版）：1-14［2024-05-31］. http：//kns. cnki. net/kcms/detail/45. 1066. C. 20240313. 1140. 002. html.

［315］韩奇，杨秀云．公共数据开放能否促进企业数字化转型？［J］．现代经济探讨，2024（4）：44-59.

［316］何永清，邹波，潘杰义，等．传统服务业企业如何实现平台创新——一个探索性纵向案例研究［J］．南开管理评论，2021，24（6）：203-214.

［317］和征，张志钊，李勃．云制造供应链知识转移激励的演化博弈模型［J］．中国机械工程，2020，31（6）：695-705.

［318］贺迎黎，莫经梅，张社梅．绿色创业导向对农民专业合作社绩效的影响研究［J］．农业现代化研究，2024，45（2）：270-281.

［319］侯杰泰，温忠麟，成子娟．结构方程模型及其应用［M］．北京：教育科学出版社，2004.

［320］侯英杰，郭鹏，赵静．考虑激励偏差和公平偏好的创业企业知识转移激励机制［J］．运筹与管理，2024，33（2）：211-217.

［321］胡保亮，朱国平．用户企业物联网商业模式维度构思：一个建筑企业的探索性案例研究［J］．中国科技论坛，2014（4）：155-160.

［322］胡保亮．商业模式创新、技术创新与企业绩效关系：基于创业板上市企业的实证研究［J］．科技进步与对策，2012，29（3）：95-100.

［323］胡双钰，吴和成．技术多元化、吸收能力与创新绩效［J］．系统工程，2023，41（6）：30-40.

［324］胡潇婷，吕文晶，李纪珍．知识距离与中国海外并购企业的创新绩效：通途或天堑？［J］．科学学与科学技术管理，2024，45（2）：132-151.

［325］胡元聪，魏于凯．平台经济领域中扼杀式并购的反垄断法规制研究［J］．当代经济研究，2024（4）：88-102.

［326］黄洁，满禄发．社员有新的分类标准吗？——基于两家农民专业合作

社的案例探索 [J]. 农林经济管理学报, 2020, 19 (5): 577-584.

[327] 黄明睿, 张帆, 侯永雄. 先前经验、社会网络对商业模式设计的影响——信息扫描的中介效应 [J]. 首都经济贸易大学学报, 2021, 23 (6): 96-108.

[328] 黄淑芳. 基于跨学科合作的团队异质性与高校原始性创新绩效的关系研究 [D]. 杭州: 浙江大学, 2016.

[329] 霍明奎, 李静. 开放式创新社区用户持续知识贡献行为影响因素及提高策略研究 [J/OL]. 情报科学: 1-20 [2024-04-20]. http://kns.cnki.net/kcms/detail/22.1264.G2.20240403.1823.018.html.

[330] 霍燕. 内向型开放式创新对零售企业创新绩效的影响分析——环境动荡性视角下 [J]. 商业经济研究, 2023 (22): 155-159.

[331] 霍影, 武建龙. "卡脖子"情境下科技领军企业突破性技术创新路径研究——基于创新生态系统视角 [J/OL]. 科学学与科学技术管理: 1-20 [2024-05-31]. http://kns.cnki.net/kcms/detail/12.1117.G3.20240131.1005.002.html.

[332] 嵇金星, 熊胜绪. 双重创新明星、网络重叠与突破性发明关系研究 [J/OL]. 科技进步与对策: 1-13 [2024-05-31]. http://kns.cnki.net/kcms/detail/42.1224.G3.20240402.1345.002.html.

[333] 姜忠辉, 周萌, 罗均梅, 等. 知识协同如何促进企业生态位演化?——基于青岛双星的案例研究 [J/OL]. 研究与发展管理: 1-16 [2024-05-31]. https://doi.org/10.13581/j.cnki.rdm.20230002.

[334] 蒋永康, 梅强. 基于扎根理论的知识转移粘滞过程机制研究——以在孵企业为例 [J/OL]. 科技进步与对策: 1-9 [2024-05-31]. http://kns.cnki.net/kcms/detail/42.1224.G3.20231205.1022.002.html.

[335] 焦豪, 马高雅, 张文彬. 数字产业集群: 源起、内涵特征与研究框架 [J]. 产业经济评论, 2024 (2): 72-91.

[336] 焦媛媛, 李建华. 主体异质性对产学研合作程度的影响及对策 [J]. 社会科学战线, 2017 (3): 256-259.

[337] 金环, 蒋鹏程. 企业家精神的数字创新激励效应——基于数字专利视角 [J/OL]. 经济管理: 1-18 [2024-04-20]. https://doi.org/10.19616/j.cnki.bmj.2024.03.002.

[338] 荆浩, 贾建锋. 中小企业动态商业模式创新——基于创业板立思辰的案例研究 [J]. 科学学与科学技术管理, 2011, 32 (1): 67-72.

[339] 景琦. 超越产品力: 知识型主播直播带货实践逻辑研究 [J]. 当代传播, 2023 (6): 88-95.

［340］靖舒婷，于旭．组织用户参与创新的知识冲突演化机制与策略研究［J］．现代情报，2023，43（2）：96-104．

［341］靖舒婷．组织用户参与、知识冲突与新产品开发绩效［D］．长春：吉林大学，2023．

［342］亢梅玲，韩依航，吴碧瑶，等．人口年龄结构变动会影响创新吗？［J］．中国软科学，2024（3）：201-211．

［343］孔翰宁．商业模式创新比产品创新更重要［J］．信息化纵横，2008，27（11）：44．

［344］赖青，张昭．数字出版产业模式与策略分析［J］．中国编辑，2024（3）：27-32．

［345］赖秀萍，聂力兵，周青，等．关键核心技术对产业链衍生技术创新的影响［J/OL］．科学学研究：1-19［2024-05-31］．https：//doi.org/10.16192/j.cnki.1003-2053.20240221.001．

［346］雷家骕．高技术创业管理：创业与企业成长［M］．北京：清华大学出版社，2005．

［347］黎传熙．数字创新生态下营销动态能力的构建与资源编排——基于零售新业态企业的双案例研究［J］．经济与管理，2024，38（2）：84-92．

［348］李碧珍．数字化如何助推体育用品制造业企业实现价值共创——基于安踏集团数字化转型的研究［J］．福建师范大学学报（哲学社会科学版），2024（2）：56-71，169．

［349］李辰颖．内部控制、环境绩效与高管薪酬业绩敏感性［J］．企业经济，2019，38（10）：109-115．

［350］李东，徐天舒，白璐．基于试错——学习的商业模式实验创新：总体过程与领导角色［J］．东南大学学报（哲学社会科学版），2013，15（3）：20-27，134．

［351］李纲，刘益，廖貅武．合作创新中知识转移的风险与对策研究［J］．科学学与科学技术管理，2007（10）：107-110．

［352］李怀祖．管理学研究方法论［M］．西安：西安交通大学出版社，2004．

［353］李纪琛，刘海建，李润芝．知识异质性对企业创新绩效的影响研究——基于社会关系的调节作用［J］．华东经济管理，2023，37（5）：42-51．

［354］李金生，柯雯．知识搜寻与重构如何促进专精特新中小企业绿色技术创新——战略柔性与激励型环境规制的调节作用［J］．科技进步与对策，2024，41（7）：111-121．

［355］李金生，朱蔓菱．高新技术企业研发人员跨界行为何以激励探索式创

新?——一个有调节的中介效应模型 [J]. 科技管理研究, 2023, 43 (3): 111-121.

[356] 李晶, 曹钰华. 基于组态视角的制造企业数字化转型驱动模式研究 [J]. 研究与发展管理, 2022, 34 (3): 106-122.

[357] 李君锐, 买生. 数字金融对企业商业模式创新的影响研究 [J]. 管理评论, 2023, 35 (6): 82-91.

[358] 李俊宝, 张涛, 史占中. 数字经济背景下文化产业的高质量发展: 基于电影行业的理论推演与实证证据 [J]. 系统管理学报, 2023, 32 (6): 1325-1335.

[359] 李玲娟, 徐辉, 曾明彬. 产学研合作中的知识转移机制 [J]. 科技管理研究, 2017, 37 (22): 164-169.

[360] 李妹, 高山行. 企业家导向、未吸收冗余与自主创新关系研究 [J]. 科学学研究, 2011, 29 (11): 1720-1727, 1752.

[361] 李琦, 刘力钢, 邵剑兵. 创业导向与企业高质量发展——数字化转型和内部控制有效性的调节作用 [J]. 研究与发展管理, 2024, 36 (2): 180-194.

[362] 李清, 陈琳. ESG 评级不确定性对企业绿色创新的影响研究 [J/OL]. 管理学报: 1-10 [2024-05-31]. http://kns.cnki.net/kcms/detail/42.1725. C. 20240415. 1649. 002. html.

[363] 李庆雪, 崔添硕, 张昊. 基于 Stackelberg 博弈的钢铁企业产成品转库决策优化 [J/OL]. 计算机集成制造系统: 1-17 [2024-04-20]. https://doi. org/10.13196/j.cims.2023.0629.

[364] 李巍, 周娜, 丁超. 营销创新视野下营销动态能力的效用机制——基于"冷酸灵"的案例研究 [J]. 管理案例研究与评论, 2017, 10 (2): 178-190.

[365] 李文, 刘思慧, 梅蕾. 基于 QCA 的商业模式创新对企业绩效的影响研究 [J]. 管理案例研究与评论, 2022, 15 (2): 129-142.

[366] 李武威, 古啸, 曹勇. 高管团队任务型断裂带、动态能力与创业板企业数字化转型 [J/OL]. 研究与发展管理: 1-14 [2024-04-20]. https://doi. org/10.13581/j.cnki.rdm.20230103.

[367] 李武威, 古啸, 曹勇. 高管团队任务型断裂带、动态能力与创业板企业数字化转型 [J]. 研究与发展管理, 2024, 36 (2): 168-179, 194.

[368] 李小建. 中国的经济地理学大学教材建设回顾及发展思考 [J]. 经济地理, 2022, 42 (3): 1-9, 132.

[369] 李欣珏, 管秋俐, 李文静. 数字基础设施促进生产率增长的网络外溢效应——来自"增量提质"的双重视角 [J]. 产业经济研究, 2023 (3): 100-

114.

[370] 李艳双，马朝红，杨妍妍. 企业家精神与家族企业战略转型——基于多案例的研究 [J]. 管理案例研究与评论，2019，12（3）：273-289.

[371] 李瑶，胡云姝，刘婷，等. 关系质量对知识转移质量的有效性研究 [J/OL]. 科学学研究：1-18 [2024-05-31]. https：//doi. org/10. 16192/j. cnki. 1003-2053. 20230904. 002.

[372] 李颖，赵文红，杨特. 创业者先前经验、战略导向与创业企业商业模式创新关系研究 [J]. 管理学报，2021，18（7）：1106，1022-1031.

[373] 李影. 中国城市数字技术创新水平的时空演变特征及趋势预测 [J]. 地理研究，2024，43（3）：640-657.

[374] 李永发，周雨琴，陈舒阳. 商业模式设计如何匹配产业政策以获得高企业绩效——源自中国新能源汽车企业的证据 [J]. 科技进步与对策，2024，41（9）：78-88.

[375] 李永明，向璐丹，章奕宁. 开放创新范式下知识产权权利归属问题研究——基于用户创新、同侪创新典型实践之内在特征 [J]. 浙江大学学报（人文社会科学版），2024，54（2）：60-74.

[376] 李垣，陈浩然，赵文红. 组织间学习、控制方式与自主创新关系研究——基于两种技术差异情景的比较分析 [J]. 科学学研究，2008（1）：199-204.

[377] 李云健. 制度视角下企业开放式创新机理研究 [D]. 广州：华南理工大学，2018.

[378] 李长英，王曼. 供应链数字化能否提高企业全要素生产率？[J]. 财经问题研究，2024（5）：75-88.

[379] 李振华，焦文利. 创客空间共享认知、创客知识资源获取与创新绩效 [J/OL]. 系统工程：1-18 [2024-04-20]. http：//kns. cnki. net/kcms/detail/43. 1115. N. 20240408. 1739. 004. html.

[380] 李正卫，陈佩夫，徐振浩，等. 美国实体清单制裁对组织惯例更新的影响——基于领导危机感知的视角 [J/OL]. 科技进步与对策：1-10 [2024-05-31]. http：//kns. cnki. net/kcms/detail/42. 1224. G3. 20240410. 1006. 008. html.

[381] 李志红. 数字化转型对提升企业价值的影响与传导路径研究 [J]. 经济问题，2023（11）：25-32.

[382] 梁昊光，秦清华. "数字丝绸之路" 建设与共建国家价值链优化 [J]. 统计与决策，2024，40（6）：126-131.

[383] 梁靓. 开放式创新中合作伙伴异质性对创新绩效的影响机制研究 [D]. 杭州：浙江大学，2014.

［384］梁林，段世玉．越挫越强：持续打压下我国天生全球化企业组织韧性如何形成？——基于 TikTok 应对美国封禁过程的探索性案例研究［J］．管理评论，2024，36（2）：273-288．

［385］梁微，葛宏翔．企业社会责任履行、成长周期与财务风险研究——基于沪深上市公司的经验证据［J］．技术经济与管理研究，2023（11）：76-81．

［386］林春培，赖秀梅，朱晓艳，等．新兴顾客导向、外部知识搜寻与破坏性创新［J/OL］．经济管理：1-17［2024-05-31］．http：//kns. cnki. net/kcms/detail/11. 1047. F. 20240411. 1520. 002. html．

［387］林海芬，胡严方．从恶性循环到良性循环：组织变革中授权与控制悖论动态演化研究［J］．管理世界，2023，39（11）：191-216．

［388］林向红，王龙伟，陈浩然．企业家导向、外部知识获取与自主创新关系研究——基于两种技术差异情景的比较分析［J］．科学学与科学技术管理，2008（10）：64-67，133．

［389］刘博，刘超，刘新梅．组织创造力与创新绩效：长期导向与战略柔性的联合调节作用［J］．当代经济科学，2024，46（1）：131-140．

［390］刘春艳，谢学勤．基于知识生态理论的新型智库协同知识管理能力维度与要素构成研究［J］．智库理论与实践，2023，8（6）：44-53．

［391］刘嘉慧，高山行，李炎炎．创业导向对原始性创新的影响研究——企业制度资本的中介作用［J］．科学学与科学技术管理，2023，44（7）：110-126．

［392］刘克寅，汤临佳．基于异质性要素匹配的企业合作创新作用机理研究［J］．科技管理研究，2016，36（7）：11-18．

［393］刘立波，沈玉志．动态知识管理对企业创新能力的影响机制——基于小米科技的案例研究［J］．管理案例研究与评论，2015，8（4）：380-391．

［394］刘伟．创新型企业成长要素协同与成长绩效研究［D］．青岛：青岛科技大学，2020．

［395］刘文俊，彭慧．区域制造企业数字化转型影响绿色全要素生产率的空间效应［J］．经济地理，2023，43（6）：33-44．

［396］刘曦卉．知识经济范式下的创业型设计管理特征：以 Netflix 的 OTT 商业模式为例［J］．装饰，2020（5）：20-24．

［397］刘晓昳，郑美慧，梁大鹏，等．战略类型、战略决策柔性与创新绩效的关系研究——基于北京地区企业调查数据的分析［J］．科学学与科学技术管理，2021，42（1）：39-56．

［398］刘晓彤，柳士彬．知识生产模式转型视角下拔尖创新人才培养的逻辑转向与实践路径［J］．黑龙江高教研究，2023，41（5）：20-26．

［399］刘晓燕，庞雅如，单晓红，等．合作研发与技术交易谁更有利于技术

融合：以人工智能多层专利网络为例［J］.科技进步与对策，2024，41（5）：10-18.

［400］刘亚军，冯泽宇.鱼与熊掌如何兼得：农产品电商上行的包容性商业模式构建策略仿真研究［J］.湘潭大学学报（哲学社会科学版），2023，47（6）：38-45.

［401］刘烨，王琦，班元浩.出口企业数字化转型、双重网络位置跃迁与国际竞争优势重塑［J/OL］.经济管理：1-24［2024-05-31］.http：//kns.cnki.net/kcms/detail/11.1047.F.20240411.1717.013.html.

［402］刘有源.到底谁在配置资源［J］.江汉论坛，2020（1）：17-23.

［403］刘预.创业导向对新企业资源获取的影响［D］.长春：吉林大学，2008.

［404］柳华平，杜林，张镱.提高税收确定性的路径选择——基于IMF和OECD《税收确定性专题报告》的启思［J］.税务研究，2023（7）：131-137.

［405］龙艺璇，王晓刚，周子威，等.基于LDA模型的文本时间窗口划分研究［J］.科学观察，2024，19（2）：34-45.

［406］娄凌燕，肖振红.合作伙伴异质性对零售企业协同水平的作用机制［J］.商业经济研究，2022（13）：117-120.

［407］卢阳，闵天伟.空间视角下制造业企业柔性能力对抗风险能力的影响［J/OL］.企业经济，2024（4）：24-36［2024-04-20］.https：//doi.org/10.13529/j.cnki.enterprise.economy.2024.04.003.

［408］鲁迪，缪小明.多层次视角的商业模式创新影响因素元分析研究［J］.科技进步与对策，2018，35（13）：93-101.

［409］路畅，于渤.外部合作与中小企业创新绩效——基于企业家导向及合作经验的调节效应检验［J］.技术经济，2021，40（10）：35-44.

［410］罗进辉，朱民城.亲清政商关系助力县域民营经济高质量发展：以晋江市为例［J］.财会月刊，2024，45（10）：10-20.

［411］罗珉，曾涛，周思伟.企业商业模式创新：基于租金理论的解释［J］.中国工业经济，2005（7）：73-81.

［412］罗兴武，孙萌，刘洋，等.数字拟人品：数字技术、拟社会互动与商业模式内容创新的共演［J/OL］.管理世界：1-20［2024-04-20］.https：//doi.org/10.19744/j.cnki.11-1235/f.20240321.001.

［413］罗元大，曹元坤，熊笑涵，等.组织情境下如何推进责任式创新：基于微观视角的综述与展望［J/OL］.科技进步与对策：1-11［2024-05-31］.http：//kns.cnki.net/kcms/detail/42.1224.G3.20240410.1147.022.html.

［414］吕潮林，彭灿，曹冬勤.双元学习、创新驱动过程与数字化转型：数

字能力的调节作用［J］. 系统管理学报，2023，32（2）：379-394.

［415］吕鸿江，程明，李晋. 商业模式结构复杂性的维度及测量研究［J］. 中国工业经济，2012（11）：110-122.

［416］吕鲲，潘均柏，周伊莉，等. 政府干预、绿色金融和区域创新能力——来自30个省份面板数据的证据［J］. 中国科技论坛，2022（10）：116-126.

［417］马鸽，张韬. 低碳政策试点、绿色技术创新与企业环境绩效［J］. 统计与决策，2024，40（5）：177-182.

［418］马鸿佳，王亚婧. 制造企业平台化转型如何打破"数据孤岛"？——基于人—数交互理论的混合方法研究［J］. 管理世界，2024，40（4）：176-200.

［419］马洁琼，赵海. 运动式治理情境下非典型压力传导规律研究——以中央生态环保督察为例［J］. 管理学报，2023，20（1）：26-36.

［420］马亮，高峻，仲伟俊，等. 数字化转型助力后发企业技术赶超——企业家精神视角［J］. 管理科学，2023，36（2）：53-74.

［421］马庆国，徐青，廖振鹏，等. 知识转移的影响因素分析［J］. 北京理工大学学报（社会科学版），2006，8（1）：40-43.

［422］马庆国. 管理科学研究方法与研究生学位论文的评判参考标准［J］. 管理世界，2004（12）：99-108，145.

［423］马庆国. 中国管理科学研究面临的几个关键问题［J］. 管理世界，2002（8）：105-115，140.

［424］马若冉，赵晓丽，张荣达，新型电力系统背景下氢能综合利用站发展的商业模式分析［J］. 科技管理研究，2024，44（1）：183-191.

［425］马迎贤. 资源依赖理论的发展和贡献评析［J］. 甘肃社会科学，2005（1）：116-119，130.

［426］马永军，彭宏，李逸飞. 企业家背景、财税政策与企业创新——来自中关村科技园的 FsQCA 分析［J］. 财经论丛，2020（11）：23-32.

［427］马智胜，刘鹏，才凌. 数字化转型提升了绿色全要素能源效率吗？——来自中国 A 股工业上市企业的经验证据［J］. 企业经济，2023，42（9）：113-126.

［428］毛基业，陈诚. 案例研究的理论构建：艾森哈特的新洞见——第十届"中国企业管理案例与质性研究论坛（2016）"会议综述［J］. 管理世界，2017（2）：135-141.

［429］门一，胡海清. 先计后战还是投袂而起——决策逻辑对创业即兴影响机制的研究［J/OL］. 软科学：1-18［2024-05-31］. http：//kns. cnki. net/kcms/detail/51. 1268. g3. 20240415. 1909. 004. html.

［430］孟捷，张梓彬．理解中国特色产业政策体制——围绕中介性制度的政治经济学考察［J］．开放时代，2024（1）：174-191，10-11.

［431］穆思宇．制造企业动态服务创新能力：驱动因素及对竞争优势的作用机制［D］．长春：吉林大学，2023.

［432］宁连举，肖玉贤，牟焕森．平台生态系统中价值网络与平台型企业创新能力演化逻辑——以海尔为例［J］．东北大学学报（社会科学版），2022，24（2）：25-33.

［433］潘飞，雷喻捷．构建中国管理会计体系的探索［J］．会计研究，2023（8）：3-17.

［434］潘涌，茅宁．创业加速器研究述评与展望［J］．外国经济与管理，2019，41（1）：30-44.

［435］庞长伟，李垣．基于组织学习的战略导向对技术创新的影响［J］．软科学，2011，25（7）：1-5.

［436］齐二石，陈果．商业模式创新理论分类与演化述评［J］．科技进步与对策，2016，33（6）：155-160.

［437］钱明辉，郭佳璐，郭姝麟．在线品牌社区知识播种影响因素的仿真研究［J］．情报科学，2023，41（8）：121-133.

［438］秦诗涵，孙继光，常坤，等．松嫩平原黑土区土壤有机质含量时空变化及其影响因素［J/OL］．农业资源与环境学报：1-14［2024-05-31］．https：//doi.org/10.13254/j.jare.2023.0623.

［439］秦涛，郭春艳，任立久．我国碳资产证券化的发展模式、制约因素与突破方向［J］．经济问题，2024（5）：67-75.

［440］任保平，邹起浩．新发展阶段中国经济发展的韧性：评价、影响因素及其维护策略［J］．中国软科学，2024（3）：15-25.

［441］任若冰，王成军，孙笑明，等．职业角色转换中多维度任职经历对技术创业企业绩效的影响［J］．科技进步与对策，2022，39（18）：130-140.

［442］芮琳琳．商业模式选择对零售企业经营效率的影响效应研究［J］．商业经济研究，2024（2）：20-23.

［443］尚晏莹，蒋军锋．工业互联网时代的传统制造企业商业模式创新路径［J］．管理评论，2021，33（10）：130-144.

［444］沈小平，孙东川，徐咏梅，等．技术创新与管理创新的互动模式研究［J］．发现，2002（4）：34.

［445］沈志锋，焦媛媛，李智慧，等．企业项目选择及组合、社会网络变化与战略调整——基于城市基础设施行业的纵向案例分析［J］．管理评论，2018，30（2）：256-272.

[446] 师博，魏倩倩．数字经济与实体经济融合的制度安排［J］．经济与管理评论，2024，40（2）：17-28.

[447] 史江涛，杨金风．结构方程建模方法（SEM）在我国管理学研究中的应用现状分析［J］．经济管理，2006（2）：24-30.

[448] 疏礼兵．技术创新视角下企业研发团队内部知识转移影响因素的实证分析［J］．科学学与科学技术管理，2007（7）：108-114.

[449] 宋薇，刘丰，邢小强．元宇宙商业模式创新研究［J］．外国经济与管理，2023，45（7）：18-35.

[450] 宋莹琪，郝生跃，穆文奇，等．EPC项目知识链组织间知识转移界面协同机制研究［J/OL］．情报科学：1-15［2024-04-16］．http：//kns.cnki.net/kcms/detail/22.1264.G2.20240403.1434.010.html.

[451] 苏慧文，王水莲，杨静．中国企业商业模式创新案例研究［M］．北京：经济管理出版社，2014.

[452] 苏佳璐，马志强，李明星．环境规制下长三角城市群技术协同创新网络特征对绿色经济增长的影响［J/OL］．科技进步与对策：1-11［2024-05-31］．http：//kns.cnki.net/kcms/detail/42.1224.G3.20240410.1148.024.html.

[453] 苏敬勤，林海芬．个体企业家导向视角的管理创新引进机理研究［J］．管理科学，2011，24（5）：1-11.

[454] 苏敬勤，张帅，马欢欢，等．技术嵌入与数字化商业模式创新——基于飞贷金融科技的案例研究［J］．管理评论，2021，33（11）：121-134.

[455] 苏小湄，谭小芬．国际经济周期联动的宏微观机制［J］．世界经济研究，2024（4）：91-104，136.

[456] 苏屹，孙明明，郭秀芳．基于创新水平与风险承担水平的数字化对企业价值的影响［J/OL］．软科学：1-11［2024-05-31］．http：//kns.cnki.net/kcms/detail/51.1268.G3.20240416.0956.007.html.

[457] 苏州．知识管理视角下产学研合作创新冲突分析与治理对策［J］．科技进步与对策，2018，35（24）：64-70.

[458] 孙海法，刘运国，方琳．案例研究的方法论［J］．科研管理，2004，25（2）：107-112.

[459] 孙铭，王茗旭．中国数字经济发展对碳排放的影响［J/OL］．西安交通大学学报（社会科学版）：1-18［2024-05-31］．http：//kns.cnki.net/kcms/detail/61.1329.C.20240418.1006.002.html.

[460] 孙维峰．基于产学研用协同创新的专业学位研究生培养模式研究［J］．黑龙江教育（高教研究与评估），2024（1）：23-27.

[461] 孙永波．商业模式创新与竞争优势［J］．管理世界，2011（7）：182-

183.

[462] 孙永风，李垣，廖貅武．基于不同战略导向的创新选择与控制方式研究［J］．管理工程学报，2007（4）：24-30.

[463] 谭大鹏，霍国庆，王能元，等．知识转移及其相关概念辨析［J］．图书情报工作，2005（2）：13-16，149.

[464] 谭瑾，徐光伟．环境规制、地区差异与企业高质量创新——基于"双重"理论视角［J］．技术经济与管理研究，2023（9）：48-52.

[465] 唐国华，孟丁．环境不确定性对开放式技术创新战略的影响［J］．科研管理，2015，36（5）：21-28.

[466] 陶娜．价值共创场景下消费者参与企业知识创新的路径［J］．科技管理研究，2023，43（14）：150-159.

[467] 田成诗，相瑞兵，张焰朝．自贸试验区建设对中国企业创新的影响研究［J］．科研管理，2024，45（4）：101-110.

[468] 田潜海．论科技创新在企业工商管理中的重要性［J］．商场现代化，2024（8）：73-75.

[469] 田庆锋，杜文静．中国航天企业技术创新与商业模式创新耦合协调能力及其时空演化特征［J］．科技管理研究，2024，44（4）：51-61.

[470] 田庆锋，张银银，马蓬蓬，等．企业战略导向、组织学习对商业模式创新的影响研究［J］．科技管理研究，2018，38（20）：15-23.

[471] 仝自强，李补喜，杨磊．技术型初创企业商业模式创新和战略柔性——基于创业调整行动的多案例分析［J］．科技管理研究，2024，44（1）：18-26.

[472] 王炳成，孙玉馨，黄瑶．数字化转型背景下商业模式创新抗拒路径研究［J］．科研管理，2024，45（4）：42-51.

[473] 王炳成，孙玉馨，张士强，等．数字平台生态嵌入对商业模式创新的影响研究——基于资源编排理论的视角［J］．研究与发展管理，2024，36（2）：101-112.

[474] 王炳成，宰飞飞．人尽其才：员工优势使用如何赋能数字化商业模式创新？——一个链式中介模型［J/OL］．软科学：1-12［2024-05-31］．http：//kns．cnki．net/kcms/detail/51.1268.G3.20231228.1632.006.html.

[475] 王凤彬，郭奕锴，王晖．企业境内外双循环的动态复合过程机理［J/OL］．研究与发展管理：1-13［2024-04-20］．https：//doi．org/10.13581/j．cnki．rdm．20231048.

[476] 王凤彬，杨京雨．企业裂变式发展过程的质性元分析研究［J］．管理世界，2024，40（3）：180-215.

[477] 王核成，童琦．市场导向与商业模式创新：大数据能力的调节效应 [J]．科技管理研究，2022，42（23）：216-225.

[478] 王弘钰，郭晶晶，于佳利．扬长避短：优势使用视角下知识异质性对越轨创新的影响机制研究 [J]．科技管理研究，2024，44（4）：11-19.

[479] 王健．"互联网+"商业模式下零售企业价值创造的影响因素 [J]．商业经济研究，2021（13）：30-33.

[480] 王敬勇，王璇，孔令鹏．董事会人力资本异质性对企业绩效的影响——资源提供能力的非线性中介效应检验 [J]．中国注册会计师，2021（7）：66-71.

[481] 王锟．开放式创新中合作伙伴组织异质性对创新绩效的影响 [D]．杭州：浙江大学，2015.

[482] 王丽平，张萍萍．商业模式创新驱动机制：消费者接受行为的等效路径研究 [J]．商业经济研究，2024（6）：48-54.

[483] 王丽平，赵飞跃．组织忘记、关系学习、企业开放度与商业模式创新 [J]．科研管理，2016，37（3）：42-50.

[484] 王水莲，常联伟．商业模式概念演进及创新途径研究综述 [J]．科技进步与对策，2014，31（7）：154-160.

[485] 王水莲，王洁．不确定环境下多元化商业创新平台模型构建——海尔商业模式创新案例研究 [J]．科技进步与对策，2017，34（15）：10-14.

[486] 王思斌．社会学教程 [J]．北京：北京大学出版社，2003.

[487] 王婷婷，高英．工匠精神对制造业员工双元创新行为的影响 [J]．企业经济，2024（4）：14-23.

[488] 王昕．应用型本科会计人才培养模式转型研究 [D]．上海：华东师范大学，2023.

[489] 王雪原，马维睿．知识管理对制造企业绩效的影响研究 [J]．科学学研究，2018，36（12）：2223-2232.

[490] 王轶，武青远．营商环境能提升返乡创业企业发展质量吗？[J]．湘潭大学学报（哲学社会科学版），2024，48（2）：54-61.

[491] 王余强，陈金龙．数字技术驱动的第三方供应链金融商业模式创新研究：基于生态租金视角 [J]．科学决策，2023（7）：1-19.

[492] 王玉龙，孟琰婷，彭健．国资参股与民营企业共同富裕——基于劳动收入份额的视角 [J]．财会月刊，2024，45（8）：112-121.

[493] 王媛玉，杨开忠．数字经济赋能东北经济高质量发展——基于新空间经济学"4D"框架的分析 [J]．社会科学辑刊，2024（2）：132-142.

[494] 韦影，王昀．企业社会资本与知识转移的多层次研究综述 [J]．科研

管理，2015，36（7）：154-160.

［495］魏江，焦豪. 创业导向、组织学习与动态能力关系研究［J］. 外国经济与管理，2008（2）：36-41.

［496］魏炜，朱武祥. 发现商业模式［M］. 北京：机械工业出版社，2009.

［497］魏炜，朱武祥. 重构商业模式［M］. 北京：机械工业出版社，2010.

［498］温军，李凌霄，Zhou Xiaozhou. 股票市场韧性与企业技术创新［J］. 数量经济技术经济研究，2023，40（10）：137-158.

［499］温馨，杨成成，殷艳娜. 数字技术扩散推动企业商业模式创新的战略导向中介机理［J］. 经济论坛，2024（1）：101-118.

［500］温忠麟，侯杰泰，马什赫伯特. 结构方程模型检验：拟合指数与卡方准则［J］. 心理学报，2004，36（2）：186-194.

［501］温忠麟，侯杰泰，张雷. 调节效应与中介效应的比较和应用［J］. 心理学报，2005，37（2）：268-274.

［502］翁君奕. 商务模式创新：企业经营"魔方"的旋启［M］. 北京：经济管理出版社，2004.

［503］邬统钎，周三多. 战略管理思想史［M］. 南京：南京大学出版社，2011.

［504］吴航，陈劲. 网络伙伴多样化的影响因素与创新情景［J］. 科研管理，2023，44（6）：137-143.

［505］吴剑琳，陶妍妮，吕萍. 社会企业家公共服务动机对社会企业绩效的影响：商业模式创新的中介作用［J］. 管理评论，2023，35（8）：85-99.

［506］吴亮，赵兴庐. 资源拼凑影响制造企业组织敏捷性的机制研究：组织分权的调节作用［J］. 管理现代化，2024（2）：101-113.

［507］吴明隆. 结构方程模型——AMOS 的操作与应用［M］. 重庆：重庆大学出版社，2010.

［508］吴松强，陆益明，黄盼盼. 基于大数据的科技型小微企业商业模式创新研究［J］. 科学管理研究，2019，37（6）：93-99.

［509］吴晓波，姚明明，吴朝晖，等. 基于价值网络视角的商业模式分类研究：以现代服务业为例［J］. 浙江大学学报（人文社会科学版），2014，44（2）：64-77.

［510］吴晓波，朱培忠，吴东，等. 后发者如何实现快速追赶？——一个二次商业模式创新和技术创新的共演模型［J］. 科学学研究，2013，31（11）：1726-1735.

［511］吴晓波，赵子溢. 商业模式创新的前因问题：研究综述与展望［J］. 外国经济与管理，2017，39（1）：114-127.

［512］吴晓云，李辉．内向型开放式创新战略选择与创新绩效匹配研究［J］．科学学与科学技术，2013，34（11）：94-102．

［513］吴言波，韩炜，邵云飞．数字平台能力、新颖型商业模式创新与新创企业成长［J］．研究与发展管理，2023，35（6）：71-84．

［514］吴艳，尹灿，任宇新，等．产业政策对半导体企业商业模式创新的影响及作用机制［J］．中国软科学，2023（8）：121-133．

［515］吴友，董静．风险投资与企业创新：效果评估与机制验证［J］．上海经济研究，2022（4）：112-128．

［516］吴玉浩，姜红．数字化转型背景下技术标准联盟治理研究——基于知识转移视角［J］．技术经济与管理研究，2021（11）：20-24．

［517］吴增源，易荣华，张育玮，等．新创企业如何进行商业模式创新？——基于内外部新知识的视角［J］．中国软科学，2018（3）：133-140．

［518］武川．城市群科技服务平台生态系统运行机制研究［D］．哈尔滨：哈尔滨理工大学，2023．

［519］武光．中国制造企业商业模式创新研究：整合框架与未来展望［J］．财会月刊，2023，44（21）：132-137．

［520］武峥．新质生产力赋能中国式现代化：理论逻辑、动力机制与未来路径［J］．新疆社会科学，2024（2）：20-28，148．

［521］夏霖，陆夏峰．创业导向与企业绩效：胜任力和资源的影响［J］．应用心理学，2006，12（3）：239-245．

［522］项国鹏，王进领．中小企业战略管理：理论述评及初步分析框架［J］．技术经济，2008，27（7）：113-122．

［523］肖德云，谭易洋，王宗军．OFDI动态决策对企业双元创新跃迁的影响研究［J］．科研管理，2024，45（4）：73-82．

［524］肖德云，周蓝，王宗军．组织超模块化协同分布式认知对互联网双创企业双元创新的影响：基于小米的案例研究［J］．工业工程与管理，2024，29（2）：101-113．

［525］谢康，卢鹏，夏正豪．大数据驱动的产品创新商务智能——基于SSP框架的分析［J］．财经问题研究，2024（4）：33-44．

［526］谢韵典，董静．财务与创新目标对公司创业投资距离影响研究［J］．科研管理，2024，45（4）：147-156．

［527］辛本禄，代佳琳．关系学习、组织惯例更新对开放式服务创新的影响［J］．科技进步与对策，2022，39（6）：92-102．

［528］辛冲，陈新，陈海峰．伙伴异质性与产品创新：被中介的调节模型［J］．管理科学，2021，34（3）：107-119．

［529］徐飞，綦成双．数字创业学习：内涵、研究议题与展望［J］．经济管理，2023，45（3）：192-208.

［530］徐辉，李玲娟，曾明彬，等．我国高科技园区创新人才培养研究［J］．科技进步与对策，2017，34（22）：141-146.

［531］徐建中，李奉书，晏福，等．齐美尔联接对企业颠覆性绿色技术创新的影响——基于知识视角的研究［J］．管理评论，2020，32（6）：93-103.

［532］徐琨，孟华泽，杨小舟．企业债券违约的影响因素及形成机制——基于扎根理论［J］．财会月刊，2022（2）：114-122.

［533］徐伟．工业互联网赋能先进制造业企业转型影响因素——基于山东省先进制造业企业的研究［J］．济南大学学报（社会科学版），2022，32（5）：94-107.

［534］徐振浩，张化尧，倪云蕾．"新商科"建设背景下 MBA 创新创业教育对创业意愿的影响机制研究——基于创业自我效能的中介作用［J］．高等工程教育研究，2020（6）：123-128.

［535］许晖，孙懿，杨勃．天生全球化数字企业：概念内涵、理论基础与快速扩张机制［J/OL］．研究与发展管理：1-14［2024-04-20］．http：//kns. cnki. net/kcms/detail/31. 1599. G3. 20240409. 1332. 002. html.

［536］许学国，刘凤梅，周诗雨．基于创新质量的关键核心技术攻关组态路径研究——以集成电路为例［J］．中国科技论坛，2024（2）：49-60.

［537］薛可，鲁晓天．非遗虚拟空间生产体验对文化自信的影响［J］．上海交通大学学报（哲学社会科学版），2024，32（3）：18-34.

［538］闫丽娟，唐少清，严鸿雁．内部审计水平对国有企业高质量发展的影响研究：基于北京市国有企业控股上市公司的经验证据［J］．中国软科学，2024（S1）：414-420.

［539］阳镇．技术创新视角下现代化产业体系的再解构［J］．财经问题研究，2024（4）：45-56.

［540］杨桂菊，高颖颖，李雅．中小制造企业跨界创新实现机制与路径研究［J/OL］．科学学研究：1-21［2024-05-31］．https：//doi. org/10.16192/j. cnki. 1003-2053. 20240003. 001.

［541］杨隽萍，彭学兵，廖亭亭．网络异质性、知识异质性与新创企业创新［J］．情报科学，2015（4）：40-45.

［542］杨林，陆亮亮，刘娟．"互联网+"情境下商业模式创新与企业跨界成长：模型构建及跨案例分析［J］．科研管理，2021，42（8）：43-58.

［543］杨柳．知识搜寻对企业竞争优势的影响研究综述［J］．经济师，2024（3）：58-59.

［544］杨鹏，尹志锋，孙宝文．企业数字技术应用与创新效率提升［J/OL］．外国经济与管理：1-17［2024-05-31］．https：//doi. org/10. 16538/j. cnki. fem. 20231129. 401.

［545］杨柔坚．基于价值链重构的传统企业商业模式创新和价值创造研究［D］．南京：南京师范大学，2019.

［546］杨新军．为早期科创企业金融服务探索一条新路——北京中关村银行科技金融服务实践［J］．银行家，2024（3）：20-24.

［547］杨秀云，李敏，李扬子．数字文化产业生态系统优化研究［J］．西安交通大学学报（社会科学版），2021，41（5）：127-135.

［548］杨雪，何玉成．决策逻辑对新创企业商业模式创新的影响：资源整合能力的调节作用［J］．管理工程学报，2022，36（4）：14-26.

［549］杨卓尔，高山行．战略柔性在分维度企业家导向与原始性创新的中介作用［J］．管理评论，2020，32（3）：136-151.

［550］叶龙祥，钟锦宸．弘扬新时代企业家精神的理论逻辑与对策探析［J］．中共福建省委党校（福建行政学院）学报，2023（2）：143-151.

［551］叶晓力，夏玲丽，蔡敬民．研究生缘何选择知识隐藏？——基于扎根理论的探索性分析［J］．研究生教育研究，2024（1）：48-55.

［552］衣长军，余杰，申慧云．社会信任多样性、进入模式与海外子公司绩效［J/OL］．南开管理评论：1-22［2024-04-20］．http：//kns. cnki. net/kcms/detail/12. 1288. F. 20240412. 2201. 008. html.

［553］易法敏，朱洁．ICT 赋能的扶贫平台商业模式创新［J］．管理评论，2019，31（7）：123-132.

［554］易凌峰，余志远，陈浩宇．提振士气还是制造焦虑？数字化转型对员工敬业度的双刃剑效应［J］．商业经济与管理，2024（2）：5-16.

［555］余东华，马路萌．数字化转型、平台化变革与企业创新绩效——基于"技术—组织—创新"范式的分析［J］．改革，2024（2）：55-74.

［556］余江，白宇彤，孟庆时，等．数字化转型战略对企业数字创新绩效影响研究［J］．科研管理，2024，45（4）：1-11.

［557］余珮，陈漪澜．新兴经济体跨国企业天生全球化的动因探究——基于QCA 方法的组态分析［J/OL］．经济管理：1-21［2024-04-20］．http：//kns. cnki. net/kcms/detail/11. 1047. f. 20240108. 1524. 032. html.

［558］俞林，印建兵，浦徐进．商业模式创新对网络视频平台用户价值共创的作用机理［J］．企业经济，2024，43（2）：54-65.

［559］喻登科，熊曼玉．和则视角下企业开放式创新绩效实现路径研究［J/OL］．科技进步与对策：1-12［2024-04-20］．http：//kns. cnki. net/kcms/detail/42. 1224. G3. 20231228. 0854. 002. html.

［560］喻红阳，袁付礼，李海婴．合作关系中初始信任的建立研究［J］．武汉理工大学学报（信息与管理工程版），2005，27（4）：306-309.

［561］袁嘉．滥用数据优势行为的竞争法规制［J］．政法论丛，2024（2）：75-85.

［562］袁越，苗安康，吴涵，等．低碳综合能源系统研究框架与关键问题研究综述［J/OL］．高电压技术：1-18［2024-05-31］．https：//doi. org/10. 13336/j. 1003-6520. hve. 20232247.

［563］原磊．商业模式体系重构［J］．中国工业经济，2007（6）：70-79.

［564］原磊．商业模式与企业创新［M］．北京：经济管理出版社，2017.

［565］云乐鑫．创业网络对商业模式内容创新影响及作用机制的实证研究［D］．天津：南开大学，2014.

［566］湛军，张顺．服务创新理论40年：境外研究脉络与发展［J］．科研管理，2023，44（5）：9-22.

［567］张斌，李亮．"数据要素×"驱动新质生产力：内在逻辑与实现路径［J/OL］．当代经济管理：1-17［2024-04-20］．http：//kns. cnki. net/kcms/detail/13. 1356. f. 20240409. 1530. 002. html.

［568］张铂晨．制造业企业绿色供应链整合及对绿色创新绩效的影响研究［D］．长春：吉林大学，2023.

［569］张光宇，张瑶．颠覆性创新视域下后发企业市场认知演化研究［J］．科研管理，2024，45（4）：52-61.

［570］张慧，谷勇杰，饶湖广．创新合作伙伴资源异质性对创新绩效的影响研究——基于系统动力学的建模与仿真［J］．中南大学学报（社会科学版），2020，26（6）：130-139，182.

［571］张吉昌，龙静，孙珂，等．动态能力视角下科技企业新产品开发优势形成机制研究——基于NCA与SEM的混合方法［J］．科技管理研究，2022，42（7）：126-136.

［572］张姣玉．徐政，丁守海．数实深度融合与新质生产力双向交互的逻辑机理、战略价值与实践路径［J］．北京工业大学学报（社会科学版），2024，24（3）：114-124.

［573］张洁，安立仁，张宸璐．开放式创新环境下创业企业商业模式的构建与形成研究［J］．中国科技论坛，2013，1（10）：81-86.

［574］张金玲，覃彩云．基于扎根理论的绩效管理与企业文化分析——以格力为例［J］．财会月刊，2024，45（5）：107-114.

［575］张京红，王生辉，范书红．国际代工企业情境性双元创新——基于驱

动因素及对功能升级影响的分析 [J]. 河北经贸大学学报, 2022, 43 (3): 93-100.

[576] 张黎明, 徐静. 环境不确定性、战略能力与企业战略导向选择 [J]. 经济问题, 2008 (3): 65-67.

[577] 张黎明. 转轨时期中国企业战略导向选择实证研究 [D]. 成都: 四川大学, 2006.

[578] 张辽, 胡忠博. 数据要素化对共同富裕程度的影响研究 [J/OL]. 软科学: 1-12 [2024-04-20]. http://kns.cnki.net/kcms/detail/51.1268.G3.20240416.1120.011.html.

[579] 张琳, 席酉民, 杨敏. 资源基础理论 60 年: 国外研究脉络与热点演变 [J]. 经济管理, 2021, 43 (9): 189-208.

[580] 张璐, 白璐, 苏敬勤, 等. 国际创新理论研究动态与前沿分析 [J]. 科学学与科学技术管理, 2016, 37 (9): 16-25.

[581] 张墨, 陈恒. 开放式创新视角下独占性的中介作用分析 [J]. 哈尔滨工程大学学报, 2018, 39 (11): 1867-1872.

[582] 张娜, 刘凤朝. 基于知识关系和活动过程的企业探索性创新绩效实现机制研究 [J]. 科研管理, 2023, 44 (2): 45-54.

[583] 张娜, 张亚佩, 冯永春. EMNEs 海外子公司逆向知识转移机理研究 [J]. 科技管理研究, 2021, 41 (13): 183-194.

[584] 张培, 杨惠晓. 数据驱动平台型新创企业商业模式创新路径演化——基于必要商城的纵向案例研究 [J]. 中国科技论坛, 2023 (6): 118-129.

[585] 张帅. 创业企业数字化商业模式创新的过程与路径研究 [D]. 大连: 大连理工大学, 2022.

[586] 张素平, 胡保亮, 项益鸣. 商业生态系统治理、高管团队社会资本与企业商业模式创新 [J]. 管理评论, 2023, 35 (10): 163-174.

[587] 张万洪, 任文佑. 论工商业与人权语境中的 "多利益相关方" [J]. 南开学报 (哲学社会科学版), 2024 (2): 89-105.

[588] 张维迎. 论企业家——经济增长的国王 [M]. 北京: 生活·读书·新知三联书店, 2004.

[589] 张伟, 马妮娜, 马昭双. 数字技术、技术商业化能力与商业模式创新——环境不确定性的调节作用 [J/OL]. 科技进步与对策: 1-10 [2024-04-20]. http://kns.cnki.net/kcms/detail/42.1224.G3.20240410.0852.004.html.

[590] 张骁, 王娟娟. 数字经济时代企业高成长机理研究——战略节奏视角 [J]. 中国工业经济, 2024 (2): 173-192.

[591] 张晓丹, 蔡双立. 企业开放式创新驱动因素的临界条件、因果关系与

模式匹配：过程理论视角 [J]. 科技管理研究，2022，42（17）：118-129.

［592］张晓玲，赵毅，葛沪飞. 商业模式典型特性对企业经营绩效的中介影响——基于企业关键资源视角 [J]. 技术经济，2015，34（2）：1-12.

［593］张新宁. 科技创新是发展新质生产力的核心要素论析 [J]. 思想理论教育，2024（4）：20-26.

［594］张雪，武建章. 数字化转型、环境压力与企业绿色创新——基于 fsQCA 的组态效应研究 [J]. 生产力研究，2024（3）：93-97.

［595］张雪原，许景权，高国力. 我国基础设施系统集成的机制构建、突出问题与优化思路 [J]. 经济纵横，2024（3）：60-69.

［596］张永强，于荣金，宋建争，等. 塑料光子晶体光纤连续挤出制造系统开发 [J]. 塑料工业，2008，36（7）：69-71.

［597］张玉利，李华晶. 企业家和职业经理人融合路径分析 [J]. 南开管理评论，2005，8（4）：44-49.

［598］张玉利，李乾文，李剑力. 创业管理研究新观点综述 [J]. 外国经济与管理，2006，28（5）：1-7.

［599］张玉利，田新，王晓文. 有限资源的创造性利用——基于冗余资源的商业模式创新：以麦乐送为例 [J]. 经济管理，2009，31（3）：119-125.

［600］张振刚，薛捷. 企业知识创新的障碍分析与对策研究 [J]. 科学学与科学技术管理，2004，25（4）：81-84.

［601］张振刚，陈一华，尚钰. 如何从破坏性创新中创造并捕获价值——基于开放商业模式的视角 [J]. 管理评论，2023，35（4）：325-338.

［602］张振刚，户安涛，叶宝升. 制造企业数字创新与能力重构的过程机理研究 [J]. 科研管理，2024，45（4）：20-31.

［603］张振刚，张君秋，叶宝升，等. 企业数字化转型对商业模式创新的影响 [J]. 科技进步与对策，2022，39（11）：114-123.

［604］赵斌杰，梁家栋. 先动型市场导向下服务主导逻辑对零售企业商业模式创新的影响 [J]. 商业经济研究，2024（7）：148-151.

［605］赵航. 供给侧改革的微观机制研究：基于组织冗余与组织创新 [J]. 企业经济，2018（1）：38-43.

［606］赵剑波. 跨国并购的技术创新机理研究——海尔集团并购 FPA 案例研究 [J]. 技术经济，2023，42（8）：64-75.

［607］赵金国，王秀丽，曲承乐，等. 科技型中小微企业绿色创新对其经济绩效的影响研究 [J]. 中国高校科技，2023（11）：42-47.

［608］赵向琴，赵超，陈国进. 储能技术创新、政策支持与中国能源绿色转型 [J/OL]. 系统工程理论与实践：1-20 [2024-05-31]. http：//kns.cnki.net/

kcms/detail/11. 2267. n. 20240412. 1537. 021. html.

[609] 甄俊杰, 孙慧. 基于熵权—突变级数法的商业模式创新评价——以JF 企业为例 [J]. 科技管理研究, 2021, 41 (1): 48-53.

[610] 周丹, 李鑫, 王核成. 如何共舞? 服务商业模式创新与技术创新对企业绩效的交互影响 [J]. 科技进步与对策, 2019, 36 (22): 92-101.

[611] 周冬华, 万贻健. 企业数字化能提升企业全要素生产率吗? [J]. 统计研究, 2023, 40 (12): 106-118.

[612] 周林波. 结构方程模型下的青年志愿者参与动机与应对策略研究——基于重庆市 1530 名青年志愿者的调查 [J]. 中国软科学, 2023 (1): 186-194, 214.

[613] 周思敏. 全面预算管理在企业财务管理中的应用分析 [J]. 中国物流与采购, 2024 (1): 178-180.

[614] 周伟, 黄涵, 江宏飞. 跨国企业的数字化转型、研发投入与创新绩效 [J/OL]. 科学学研究: 1-23 [2024-05-31]. https: //doi. org/10. 16192/j. cnki. 1003-2053. 20240415. 001.

[615] 周文, 何雨晴. 新质生产力: 中国式现代化的新动能与新路径 [J]. 财经问题研究, 2024 (4): 3-15.

[616] 周钟, 孙诺诺. 领军企业网络能力如何赋能链上企业创新——基于子公司的视角 [J]. 管理现代化, 2023, 43 (6): 147-154.

[617] 朱江丽, 左雯榕. 结构中的创新: 媒体融合创新模式及其影响因素的扎根研究 [J]. 新闻记者, 2024 (3): 10-26.

[618] 朱培忠. 基于互补资产视角的商业模式创新机制研究 [D]. 杭州: 浙江大学, 2015.

[619] 邹波, 杨晓龙, 刘昶. 基于大数据合作资产的场景化创新价值创造机制研究 [J]. 科技进步与对策, 2023, 40 (24): 1-9.

[620] 邹艳, 王晓新, 叶金福. 共建模式下企业合作创新知识转移影响因素的实证研究 [J]. 科学学研究, 2009 (4): 616-621.

后　记

两年前，当我完成第一部学术专著时，曾在后记中许下心愿，希望能陆续开启人生的第二部、第三部著作。今天，这个愿望已然实现了一半。手捧这本崭新的书稿《企业家导向、伙伴异质性与商业模式创新》，内心充满了喜悦和感恩。

本书以"企业家导向/伙伴异质性—知识转移—商业模式创新"为主线，构建了一个系统性的理论分析框架。通过扎实的实证研究，研究团队发现，企业家导向、伙伴异质性等因素通过知识转移这一中介机制对商业模式创新产生了显著的影响。这一发现为深入理解商业模式创新的驱动机制提供了新的视角。

在揭示商业模式创新生成逻辑的过程中，一个重要的认识是，创新从来都不是一个孤立事件，而是多种因素交互作用、协同演化的结果。正如一滴水融入大海，最终汇成滔滔江河，企业唯有审时度势、精准把握内外部因素，才能驾驭创新带来的机遇与挑战。

值得一提的是，本书特别关注了伙伴异质性这一独特视角。通过对组织异质性和知识异质性的细致剖析，研究团队发现，异质性程度越高的合作伙伴，越有利于企业实现颠覆性创新。这一点对于企业选择合作伙伴、构建创新生态圈具有重要启示。

回望这本书的写作历程，我深切地体会到，把握创新的本质需要通过表象洞察事物的内在规律。"不识庐山真面目，只缘身在此山中"，研究者唯有站在更高远的视角，以开放的心态拥抱多元的观点，才能通过纷繁芜杂的现象触及事物的本质。

展望未来，商业模式创新研究必将随着数字技术的飞速发展和市场环境的动态演进而不断深化，这要求我们以时不我待的紧迫感，不断更新理论视角和研究工具，深度融入创新实践，为理论发展注入新的活力。接下来，如何依托大数据、人工智能等新兴技术探索商业模式创新的新路径，将是我们孜孜以求的方向。

本书凝结了许多人的心血。首先要特别感谢陆铭宁教授和勒伍果果老师，是他们的真知灼见让本书的观点更加丰满。全书由笔者统筹，确定框架，分配任务，贡献约 15 万字，陆铭宁教授在理论分析和案例分析方面做出了约 10 万字的贡献，勒伍果果老师在实证研究方面做出了约 5 万字的贡献。真切感谢以上两位老师为本书付出的心血，期待我们进一步合作，再出新作。

同时，笔者还要感谢敬爱的母亲和挚爱的妻子，感谢她们对我的悉心照料和鼓励支持。我想把这本书献给过世的父亲以及即将出生的孩子。父亲是我心中永不落的太阳，他的谆谆教诲是我不断前行的力量源泉。而孩子的到来，更坚定了我探索未知、创造价值的信念。

创新之路永无止境。在未来的研究道路上，我将秉持"天道酬勤"的信念，以"不驰于空想，不骛于虚声"的踏实，在理论与实践中砥砺前行。衷心地希望这本书能为读者打开一扇崭新的窗口，以更加开阔的视野和更加务实的行动投身创新的洪流。

杨 威

2024 年 10 月 13 日于西昌邛海边